성경적 세계관으로 아이 키우기

크리스천 엄마의
독서 수업

크리스천 엄마의
독서 수업

ⓒ 생명의말씀사 2020

2020년 7월 20일 1판 1쇄 발행
2020년 8월 19일　　　 2쇄 발행

펴낸이 | 김재권
펴낸곳 | 생명의말씀사

등록 | 1962. 1. 10. No.300-1962-1
주소 | 서울시 종로구 경희궁1길 6 (03176)
전화 | 02)738-6555(본사) · 02)3159-7979(영업)
팩스 | 02)739-3824(본사) · 080-022-8585(영업)

지은이 | 장대은

기획편집 | 서정희, 김선진
디자인 | 조현진, 김혜진
인쇄 | 영진문원
제본 | 정문바인텍

ISBN 978-89-04-16719-7 (03230)

저작권자의 허락없이 이 책의 일부 또는 전체를
무단 복제, 전재, 발췌하면 저작권법에 의해 처벌을 받습니다.

성경적 세계관으로 아이 키우기

크리스천 엄마의
독서 수업

📖 장대은

생명의말씀사

추천사

하나님의 형상 회복을 위한 독서

'옆 집 아이보다 성적 좋은 아이로 만드는 독서'를 목적으로 한 독서법 관련 책들이 많은 현실에서 전혀 다른 관점의 책이 나와서 감사한 마음입니다.

저자는 '공부 잘하는 아이 만들기' 위한 독서를 넘어, '하나님의 형상 회복'을 위한 독서를 이야기합니다.

20년이 넘도록 목회자의 사명감을 가지고 독서 중심의 기독교 대안학교 설립과 운영에 동참해 왔고, 지역의 작은 도서관 관장으로서 현장 교육 사역을 해 온 저자의 이야기에 귀 기울이다 보면 허전함 대신 사명감의 불꽃이 피어납니다. 참으로 반가운 책이 아닐 수 없습니다.

크리스천 엄마로서, 아빠로서 자녀와 함께 '독서 연습'을 시작하기 바랍니다. 그 첫 걸음에 이 책이 꼭 필요한 길라잡이가 될 것입니다.

이찬수 목사, **분당우리교회 담임**

독서교육이라는 망망대해에서 길을 잃었다면

자녀의 독서교육에 무관심한 부모는 없다. 누구나 자녀가 독서의 바다에서 지식과 지혜의 수평선을 넘어 자유롭게 항해하길 원하지만, 나침반이 없는 위험한 항해를 하다가 난파되는 경우가 종종 있다.

내가 저자를 만난 건 홈스쿨링 중 '크리스천 독서'의 방향과 길을 잃어 좌초의 위기 상황에 놓이게 되었을 때다. 나는 저자가 진행하는 독서지도사 과정에 참여했다. 그 시간에 트리비움을 알게 됐고 '크리스천 독서'의 방향과 길을 명확히 안내 받을 수 있었.

이 책, 『크리스천 엄마의 독서 수업』 또한 동기부여만으로 끝나거나 흔한 방법론만을 제시하는 독서법 책이 아니다. 저자는 책에서 크리스천으로서 우리가 목표로 삼고 지향해야 할 기독교교육의 방향을 선명하게 제시한다.

기독교교육의 회복을 위한 실제적인 첫 걸음과, 엄마의 삶과 비전을 디자인하고, 나아가 올바른 지식과 성품을 소유한 하나님의 자녀로 우리의 아이를 성장하도록 도울 수 있는 실제적인 독서법을 이야기한다. 특별히 '십진분류 독서법'과 '박이정 독서법'은 통합적인 학문을 통해 넓고 깊은 하나님이 지으신 세상을 만나도록 길을 열어 줄 것이다.

독서 방법에 변화 없이 제 자리 걸음을 걷고 있다면, 하나님을 알고 세상을 알고 나를 알기 위한 크리스천 평생 독서 디자인의 큰 그림을 보기 원한다면, 독서 유목민의 삶을 청산하고 부모와 자녀가 함께 성장할 수 있는 이 책을 고민 없이 펼쳐 보길 바란다.

저자가 안내하는 방향으로 독서의 키를 돌린다면 엄마와 자녀의 배움과 성장을 경험하게 될 것이며, 한걸음 더 나아가 풍랑이 아닌 고요한 독서의 바다에서 하나님이 만드신 지식과 지혜를 마음껏 누리는 은혜를 만나게 될 것이다.

백은실 사모, 『엄마표 신앙교육』 저자

책 읽기를 하나씩 배우며 변화된 인생

10여 년째 국회 보좌관으로 일하며 당 대표의 연설문에서 정당의 창당 선언문, 그리고 대통령 후보의 출마 선언문까지 수많은 글을 써 왔습니다. 하지만 가장 부담되는 글을 꼽자면 이 책의 추천사를 쓰는 일인 듯합니다.

20여 년 전, 당시 작은 교회의 전도사님이던 이 책의 저자, 장대은 목사님을 처음 만났습니다. 고등학생 시절 두 번의 퇴학으로 삶의 방향을 찾을 수 없던 시기였습니다. 그때 "책을 통해 '배우는 법'을 배우라" 하시며 제게 마치 처음인 것 마냥 읽는 법과 쓰는 법들을 하나씩 다시 가르쳐 주었습니다.

그 만남 이후 저는 3,000여 권이 넘는 책들을 읽어 나갔습니다. 그리고 검정고시로 고등학교를, 독학사 고시로 대학을 졸업했으며, 국비 연구 장학생으로 대학원에서 정치외교학을 공부했습니다. 현재까지 세 권의 책을 썼으며, 교육 기획자로 기업과 대학 등에서 활동해

왔습니다. 국회라는 제도권 안으로 들어온 이후에는 최연소 보좌관 ⑷급) 및 최연소 보좌진협의회장을 역임하였으며, 국회의장 표창과 장관 표창을 받기도 하였습니다.

제 삶의 모든 변화는 책을 권해주며 읽는 법과 쓰는 법을 알려주신 멘토, 장대은 목사님을 만나며 시작되었습니다. 이제 저 역시 한 아이에게 책을 권해주며 읽는 법과 쓰는 법을 가르치고 있습니다. 바로 5살 된 제 딸아이입니다.

제 아이도 책보다 유튜브와 넷플릭스를 더 좋아하는 요즘의 여느 아이와 다를 것이 없습니다. 그러나 고전을 통해 시대를, 문학을 통해 사람을, 성경을 통해 하나님의 뜻을 알아가게 되기를 기대하고 있습니다. 그것을 위한 첫 걸음이 독서인 것이지요. 그런데 5살 아이와 함께 책을 읽는다는 것이 생각만큼이나 쉽지 않다는 것을 느낍니다.

그런 의미에서 장대은 목사님의 새 책 『크리스천 엄마의 독서 수업』은 바로 목사님의 제자이자, 한 아이의 아빠인 저에게 가장 필요한 책이며, 저와 같은 고민을 가진 모든 부모들에게 기쁜 마음으로 추천할 수 있는 책이라 생각합니다.

이 책을 통해 저의 변화가 제 아이의 변화가 되기를, 나아가 또 다른 가정의 변화가 되기를 소망합니다.

이승환 국회 보좌관, 『시민의 상식』 **저자**

차례

추천사   04
프롤로그   크리스천 독서, 길을 잃다
　　　　_ 잃어버린 기독교교육, 읽기를 회복하라   14

크리스천 독서 동기 디자인
; 내 자녀가 책을 잘 읽어야만 하는 이유

1. 읽기의 중요성 알고 있나요? _ 읽기에서 희망 찾기   24
2. 독서하는 크리스천 부모가 되어야하는 4가지 이유   37
3. 예수 닮는다는 것의 3가지 의미   48
4. 교회와 가정, 학습 공동체성을 회복하라   59

2부

엄마의 독서 태도 디자인
; 자신의 독서 초기값을 점검하라

1. 자녀 독서지도, 무엇을 목표로 하고 있나요?   70
    _ 독서교육의 목표 분명히 알기

2. 독서로 나를 찾고 꿈꾸는 엄마 되기   91
    _ 엄마의 초보 독서 탈출기

3부

우리 아이 완벽한 독서 방법 디자인
; 크리스천 평생 독서 Big Picture 5

1. 책 읽는 아이가 되도록 도와주는 책 읽기   112
   _ 비전을 세워주는 책 읽기

2. 똑똑한 아이가 되도록 도와주는 책 읽기   126
   _ 지식이 살아있는 책 읽기

3. 지혜로운 아이가 되도록 도와주는 책 읽기   136
   _ 지능이 자라나는 책 읽기

4. 관계 좋은 아이가 되도록 도와주는 책 읽기   149
   _ 인성을 세워주는 책 읽기

5. 예수 닮은 아이가 되도록 도와주는 책 읽기   159
   _ 영성을 세워주는 책 읽기

4부

우리 아이 맞춤형 독서 기술 디자인
; 동기 세움, 태도 세움, 능력 세움의 7가지 독서 기술

1. "책 좀 읽어라!"는 말 대신   178
   _ 책 읽기가 싫다는 우리 아이 대처법

2. "만화책 그만 봐!"라는 말 대신   189
   _ 아이가 좋아하는 책으로 시작하는 마중물 독서

3. "그것도 못 읽니?"라는 말 대신   200
   _ 아이를 탓하기 전에 알려줘야 할 독서 지침

4. "추천 도서 목록 있나요?"라는 말 대신   210
   _ 자녀와 함께 만드는 맞춤형 평생 도서 목록

5. "오늘 무엇을 배웠니?"라는 말 대신   231
   _ 생각의 지평을 넓혀가는 질문 학습법

6. "조용히 생각해봐!"라는 말 대신   256
   _ 읽고 생각하며 표현하는 토론 독서, 하브루타

7. "아는 것이 힘이다!"라는 말 대신   268
   _ 정보를 새로운 지식으로 디자인하는 종합 독서

에필로그   천지창조의 세계로 행진하라   280
부록   289
호도애 주간 탐구교과 커리큘럼 3년 과정 / 호도애 주간 성경학습 커리큘럼 3년 과정 외

프롤로그

크리스천 독서, 길을 잃다
_ 잃어버린 기독교교육, 읽기를 회복하라

"무엇이 중헌디? 뭣이 중허냐고?"

2016년 개봉한 영화 〈곡성(哭聲)〉에 나오는 대사다. 어린 배우가 내뱉은 이 대사는 널리 회자되었다. 일의 경중을 따지는 자리면 빠지지 않고 등장했다. 자신의 주장을 강조하기 위한 추임새라고나 할까!

신앙교육과 관련하여 이 질문을 던져본다.

"무엇이 중헌디?"

쉬운 질문인 듯하지만, 답은 간단치 않다. 기도, 감사, 회개, 설교, 선교, 봉사, 교육 등. 묻는 이의 의도와 답하는 이의 전제에 따라 답변은 얼마든지 달라질 수 있다. 이때 중요한 것은 우선순위다. 크리스천의 신앙생활을 위해 우선되어야 하는 것은 하나님의 말씀을 회복하는 것이다. 성경을 읽고 묵상하는 가운데 하나님의 뜻을 분별하는 능력이 우선되어야 한다. 그렇다면 책을 읽고 뜻을 파악하는 독서 능력은 관리되어야 할 신앙생활의 요소라고 할 수 있다.

이 책을 저술하게 된 첫 번째 목표는 여기에 있다. 잃어버린 기독교 교육인 독서를 회복하고 독서에 대한 크리스천의 태도를 새롭게 하기 위함이다. 크리스천 신앙의 중요한 여러 가지 요소, 그 가치를 온전히 세우기 위해 우선되어야 하는 것 중 하나가 독서임을 깨닫는 순간, 크리스천의 변화와 성숙은 시작된다. 독서의 방법과 기술에 대한 강조보다 우선되어야 하는 것은 동기를 분명히 하는 것이다. 읽기의 태도를 바로 세우는 일로부터 시작되어야 한다. 그러면 방법과 기술은 자연스럽게 따라오게 되어 있다. 그러나 이 책의 첫째 목표가 독서의 동기와 태도라 해서 방법과 기술에 대해 무관심하지 않다. 독서에 관한 두 마리 토끼, 신앙생활에 있어 독서의 필요성을 알뿐 아니라 무엇을 어떻게 진행해야 하는지에 대한 답도 얻게 될 것이다.

독서에 이르는 길은 두 가지다. 첫째는 개인의 주도적인 선택이며 둘째는 환경설정을 통해서다. 성향상 독서를 좋아하는 사람들, 동기를 부여 받아 독서를 선택하는 이들이 첫 번째 유형이다.

이 책의 추천사를 쓴 제자 이승환은 첫 번째 경우에 속한다. 그는 어린 시절 큰 고통의 터널을 지나야 했다. 긴 재판을 통해 누명을 벗었지만 고등학생 시절 살인이라는 죄명으로 4개월간 구치소 생활을 해야 했다. 고등부 전도사로 그를 처음 대면한 것도 구치소 면회실이었다. 그는 보석으로 풀려나 재판을 받게 되었지만 이미 퇴학처리 된 상태였다. 그를 보는 주변의 시선도 좋지 않았다. 더 이상 평범한 학생으로 살 수 없었다. 다행스러운 것은 그가 독서를 좋아했다는 것이다. 정확히 말하면 독서를 싫어하지는 않아 매주 화요일 저녁 진행하는 독서 모임에 참여하기 시작했다. 퇴학 처분을 받고 자유 시간이 많아진 것도 하나의 이유였다. 6개월 간 그는 성실한 태도로 독서 모임에 임했다. 독서 모임 초기, 그는 세상에 대한 분노가 가득한 아이였다. 자신에게 거짓 진술을 강요한 형사, 자신을 적극적으로 보호해 주지 않은 학교 선생님들을 향한 미움이 가득했다.

시간이 지나며 인류 스승들의 가르침이 그 안에 스며들기 시작했다. 외부를 향한 분노는 잦아들고 내면의 성숙을 지향하기 시작했다. 그가 어느 날 고백했다. "전도사님! 나를 살인자로 몰아간 그들을 용서하지는 못할 것 같아요. 그러나 더 이상 그들이 내 인생에 간섭하도록 가만있지는 않을 거예요. 내가 그들을 미워하고 복수하려 하면 할수록 내 인생에 있어 그들의 영향력은 커져만 가는 듯해요. 더 이상 그들을 생각하지 않으려고요. 내 미래가 더 중요하니까요"

승환이는 이후로 읽기와 글을 쓰는 일에 더욱 착념했다. 교회에서 밤을 지새우며 글을 쓰기도 했다. 그렇게 노력하여 6개월 독서 모임이 끝난 뒤 80세가 된 자신의 모습과 삶을 상상하며 써낸 200여 페이지의 '미래 자서전'을 출간하게 된다. 이후 검정고시 통과 후에는 캠퍼스의 낭만을 선택하기 보다는 독서학습에 집중하며 틈틈이 학사고시를 준비하기 시작했다. 7년 만에 학사고시를 통과한 뒤 대학원에서 정치외교학을 전공하여 지금은 4급 공무원으로, 국회의원 보좌관, 저술가로 일하며 자신의 꿈을 향해 전진해 가고 있다.

몇 년 전 국회를 방문하여 제자들과 정치와 국회에 대한 수업을 진행한 적이 있다. 승환이가 모든 일정을 도와줬는데 선배로써 한마디 해 달라 부탁했다. 그때 어린 후배들에게 그는 주저 없이 이야기했다.
"내가 국회의원의 보좌관이 되어 매일 하는 일이 무엇인지 아니? 바로 너희가 공부하는 읽고 쓰는 일이야. 아침이면 그날의 조간신문을 모두 읽고 의원님이 맡은 업무와 관계있는 내용들을 요약 정리하여 책상에 올려놓는 일로부터 시작해. 우리 의원실에는 국내, 국외 유명 대학을 나온 수많은 인재들이 있지만 검정고시와 학사고시 출신인 내가 그 업무를 가장 잘해서 인정을 받고 있어. 모든 업무가 읽고 쓰는 일을 중심으로 진행되지. 독서와 글쓰기는 학창 시절만 중요한 것이 아니란다. 학창 시절의 독서는 사회생활 속에서도 능력으로 인정받는 최고의 역량이란다. 열심히 지금부터 그 능력을 준비해 가야 해."
20여 년 전, 한 고등학생의 내면에 동기를 부여하고 삶과 신앙의 무게 중심을 잡도록 이끄는 독서의 힘을 보았다. 그의 자서전 출판기념회를 교회 사람들과 나누던 날이 교육전도사로서의 마지막 사역이었다. 그 후 나는 전문 독서사역자로서의 삶을 선택하여 대안학교 설립에 동참하며 오늘에 이르게 되었다. 독서가 배움의 시작일 뿐 아니라 사회적 영향력을 세워가는 최고의 수단임은 승환이 뿐 아니라 수많은 제자들과 사역의 현장 속에서 확인할 수 있었다.

제자 이승환의 경우처럼 학습자 개인의 주도적인 선택으로 독서를 선택하는 일이 독서에 이르는 첫 번째 길이라고 한다면 두 번째 길은 환경설정을 통해 동기를 부여받고 태도를 세워가는 것이다. 대표적인 환경설정은 가정교육을 통해서다. 부모의 교육관에 의해 독서와 글쓰기의 중요성을 알아가는 기회를 얻는 것이다. 자신이 스스로 독서의 중요성을 알기 전에 자신의 선택이 아닌 부모의 선택으로 알아가는 것이다. 나는 이것을 부모의 꿈이라 말한다. 부모가 자녀의 미래 직업이나 삶의 형태를 꿈꾸는 것이 아니라, 자녀 삶의 방향성에 대한 큰 그림을 그리는 것이다. 자녀의 성장 과정에 있어 환경을 설정하는 것은 부모의 꿈과 선택이어야함을 잊어서는 안된다.

20년 넘게 운영하고 있는 독서교육 과정과 독서수업에 수많은 부모들과 학생들이 거쳐갔다. 독서과정의 운영자로서 분명히 이야기 할 수 있는 것은 최고의 교육 환경은 그 어떤 프로그램도 아닌 가정환경이라는 것이다. 부모의 신앙관, 교육관은 그 무엇으로도 대신할 수 없는 히든 커리큘럼(hidden curriculum)이다. 아무리 좋은 독서 프로그램에 자녀를 등록시켜 교육시킨다 할지라도 가정에서의 일상, 부모의 교육관을 통해 미치는 영향을 대신할 수 없다.

초등학교 과정부터 자녀들을 홈스쿨로 키운 가정이 있다. 나의 사역의 일환으로 현재까지 운영하고 있는 호도애아카데미에서 부모가 먼저 '부모 교육 과정'을 이수하고 자녀들도 초·중등 시절 호도애의 다양한 수업에 참여하도록 했다. 두 자녀는 장성하여 첫째는 아이비리그에 속한 대학 졸업반이며 수년간 페이스북 본사 인턴 사원으로 일해왔다. 둘째도 미국의 명문대학에 진학했다. 이 가정의 자녀들이 세상적으로도 인정 받을 수 있는 과정의 진보를 이룬 것은 호도애의 프로그램을 참여했기 때문이 아니다. 부모가 가진 교육관, 그것에 의해 디자인된 환경설정이 있었기에 가능했다. 호도애 교육 과정의 독서 프로그램은 하나의 퍼즐 조각에 지나지 않는다. 그들의 부모는 교과목 학습에 시간을 쏟기보다는 읽고 쓰며 생각하는 일상을 디자인하는 데 우선순위를 두었다.

그러던 어느 날 부모가 찾아왔다. 둘째 아이가 대학을 휴학했다는 것이었다. 아이가 다니는 학교는 세계적인 명문 대학이었지만 아이는 입학하여 보고 경험한 한인 유학생들의 생활이 학문 탐구를 추구하기보다 술과 이성에 둘러싸인 모습이라고 생각하게 되었다고 한다. 그는 어느 순간 그러한 분위기에 휩쓸려 생활하는 자신의 모습도 돌아보게 되었다. 기대했던 대학 생활이 아니었다. 그는 휴학을 결심하고 자신을 돌아보며 좀 더 역량을 쌓은 뒤 유학 생활을 이어가기로 했다. 부모도 자녀의 의견을 존중했다. 그러면서 한국에 있는 동안 독서와 글쓰기에 관해 도움을 줄 수 있는지 내게 물어 왔다.

나는 그에게 별도의 프로그램을 운영하지는 않았다. 내가 공부하는 옆에서 함께 글을 읽고, 쓰는 기회를 마련해 주었다. 기대되는 것은 그의 마음속에 들었던 의문, '과연 이것이 최선인가?' 하는 성찰과 그에 대한 부모의 이해와 지지였다. 이는 교육이 무엇인지 아는 선택이다. 교육은 '빠르냐 느리냐'가 우선이 아니다. 그 방향성에 대한 고민이 우선이다. 드러나는 점수가 중요하지 않다고 말하지는 않겠다. 다만 더 우선되고 강조해야 하는 것은 가치와 사고의 역량을 세워가는 것이라는 사실이다. 이것은 프로그램이 대신할 수 없다. 부모라는 환경, 보이지 않는 영향력이 자녀의 삶의 커리큘럼이 되어줄 때라야 참된 변화가 가능하다. 그때라야 독서도 진정한 힘을 나타내 보인다.

"말을 물가에 데려갈 순 있어도 물을 먹게 할 수는 없다"는 속담이 있다. 지금 우리가 할 첫 번째 일은 말을 물가로 데려가는 것이다. 물을 먹기로 마음 먹어도 물가가 아니라면 먹을 수 없는 법이다. 독서도 마찬가지다. 책을 잘 읽는 것은 나중 일이다. 부모의 할 일은 책을 읽는 환경을 만드는 것이다. 그러한 환경 속에서의 생활이 일상이 되게 하는 것이다. 이것만 실천해도 절반의 성공이다. 아이들 스스로 독서의 가치를 발견하기를 바라서만은 안 된다. 그 꿈은 부모의 꿈이어야 한다. 이는 자녀를 향한 헛된 욕망이 아니다. 먼저 된 자의 지혜다.

자, 그럼 무엇으로부터 시작해야 할까?

부모의 마음에 독서의 동기를 확인하고 태도를 분명히 하는 일로부터 시작하면 된다. 그리고 한 권의 책을 읽는 일로부터 시작하면 된다. 책 읽는 부모가 자녀의 히든 커리큘럼이 되어야 한다는 사실을 기억하라. 그리고 그것이 일상이 되게 하라. 출발은 그것이면 족하다.

그 이후는 이 책이 가이드 하는 스텝을 하나 둘 따라 적용해 보라. 어느 순간, 부모와 자녀의 삶에 변화와 성숙, 과정의 진보를 경험하게 될 것이다. 세상의 지식과 정보를 수용하는 차원을 넘어 하나님의 어루만지심의 손길이 책을 통해 임하는 것을 경험하게 될 것이다.

『크리스천 엄마의 독서 수업』에 함께 하게 된 것을 환영한다.

**분당 야탑동 호도애 서재에서
장대은 목사**

1부

크리스천 독서 동기 디자인
; 내 자녀가 책을 잘 읽어야만 하는 이유

사회에서 실력이 부족하거나 기회를 얻지 못한다면 자신이 원하는 대로 살아갈 수 없고 누군가의 뜻대로 살아가야 할 때가 많다는 것이 냉정한 현실이다. 우리가 그토록 자녀교육에 집중하는 이유는 무엇인가? 또 무엇이어야 하는가? 바로, 주님을 바르게 아는 믿음 안에서 '함께 잘 먹고 잘 살게' 하기 위함이다. 그것이 크리스천 자녀교육의 방향성이다. 우리는 크리스천 부모로서 '배워서 남 주는 인생', '선한 영향력을 끼치는 인생'을 지향해야 하는 것이다. 그것을 위해 우리 자녀들의 주도력을 길러야 한다.

1.

읽기의 중요성 알고 있나요?
_ 읽기에서 희망 찾기

독일의 화학자 리비히(Justus von Liebig)는 1840년 '최소량의 법칙'을 밝혀낸다. '식물의 성장과 번식은 필요 성분의 총량이 아닌 필요 성분의 최소량에 의해 결정된다'는 법칙이다. 충분한 여러 가지 영양소도 중요하지만 여러 영양소 중 부족한 한 가지 영양소에 의해 성장과 번식이 좌우되는 것이다.

어떠한 일의 실패 원인은 언제나 단순하지는 않지만 확실한 한 가지 사실이 있다. 언제나 모든 면에서 부족했기 때문에 실패하는 것은 아니라는 점이다. 자신이나 가족 중에 사업에 실패한 사람이 있는가? 실패의 원인이 무엇인가? 상권도, 인테리어도, 재정도 충분히 확보되었다고 하자. 그런데 사업 투자가들 간의 신뢰가 무너졌다면 어떨까? 대부분의 면에서 완벽에 가까운 준비를 했다고 하더라도 한 부분에 균열이 생긴다면 사업 전반에 영향을 미치게 된다.

크리스천의 최소량의 법칙은 독서

최소량의 법칙은 인간의 변화와 성숙에도 적용된다. 목표를 성취해가는 과정을 생각해 보라. 자녀교육의 문제도 '최소량의 법칙'으로 생각해보자. 자녀에게 문제가 생기면 우리는 부모의 책임을 논한다. 잘못 가르쳤다는 것이다. 그러한 순간에 우리가 기억해야 하는 것이 있다. 자녀교육의 문제 또한 부모가 모든 면에서 부족했기 때문에 발생하는 것이 아니라는 사실이다.

부모로서 져야 할 책임이 있다. 채워야 할 부족함도 있다. 그렇다고 자녀 앞에 발생한 문제를 놓고 자책만해서는 안 된다. 아무리 관심과 사랑으로 보살펴도 미처 신경 쓰지 못한 한 가지 요소에 의해 자녀의 삶은 무너질 수 있다. 이것은 자녀교육의 문제 앞에 부모가 겸손해지는 이유이기도 하다.

아이러니한 것은 우리를 불안하게 만드는 이 최소량의 법칙이 반대로 우리에게 자녀교육의 희망을 갖게 하는 요소가 될 수 있다는 사실이다. 만일 부모와 자녀의 관계 속에서 부족한 그 한 부분을 찾아서 보충해 갈 수 있다면 얼마든지 우리는 자녀 문제를 고쳐갈 수 있다. 물론, 결코 쉬운 일은 아니다. 수많은 이들이 이 문제 앞에서 좌절해

왔다. 그럼에도 절망 속에 희망을 꿈꾸는 것은 그것이 불가능한 것만은 아님을 알기 때문이다.

사람들은 기독교를 책의 종교라 부른다. 하나님의 말씀, 성경이 글로 기록되었기 때문이다. 크리스천의 독서가 중요한 이유도 이 지점에서 출발한다. 영적인 해석 이전에 성경을 통해 하나님의 뜻을 만나는 지점이 현실 독서이기 때문이다. 현실이라는 시공간에서 성경책을 읽는 행위를 통해 우리는 하나님의 뜻을 찾아간다. 이 이유 하나만으로도 크리스천에게 독서는 매우 중요한 의미를 지닌다.

교회의 여러 문제들에 대한 지적이 연일 매스컴을 달구고 있다. 많은 이들이 교회 내외적으로 그 요인에 대해 설왕설래한다. '기도가 부족하다', '사랑의 실천이 부족하다', '전도가 부족하다' 등, 여러 가지 요인을 분석하고 대안도 제시하며 자성의 목소리가 이곳저곳에서 흘러나온다. 이러한 모습 속에서 한국 교회의 희망을 보게 되기도 한다.

그럼에도 한 가지 짚고 넘어가야 하는 문제가 있다. 우리나라 기독교와 크리스천에게 절대적으로 부족한 '읽기'의 문제다. '독서 최소량의 법칙'이라고나 할까? 기독교인들의 부족한 독서는 교회의 최소량의 법칙으로 작용해 왔다.

'한국교회의 기도가 부족하다'라고 하지만 동의하지 않는다. 또한 '사랑의 실천이 부족하다'라고도 이야기하지만 교회는 지금까지 세상의 등불로 존재해 왔다. 황폐한 세상 속에서 사명을 감당하는 크리스천이 허다하다. 전도에 대한 것도 그렇다. 교회 부흥을 위한 전도 세미나는 이곳저곳에서 끊이지 않는다. 가장 큰 아쉬움은 책의 종교인 기독교 가운데 책 그 자체와 책을 읽는 행위가 어느 순간부터 사라졌다는 사실이다.

교회교육의 현장도 예외는 아니다. 읽기와 쓰기를 포기했다. 설교가 중요하다지만 설교 자체가 크리스천의 신앙을 책임져 주는 유일한 '구름기둥'과 '불기둥'은 아니다. 또 그렇게 되어서도 안 된다. 교회가 부흥되고 대형화되며 '읽기'보다는 '듣는' 문화가 교회 가운데 자리 잡았다. 목사는 선포하고 성도들은 귀 기울인다. 이는 일면 건강한 듯 보이지만 성숙함에 이르러야 하는 크리스천들로 하여금 어린아이의 신앙에 머무르게 하는 요인 중 하나가 되었다.

하나님의 형상으로 창조된 인간은 감성과 지성을 모두 가지고 있다. 지성에 의해 감성이 컨트롤 될 때 인간의 가치는 온전히 발휘될 수 있다. 이러한 하나님이 창조하신 인간 본연의 능력을 회복하고 세워가는 기독교교육 과정의 혁신이 필요하다. 수용력과 이해력을 높이고 논리적 사고력을 향상시키며 창의적인 표현을 가능케 하는 시스템으로 새로워져야 한다. 한두 사람의 지도자에 의존하는 것이 아니라 모든 크리스천이 하나님의 사람으로 세워져 가는 비전에 동참해야 한다. 힘써 여호와를 알아가고 예수님을 닮아가기 위해 우리의 기준을 높이는 배움이 디자인 되어야 한다. 그렇게 할 때 비로소 하나님의 형상을 회복해 갈 수 있는 것이다. 그 배움의 핵심으로는 세 가지의 배움이 있는데 그것은 바로 '수용-생각-표현'이다. 이것을 '트리비움'

이라 일컫는다. 트리비움은 '문법', '논리학', '수사학'을 뜻하는 라틴어로, 인간의 사고 활동의 프로세스이다.

읽기에서 희망 찾기

사람의 변화는 앞서 말한 트리비움, 세 가지 통로를 중심으로 진행된다. 첫째는 수용의 통로다. 둘째는 논리와 재구성의 통로며 셋째는 말과 쓰기를 통한 표현의 통로다. 그 중에서도 가장 빠르고 큰 변화는 수용을 통해 이루어진다. 인간의 성장을 위한 수용은 세 가지 형태로 진행된다.

첫째, 육체의 수용이다. 생존을 위한 음식 섭취다. 음식을 제 때 먹지 않으면 단계별로 증상이 나타난다. 1단계, 배고픔을 느낀다. 2단계, 영양소의 불균형과 부족으로 건강이 나빠진다. 3단계, 결국에는 죽음에 이를 수도 있다. 21세기, 인공지능 시대라 불리는 오늘날에도 전쟁과 기근으로 황폐화된 나라에서 일어나고 있는 현상들이다.

둘째, 영혼의 수용이다. 성경을 일컬어 영혼의 양식이라고 표현하곤 한다. 하나님의 말씀을 읽고, 듣고 그 가운데 기록한 말씀을 지켜 행하는 이의 삶은 복된 삶이다. 만일 말씀을 멀리하고 굶주린 상태로 산다면 어떻게 될까?

육체와 정신은 문제 없는 듯 보일 수 있다. 그 굶주림이 눈앞에는 드러나 보이지 않기 때문이다. 그러나 영혼은 계속 상처를 쌓아간다. 매일 조금씩 메말라가는 영혼의 아픔을 발견하지 못한 채 말이다. 그러다 결국, 육체는 살아있으나 영혼은 죽은 자와 같은 상태에 놓이게 된다. WHO(세계보건기구)는 지난해, 전 세계적으로 40초에 1명씩 스스로 목숨을 끊는다고 발표했으며 우리나라는 OECD 국가 중 자살률 1위라는 안타까운 기록을 이어오고 있는 현실이 이를 증명한다. 이것이 오늘날 우리가 겪고 있는 이 세대의 큰 슬픔이다.

셋째, 정신의 수용이다. 지금 우리가 구체적으로 살펴보려 하는 영역이다. 정신적인 수용은 배움의 과정 즉, 수용되는 지식의 내용을 통해 확장된다. 학습을 하는 과정을 배움으로써 사고력이 자라고 학습의 내용을 배우는 것을 통해서는 정보력이 자란다. 다른 사람보다 한 권의 책을 읽지 않았다고 당장 크게 뒤처지는 것은 아니다. 이렇게 즉각적으로 격차를 체감하지 못한다는 점이 정신적인 수용의 중요성을 깨닫지 못하게 하고, 위기를 느끼지 못하게 하는 이유이기도 하다.

어릴 때의 학습 부족은 성적이 떨어지는 것으로 끝난다. 더 큰 문제는 오랜 기간 정신의 양식을 섭취하지 않았을 때 발생한다. 성인이 되기까지 그 기간이 지속되면 꾸준히 정신의 양식을 섭취해 온 사람과의 차이가 벌어지기 시작한다. 한번 벌어진 격차는 쉽게 좁힐 수 없을 만큼의 큰 차이로 나타난다. 정신의 수용은 시간의 흐름 속에서 조금씩 그 힘을 세워가기 때문이다. 그 결과는 사회적 의결권의 강화 여부로 나타난다. 사회에서 실력이 부족하거나 기회를 얻지 못한다면 자신이 원하는 대로 살아갈 수 없고 누군가의 뜻대로 살아가야 할 때가 많다는 것이 냉정한 현실이다. '누군가의 뜻대로' 즉, '하기 싫은 일을 억지로 하며 살아가는 것'을 말하는 것이다.

우리가 그토록 자녀교육에 집중하는 이유는 무엇인가? 또 무엇이어야 하는가? 바로, 주님을 바르게 아는 믿음 안에서 '함께 잘 먹고 잘 살게' 하기 위함이다. 그것이 크리스천 자녀교육의 방향성이다. 우리는 크리스천 부모로서 '배워서 남 주는 인생', '선한 영향력을 끼치는 인생'을 지향해야 하는 것이다. 그것을 위해 우리 자녀들의 주도력을 길러야 한다. 주도력이란 선택하고 실행하며 책임지는 삶을 사는 힘이다. 또한 주도력이란 교육이 진행되고 학습이 실행되었을 때 누려야 할 결과 중 하나다. 이 땅에서의 삶이 우리가 원한다고 그대로 된다는 보장이 있는 것은 아니지만, 적어도 우리의 원함은 뚜렷한 방향과 목표를 가지고 있어야 한다. 그러기 위해 필요한 것이 정신적인 양식이다. 배움의 내용이 중요하다. 수용하는 과정의 절차도 관리되어야 한다.

트리비움, 유대인의 도구?

토라(모세오경)의 말씀에 순종하는 유대인들은 트리비움이라 부르는 이 세 가지 능력(수용-생각-표현)을 향상시키는 데 온 힘을 집중했다. 가정과 회당, 학교가 일심동체로 움직였다. 그 결과 세계 속 유대인의 영향력으로 열매 맺고 있다. 안타까운 것은 오늘의 기독교교육 안에서 그 희망을 보기 어렵다는 것이다. 성경적 인재 양성의 큰 그림과 프로세스를 구축하지 못한 채 지엽적인 것에 집중하고 있다. 예수 그리스도의 사랑과 진리를 받아들이지 않고 여전히 선민의식에 싸여있는 유대인들을 욕하다가도 언젠가부터 교육에 있어서 만큼은 그들을 카피(copy)하는 시도만으로 만족하는 듯하다. 언제까지 기독교교육 안에서 유대교육의 성과를 부러워하며 그 부스러기에 만족해야 하는가.

나는 지난 20여 년의 사역 현장 속에서 누구보다 유대주의의 위험성을 강조했다. 기독교교육 안에 성경적 커리큘럼을 세워가는 일에 집중했다. 그러다 종종 부족한 한 사람의 힘으로는 어찌할 수 없는 한계 상황에 다다르곤 했다. 그래서 나의 태도에도 약간의 수정을 가했다. 유대교육이라 일컬어지는 프로세스가 그들 고유의 것이 아닌 하나님이 창조하신 인간에게 주어진 선물임을 이야기하기로 했다.

기독교교육의 차원을 넘어 유대교육에 관심을 갖는 사람들에게 유대인 교육의 원리에 대해 이야기하는 책을 집필하기 시작했다. 1년이라는 기간에 모두 세 권의 유대인과 관련된 책을 써서 출간했다. 유대인에 대해 큰 관심을 두지 않던 목사가 그리 길지 않은 기간에 유대인과 관련된 책을 여러 권 써 낸 것은 아이러니하게도 유대인의 영향력에서 벗어나기 위한 과정의 설계였다.

이는 일반인은 물론이거니와 크리스천들을 향한 작은 자의 외침이다. 기독교 가정 안에, 교회와 학교 안에 유대교육이 아닌 '원안(原案)으로써의 하나님의 형상을 회복하는 커리큘럼'을 디자인해 가기 위한 징검다리다.

자녀를 하나님의 형상을 회복한 존재로 기르기

기독교교육의 중심이 회복되어야 한다. 우리의 자녀가 하나님 형상으로서의 능력을 회복한 존재로 살아가도록 교육하는 데 힘써야 한다. 그러기 위해 그 중심에 있는 트리비움의 역량을 세워가는 노력이 필요하다.

트리비움의 능력은 하나님 형상으로 창조된 우리 인간에게만 주어진 강력한 선물이다. 인간의 인간됨의 시작이 바로 트리비움이라 일컬어지는 세 가지 배움, 세 가지 능력으로부터 나온다. 세 가지 통로에 문제가 생길 때 인간됨 자체에 문제가 생긴다. 인간의 감성도, 크리스천의 영성도 모두 트리비움의 역량과 밀접하게 관계되어 있다.

한 개인의 역량을 넘어 크리스천의 역량을 세워가기 위한 공동체의 노력이 필요하다. 쉽지만은 않은 과제다. 그러나 다음세대를 길러내야 할 크리스천 부모나 목회자, 교사라면 이를 대중교육, 공교육의 문제만으로 여겨서는 안 된다. 더 이상 손 놓고 기다려서는 안 된다.

먼저 나로부터 시작하라. 자녀교육은 자녀를 향하기 이전에 부모를 세우는 과정이 선행되어야 한다. 다음은 자녀의 삶에 적용하는 것이다. 이것이 최고의 유산이다. 물고기를 잡아 주는 것이 아닌, 물고기

잡는 법을 가르쳐 주는 것이요, 잡은 물고기를 요리하여 결과물을 만들어 내는 능력을 가르쳐 주는 것이다.

세상의 부도, 영향력도 이 세 가지, 트리비움의 능력에 의해 좌우되어 왔다. 세상의 가치로 무장한 이들에게 그 주도권을 넘겨주어서는 안 된다. 하나님의 사람들, 주의 자녀로 트리비움을 무장하게 하라. 잠자는 크리스천을 깨워 세상속의 파워 크리스천으로 세우는 길, 잃어버린 하나님의 형상을 회복하는 최선의 길이 독서를 통한 트리비움을 훈련하는 작은 실천으로부터 시작됨을 기억하자.

지속 가능한 유산을 상속하라

자녀에게 유산을 상속하라. 시간이 지나면 사라지는 돈, 차, 집에 대한 이야기가 아니다. 지속 가능한 유산이 최고의 유산이며 가장 필요한 선물이다. 그 중에서도 읽기 능력은 배움의 기초요, 인생의 근간을 이루는 원천 능력이다. 또한 세상을 있는 그대로 보는 눈이며 차이를 만들어 내는 능력이다.

참된 부모는 자녀에게 책을 선물하고 그것을 읽는 능력을 가르쳐 준다. 책은 역사의 유산이라고들 한다. 그저 오래된 옛 것이기에 붙인 이름이 아니다. 기나긴 시간의 터널을 지나며 검증된 생각들이다. 사라져 간 수많은 가치들도 있겠지만 남겨진 유산들은 저마다의 스토리를 담고 있다. 그것이 가치 있는 것은 시대가 변하고 인종이 달라도 인간이라는 공통점을 갖고 살아가는 유사성에 있다.

  천 년 전이나 오늘이나 변하지 않는 영속적인 것들이 있다. 역사의 증언들은 오늘의 나를 가다듬는 거울이 되어준다. 예전 사람들의 인간관계, 좋은 문화와 제도라고 해서 그대로 수용하라는 것이 아니다. 맨 땅에 헤딩하지 말고 역사의 거인들의 어깨를 딛고 서라는 것이다. 그들의 성공과 실패가 주는 교훈은 우리를 지혜로 이끈다. 역사의 거인들이 흘린 피와 땀이 글이 되어 우리에게 전해진 것이 책이다. 책은 역사의 압축 파일이다. 책이 주는 선물의 가치는 돈으로 환산 불가능하다. 리쳐드 베리는 말한다.

"신이 인간에게 책이라는 구원의 손길을 주지 않았더라면 지상의 모든 영광은 망각 속에 묻히고 말았을 것이다."

  우리는 책을 무시해 왔다. 소중하다고 하면서도 내 삶의 우선순위에서는 항상 뒤로 쳐졌다. 독서의 중요성을 머리로는 알고 있으나 그 가치를 체감적으로 알지는 못한다.

  크리스천도 성경을 무시해 왔다. 하나님을 믿고 예수 그리스도를 사랑한다면서 그의 말씀은 멀리한다. 하나님의 뜻대로 살기 원한다면서 내 소견에 옳은 대로 행동한다. 독서 능력은 하나님의 뜻과 내 소견을 구분해 내는 능력이다.

  기도하는데 책을 읽지 않는 크리스천이 가능한가? 가능하다. 그러나 그는 결코 신실한 크리스천이 될 수 없다. 믿음은 있지만 사랑의 대상으로서의 나와 너, 우리, 하나님과 세상을 깊이 알지 못하기 때문이다. 아는 만큼 사랑하는 법인데 자신의 의지와 상관없이 사랑의 이름으로 악을 행하는 오류에 빠지게 된다.

기도하는데 말씀을 묵상하지 않는 크리스천이 가능한가? 가능하다. 믿음은 들음에서 나며 들음은 그리스도의 말씀으로 말미암기에 말씀을 듣는 것으로 믿음을 고백하고 구원 받을 수는 있다. 그러나 그러한 삶이 우리 자녀에게 물려주어야 하는 신앙은 아니다. 우리는 한층 더 성숙한 신앙을 물려주어야 할 것이다.

독서하는 크리스천에게 희망이 있다. 독서를 통해 나를 사랑하고 이웃을 사랑하며 하나님의 나라를 이뤄가는 크리스천 되기를 소망한다.

요약. 읽기의 중요성 알고 있나요?

◎ 성장은 부족한 한 가지 영양소에 의해 결정된다.
  이것이 바로 '최소량의 법칙'이다.

◎ 자녀교육도 마찬가지!
  미처 신경 쓰지 못한 한 가지 요소에 의해 자녀의 삶이 무너질 수 있다.

◎ 부족한 그 한 부분을 찾아서 보충한다면
  얼마든지 자녀 문제를 새롭게 세울 수 있다.

◎ 하나님은 자신을 계시하기 위하여 '책'을 선택하셨다.
  그렇기에 크리스천의 최소량의 법칙은 독서이다.

◎ 독서를 통한 배움의 핵심은 트리비움, '수용, 생각, 표현'의 역량 강화다.

◎ 트리비움은 헬라인이나 유대인 고유의 것이 아닌,
  하나님이 창조하신 인간에게 주어진 선물이다.

◎ 크리스천 부모로서, 자녀에게 '읽기 능력'을 상속하라.
  독서하는 크리스천에게 희망이 있기 때문이다.

2.

독서하는 크리스천 부모가 되어야 하는 4가지 이유

"좋은 습관을 하나 들이는 것 보다 나쁜 습관 하나를 없애는 것이 낫다"는 속담이 있다. 위에서 말한 최소량의 법칙과 같은 맥락에서 나온 말이 아닐까 한다. 좋은 습관이 필요 없다는 말이 아니다. 나쁜 습관 하나가 허다한 좋은 습관을 무용지물로 만들 수 있다는 옛 선인들의 경고다. 누군가 내게 '기독교인들이 들여야 할 좋은 습관 한 가지와 버려야 할 나쁜 습관 하나를 이야기해 달라' 묻는다면 나는 독서, '읽는 행위'라 말할 것이다. 들여야 할 좋은 습관은 두말할 나위 없이 '독서'요, 버려야 할 나쁜 습관 또한 '읽기를 멀리 하는 우리의 습관'이다.

더 이상 성경 읽기가 크리스천의 비전이어서는 안 된다. 더 이상 성경 읽기를 강조할 필요가 없는 교회가 되어야 한다. 너무도 당연해서 그것을 언급하는 것이 이상한 상황이 되어야 한다. 크리스천에게 성경 읽기는 목표가 아니다. 비전이 아니다. 성경 읽기는 세상 속에서 크리스천으로 살아가기 위한 초기값이기 때문이다.

성경만이 아니다. 크리스천은 책을 읽어야 한다. 책은 하나님이 창조하신 세상을 살아간 사람들의 기록이다. 오늘을 사는 크리스천을 조명하는 거울이다. 그렇기에 우리는 크리스천의 책 읽기에 대해 고민해야 하며 독서에 대한 크리스천으로서의 바른 정의를 회복해야 한다. 자녀교육에 있어서도 마찬가지다. 독서는 자녀를 세워가는 하나님의 손길이다. 당신의 자녀가 독서하는 자녀가 되기를 원하는가? 그렇다면 부모 된 자로서 먼저 책을 읽는 사람이 되어야 한다. 독서하는 크리스천 부모가 되어야 하는 분명한 이유는 다음과 같다.

첫째, 독서는 나를 변화시키는 최고의 수단이다

앞서 말한 대로, 인간의 변화는 수용을 전제한다. 수용된 지식이나 새로운 체험을 통한 깨달음이 있어야 변화가 가능하다. 하나님의 사람으로 변화되는 길도 마찬가지다. 하나님의 말씀이 들어와야 된다. 하나님의 지식이 들어와야 한다. 그분의 뜻이 우리 안에 가득차야 한다. 성경은 하나님의 말씀이다. 하나님의 마음이며 우리를 향한 뜻이다. 성경은 글로 기록되었고 글을 읽는 능력은 하나님을 더 깊이 알아가는 마중물이 되어준다. 독서가 신앙생활의 목표는 아니다. 그러나 독서는 신앙생활의 출발선에서 하나님을 알아가는 초기값이다.

우리에게는 성경이 있다(슥 8:18). 성경은 하나님의 감동으로 된 것으로 진리를 가르치고 잘못을 책망하며, 허물을 고쳐 주고 올바르게 사는 훈련에 유익하다(딤후 3:16). 성경은 나의 마음의 변화를 이루어 하나님의 선하시고 기뻐하시고 온전하신 뜻이 무엇인지 분별하도록 한다(롬 12:2). 성경은 내가 어디서 와서, 무엇을 하다가, 어디로 가는지 알려준다(롬 11:36). 성경은 나를 성숙한 자로 세우며(행 20:32) 믿음 안에서 구원에 이르는 지혜로 나를 인도한다(딤후 3:15). 하나님의 말씀은 우리로 세상의 기준과 지식을 넘어 살아가도록 이끈다. 하나님의 관점으로 세상을 바라보도록 인도한다. 기억하라. 하나님은 성경을 통해 말씀하신다는 사실을(롬 4:3).

또한 크리스천은 성경을 통해 하나님의 뜻을 알아가기 위해 힘쓰는 동시에 세상을 살아 간 선인들의 가르침에도 귀 기울여야 한다. 그 일을 위해서는 반드시 '읽기'가 필요하다. 독서는 역사를 돌아보는 거의 유일한 통로이기 때문이다.

책은 역사 속 수많은 이들의 경험, 성공과 실패를 소개한다. 책 속에는 개인의 생각만이 아닌 삶의 체험에 대한 깨달음과 조언으로 가득하다. 많은 경우에 있어 독서를 통해 접할 수 있는 간접 경험은 인간에게 직접 경험 이상의 유익을 누릴 수 있게 해 준다.

우리가 변화되지 않는 중요한 이유 가운데 하나는 수용하지 않기 때문인데, 그 중에서도 독서를 하지 않는 것이 가장 큰 요인이다. "나는 책도 많이 읽고 제대로 읽고 있는데 삶이 변화되지 않는다."라고 말하는 이가 있을 수 있다. 그러나 대부분의 경우 그 말은 사실이 아니다. 단언컨대 그것은 책을 제대로 읽지 못한 결과다. '책을 제대로 읽는다'는 것은 책을 읽을 때 책에 담긴 내용과 의도를 파악하는 것뿐 아니라 방법과 기술의 영역도 포괄하여 이야기하는 것이다. 그렇기에 책을 읽을 때에는 언제나 '오늘 보다 한 단계 진보된 능력'을 세워가기 위한 노력이 필요하다.

기술적인 진보를 넘어 삶에의 적용은 독서의 가치를 높여준다. '책을 잘 읽는다'는 것은 눈과 머리로 읽는 행위만을 이야기 하지 않기 때문이다. 이해되었다면 실천으로서의 적용이 뒤따라야 한다. 독서가 모든 세대에 걸쳐 강조되는 이유다. 책을 읽는 행위는 책상 위에서 끝나지 않고 변화를 이루어 왔다. 한 사람이 변화된다는 것은 놀라운 일이다. 세상의 변화도 한 사람의 변화로부터 시작되기 때문이다. 우리 삶의 많은 문제는 '충분한 독서와 제대로 읽는 능력'을 통해 해결할 수 있다. 독서는 크리스천들에게 그 힘이 과소평가 받고 있다.

독서가 모든 것이라 말하는 것이 아니다. 인간을 변화시키는 최선의 수단이며 최고의 수단이라는 것에 대한 강조다. 하나님께서는 책을 통해 자신을 나타내어 보여 주셨고, 그 하나님의 말씀 앞에 날마다 나가야 할 크리스천의 삶에 있어서 '독서'는 그 가치를 더욱 인정 받아야 할 것이다. 자녀교육에 있어서도 그 중요함은 예외가 될 수 없다.

당신은 변화를 꿈꾸는가? 그렇다면 독서로 오늘 한 걸음부터의 변화를 추구하라. 자녀를 사랑하는가? 자녀에게 독서의 습관을 세워주라. 쉽지 않은 목표다. 그 목표를 방해하는 다른 즐거움이 당신과 자녀의 앞에 가득하다. 강력한 저항이 뒤따른다. 그러나 잊지 마라. 그러한 시험과 저항을 이겨내고 반드시 달성해야 할 정도로 독서의 가치는 특별하다. 이 목표를 달성해 낸다면 당신의 변화, 자녀의 변화는 결코 가볍지 않으며, 멀리 있지 않다.

둘째, 독서는 이웃을 사랑하는 최선의 길을 알려준다

'아는 만큼 사랑한다'는 말이 있다. 사랑하기 위해서는 상대를 알아야 한다. 현재 상태는 어떠한지, 원하는 바는 무엇인지, 또한 준비된 것이 무엇이며 필요한 것이 무엇인지 알아야 한다. 장점과 단점을 아는 것, 문제가 무엇인지를 아는 것은 대상을 사랑하기 위한 구성 요소다.

하나님이 우리를 향해 가지신 사랑의 놀라움은 우리의 모든 것을 아신다는 것에서 출발한다. 한걸음 나아가 무엇이든 행하실 수 있다는 것이다. '전지전능', 말로 설명할 수 없는 하나님의 속성을 표현한 대표적인 설명 중 하나다.

사랑하기 원하는가? 상대방을 알아가는 일에 힘써라. 상대에 대한 앎이 없는 사랑의 열심은 오히려 상대방에게 아픔을 안겨 줄 수도 있다. 상대방에 대해 안다는 것은 상대방의 필요를 채워줄 기회를 갖는다는 말과 다르지 않다. 물론 상대에 대해 많이 안다고 많이 사랑하는 것은 아니다. 우리가 집중해야 하는 것은 상대방을 알지 못해서 그를 사랑할 기회를 잃어버리는 일이 없도록 하는 것이다.

사랑할 마음이 없는 이들에게 지식은 어떤 의미도 없다. 사랑할 마음과 결심이 선 이들에게 정보와 지식은 사랑의 최선의 길이 되어준다. 사랑에 있어서도 더 좋은 방법과 기술이 존재한다. 뜻이 있는 곳에 길이 있다고 했던가? 자녀를 사랑하는 일에 있어서도 동일하다.

셋째, 독서는 천지창조의 세계, 제일의 유산을 상속받는 열쇠다

18살, 11살인 나의 자녀들은 홈스쿨 중이다. 첫째는 체험 삼아 초등 1학년 1학기를 다닌 것이 전부다. 둘째는 유치원도, 학교도 가본 적이 없다. 이들의 일상은 독서와 글쓰기, 운동과 놀기가 전부다. 그 중에서도 독서에 가장 많은 시간을 투자한다.

독서를 중심 커리큘럼으로 삼은 가장 큰 이유는 책이 최고의 교사가 되어주기 때문이다. 책은 부모의 부족함을 대신해 주었다. 인류의 스승들이 남긴 유산은 독서를 통해 자녀의 삶에 파고들었다. 이는 특별한 이들만의 이야기가 아니다. 책을 읽는 모든 이들에게 공평하게 주어지는 기회다.

크리스천에게 독서는 세상에서 말하는 것보다 비교할 수 없는 그 이상의 가치를 지닌다. 독서가 천지창조 제일의 유산을 상속받는 최선의 길이기 때문이다. 크리스천은 세상을 살되 영혼과 정신의 자유를 추구해야 한다. 그것은 물질이 아니라 하나님으로 만족하는 삶을 살 때 가능하다. 그 안에서 즐거움을 누려야 한다. 나의 자녀에게 주고 싶은 것도 바로 이것이다.

'하나님을 경외하며 그분이 창조한 세상을 사랑하는 삶'을 위해 독서가 필요하다. 나의 자녀들은 성경을 통해 하나님의 마음을 깨닫고 또 여러 책을 통해 하나님의 천지창조세계를 깊이 알아가고 있다. 나도 아이들이 성경적인 시각으로 세상을 바라보는 안목을 가지고 스스로의 관점을 열어가도록 그들을 돕는 일에 최선을 다하고 있다.

나는 모든 크리스천 부모들이 우리 자녀들에게 이러한 관점을, 세상을 변화시킬 능력을 세워주기를 바란다. 그것을 위해 독서는 최선의 선택이다.

넷째, 독서가 미래를 위한 가장 좋은 투자이기 때문이다

교육에 대한 관심과 투자는 시대와 인종을 불문한다. 모든 역사와 전 세계를 아울러 인류는 교육이 최선의 투자임을 깨달아 익히 알고 있기 때문이다. 교육의 유무, 정도의 차이에 따라 사회의 역할, 영향력이 달라진다는 통계는 정도를 달리할 뿐, 그것이 엄연한 사실이라는 것을 증명해 왔다. 올바른 교육을 위해 필요한 두 가지는 '의식의 문제'와 '환경의 문제'다. 먼저, '의식의 문제'는 부모와 자녀의 의식의 문제로 나뉘는데, 중요하면서도 우선적으로 필요한 것은 부모의 의식이다. 교육에 대한 바른 의식을 가진 부모가 있다면 모든 사안은 이제 시간 문제다.

교육에 대한 자녀의 의식도 중요하다. 교육에 대한 동기를 가졌는지 아닌지에 따라 그 결과는 달라진다. 감사한 것은 부모의 교육적인 관심과 생각은 자녀의 의식, 동기에 가장 큰 영향을 미친다는 사실이다. 기억하라. 그 영향력의 울타리는 자녀를 교육하는 일에 있어 부모에게 주어진 기회인 동시에 위기가 될 수 있다는 사실을 말이다.

다음으로 필요한 것은 교육 환경의 마련이다. '교육(敎育)이 백년지대계(百年之大計)'라든지 흙수저, 금수저에 대한 이야기는 환경적 요소를 전제한다. 마음만 가지고는 교육이 이루어지지는 않는다는 것이다. 〈스카이 캐슬〉과 같은 드라마나, 학교를 소재로 한 영화를 통해 오늘날의 입시 현실의 어두운 단면이 조명되곤 한다. 돈 없이는 좋은 교육을 받을 수 없는 것처럼 보이는 오늘의 모습을 보며 '과연 대안이 없단 말인가?' 묻지 않을 수 없다.

나는 20년 넘는 시간 동안 독서를 일반 사회 교육에 대한 기독교교육의 대안으로 제시해 왔다. 누구에게도 차별이 없고 공평하게 주어진 독서에 대한 관심과 실행이야 말로 교육의 최선이요 미래를 향한 가장 좋은 투자가 분명하기 때문이다. '독서가 좋은 일이니 한 번 해보자'는 것이 아니다. 독서의 가치와 힘에 대해서는 역사의 허다한 증인과 증언이 넘쳐난다. 그런데 왜 독서에 시간을 쏟고 열심을 내는 사람은 소수에 그치는 것일까? 〈2017년 국민 독서 실태〉를 조사한 통계 자료는 1년 동안 한 권의 책도 보지 않는 성인의 수가 열 명 중 네 명이나 된다고 말하고 있다. 그마저도 남은 여섯 명 중에는 1년에 한 권 내지는 두 권 읽는 사람들도 포함하고 있다는 사실도 간과할 수 없다. 또 읽었다 치더라도 제대로 읽고 있는가에 대해 논의한다면 결과는 더 좋지 않을 것이다.

왜 이런 결과가 나오게 되는 걸까? 답은 간단하다. 독서의 중요성을 모르는 것이다. 안다고 착각할 뿐이다. 안다고 해도 독서의 유익에 대해서 부분적으로만 알기 때문이다. 근본적으로 독서가 주는 변화를 체험해 보지 못했기 때문이다.

독서가 주는 변화란 엄청난 성공에 대한 이야기가 아니다. 독서의 과정 속에 누리는 작은 성공들을 말하는 것이다. 과정의 진보, 작은 성공 경험 없이 무엇을 지속하는 것은 어렵다. 독서도 마찬가지다. 지난 시간 속에 독서의 성공 경험이 있다면 그것이 동기가 되어 다음 단계로의 독서에 도전하게 되었을 것이다. 독서의 성공 경험, 과정의 진보는 인간이 추구하는 가장 큰 즐거움 중 하나이기 때문이다.

지금도 수많은 작은 성공을 경험해 본 성공자들은 독서에 시간과 돈을 투자한다. 독서가 주는 유익에 대해 알기 때문이다. 공공연한 비밀인 독서의 힘을 길러야 한다.

  누구에게나 열려있는 기회를 왜 우리는 부여잡지 않고 있는가. 자녀 교육을 위한 헛발질을 멈추고 하나님이 허락하신 기회, 독서의 축복을 나의 삶의 선물로 받아들여라. 그 기쁨과 즐거움을 자녀에게 상속하라. 그것이 자녀의 미래를 위한 최선의 선택이었음을 오래지 않아 확인하게 될 것이다.

  볼테르는 말한다.

  "책을 가볍게 여겨서는 안 된다. 지금까지 세계 전체가 결국은 책으로 지배 되어 왔기 때문이다."

요약. 독서하는 크리스천 부모가 되어야하는 4가지 이유!

◎ 첫째, 독서는 나를 변화시키는 최고의 수단이다.
성경을 '읽어야' 하나님의 뜻을 알며, 책을 '읽어야' 선인들의 가르침을 배워 나를 변화시킬 수 있다.

◎ 둘째, 독서는 이웃을 사랑하는 최선의 길을 알려준다.
아는 만큼 사랑한다! 상대방의 장점과 단점을 알고 문제를 알아야 그를 바르게 사랑할 수 있다.

◎ 셋째, 독서는 천지창조의 세계, 제일의 유상을 상속받는 열쇠다.
'하나님을 경외하며 하나님이 창조한 세상을 사랑하는 삶'을 위해 독서가 필요하다.

◎ 넷째, 독서가 미래를 위한 가장 좋은 투자이다.
독서는 누구에게나 열려있는 기회. 독서라는 축복을 나와 자녀의 삶의 선물로 받아들여라.

3.

예수 닮는다는 것의 3가지 의미

책 읽는 크리스천의 궁극적인 목표는 '예수 닮기'에 있다. 인간의 제일 된 목적이 하나님을 영화롭게 하는 것이기 때문이다. 그렇다면 '예수 그리스도를 닮는다는 것'은 무엇을 의미하는가? 크게 세 가지로 나누어 생각할 수 있다.

첫째, 예수 그리스도의 인격을 닮는 것이다

예수님의 공생애는 신으로서의 삶 이전에 완전한 인간으로의 삶이었다. 힘들어하셨고(마 27:46) 배고파 하셨으며(막 11:12) 기뻐하셨고(눅 15:1~2, 7, 10, 32) 슬퍼하셨다(요 11:35). 신으로서 초월적 삶을 누리신 것이 아니라 인간으로 성육신하셔서 순종하는 삶을 사셨다.

인격은 사람을 끌어당기는 힘이 있다. 흔히 '덕이 있다'라고 표현하는데 덕이 있는 사람 주위에는 사람들이 모여든다. 덕이 있는 자는 자신만을 위하지 않기 때문이다. 주위 사람들을 생각하고 함께, 더불어 살아가려 힘쓴다. 예수 그리스도를 닮음은 그러한 그의 품성, 인격, 덕을 닮음으로부터 시작되어야 한다.

"나는 원래 그런 사람이야!"라고 말하며 자신의 모난 품성을 정당화하려는 크리스천들이 있다. 그러나 그것은 핑계에 지나지 않는다. 사람마다 타고난 품성이 있음은 인정한다. 그 또한 매우 강력한 타고남이지만 인간의 가능성은 변화가 가능하다는 것에 있다. 베드로의 변화를 보았는가! 바울의 변화를 보았는가! 그들의 변화가 가능했던 것은 그들이 사도로서 특별한 존재였기 때문이 아니다. 예수 그리스도의 덕과 사랑이, 하나님의 은혜가 임했기에 가능했던 변화다.

아무리 덕스러운 사람도 욕망이 있는 사람인지라 항상 손해 보는 삶을 살 수는 없다. 화도 나고, 남보다 자신을 위하려는 생각이 앞설 때도 있다. 이때 필요한 것이 삶의 가르침이다. 보고 자란 삶의 가르침이며 듣고 자란 부모와 스승의 가르침이다. 그것에 더하여 중요한 가르침을 독서에서 얻을 수 있다.

찾아드는 감정과 인간 본연의 욕심을 이겨내는 데 독서만한 것이 없다. 독서는 나아갈 마음의 길을 알려준다. 지켜야 할 도리를 생각나게 만든다. 크리스천이 성경을 읽는 이유는 무엇이며 암송하는 이유가 무엇인가? 나의 마음과 생각이 아닌 하나님의 마음과 그분의 생각으로 삶을 살아가기 위함이다. 자신의 욕망이 앞설 때 하나님께서 말씀을 기억하게 하심으로 자신을 지켜주신 일이 있는가? 혹은 일반적인 심리학에 관련한 책을 읽은 것을 통해 상대방을 좀 더 이해하게 되어 인내할 수 있었던 경험이 있는가?

책을 많이 읽는다고 모두 뛰어난 인격의 소유자가 된다는 것이 아니다. 다만, 크리스천의 독서는 '아는 것이 힘'이라는 기치(旗幟) 아래서만 작동되는 방법과 기술이어서는 안 된다. 크리스천의 독서는 상대방을 이해하기 위한 노력에서 비롯된 행동이어야 한다. 나를 깊이 알고 상대방을 아는 것으로써 사랑의 삶을 살기 위한 실천이어야 하는 것이다. 또한 인간의 욕망을 이겨내기 위한 선택이어야 한다. 자기만족을 위한 학습 너머, 더불어 살아가기 위한 수고여야 한다. 그러한 마음으로 독서를 한다면 배움은 사랑으로 열매 맺을 수 있다.

독서를 통한 인격의 함양. 결코 꿈이 아니다. 성경을 읽으며 하나님을 알고 나를 알아갈 수 있다. 그와 함께 여러 분야의 책을 읽는 가운데 세상을 더 깊이 알아감으로 더 큰 사랑을 꿈꿀 수 있다. 이것이야말로 크리스천의 독서를 통해 가질 수 있는 최고의 목표가 아닐까?

생각해보라. 배움에 대한 열정이 끝이 없고 수많은 책을 탐독한 어떤 이가 있는데, 그럼에도 불구하고 그가 가는 곳에 항상 다툼과 분란이 있다면 그의 배움은 무엇을 위함이요 누구를 위한 독서라고 할 수 있겠는가?

내가 말하고자하는 크리스천의 독서는 예수님의 인격을 닮아 가기 위한 배움의 길이다. 그분의 사랑을 실천하기 위해 세상을 알아가는 수고다. 천지창조의 세계를 섬기기 위한 거룩한 관심이다. 익은 벼가 고개를 숙인다고 했던가? 예수 그리스도의 인격을 닮기 위해 책을 읽고 배움의 길을 걷는 삶을 사는 이들이라면 먼저 자기와의 싸움에서 승리하여야 한다. 그때 사람의 마음을 얻고 하나님께 잘했다 칭찬 받는 자녀가 될 수 있다.

당신의 자녀가 하나님의 기쁨이 되기를 원하는가? 예수님 닮기를 원하는가? 독서를 가르쳐야 한다. 크리스천의 참된 독서의 힘을 깨닫게 해야 한다. 자녀가 하나님과 사람 앞에 사랑 받는 자로 세워져 가는 독서가(讀書家)가 되도록 하여야 한다. 이것이 크리스천 부모의 평생의 과제다.

둘째, 예수 그리스도의 꿈을 닮는 것이다

꿈은 현재를 딛고 서서 미래를 바라보는 힘이다. 방향을 알려주는 나침반인 동시에 오늘을 점검하는 기준이다. 목적과 꿈과 사명은 비슷해 보이는 단어지만 그 의미는 확연히 다르다. 목적은 꿈의 방향성이라면 꿈은 목적이 있는 이들의 미래상이다.

우리 인생의 목적은 무엇인가? 하나님을 영화롭게 하는 것이다. 그러나 그것은 측정 불가능한 인생의 목적이다. 사람이 나아가야 할 방향일 뿐이다. 북쪽은 방향이지 도달 지점이 아닌 것과 마찬가지다. 목적이 도달 불가능한 방향이라면 꿈은 도달 가능한 목표다. 실현 가능한 비전이며 측정 가능한 가치다. 사명은 목적과 꿈 사이를 채워주는 수행과제다. 하나님을 영화롭게 할 목적을 지닌 크리스천이 자신의 비전을 이루는 수단이며 구체적인 방법이다.

나는 '하나님을 영화롭게 하는 것'이라는 목적을 위해 '살며, 사랑하며, 배우며, 나누는 삶을 사는 것'을 꿈꾼다. 그것이 나의 꿈이다. 목적을 추구하며 꿈을 이루기 위해 내게 주어진 사명, 즉 수단이자 방법은 '가르치고 코치해 주는 일을 통해 많은 크리스천들이 '읽기의 힘'과 '쓰기의 힘'을 향상시킬 수 있게 하는 것'이다.

예수님은 삶의 목적이 분명한 분이셨다. "아버지여 십자가라는 이 잔을 내게서 지나가게 하옵소서."하고 기도하시다가도 "내 뜻대로 마옵시고 아버지의 뜻대로 하옵소서"하고 고백하셨다(마 26:39).

예수님께서는 성육신한 인생의 목적이 무엇인지 분명히 아셨기에 그러실 수 있었다. 그런 예수님의 마지막 꿈은 우리의 사명이 되었다. "그러므로 너희는 가서 모든 족속으로 제자를 삼아 아버지와 아들과 성령의 이름으로 세례를 주고 내가 너희에게 분부한 모든 것을 가르쳐 지키게 하라"(마 28:19~20)는 예수님의 말씀은 우리를 향한 그분의 명령이요 꿈이며 우리 인생의 사명이다. 그분은 십자가에 죽으시고 부활하시기고 승천하시기까지 우리를 향한 자신의 꿈과 비전을 분명히 보여주셨다. 사명을 감당하셨다. 모든 족속에게 복음을 전하는 것은 하나님을 영화롭게 하는 이들의 달성 가능한 꿈과 목표요 사명 그 자체가 되었다.

크리스천은 꿈꾸는 자여야 한다. 이 세상은 하나님의 꿈이며 그 중심에 우리가 서 있기 때문이다. 진정한 하나님의 사람들은 꿈쟁이다. 세상의 꿈이 아닌 하나님의 꿈을 꾸는 이들이다.

성경을 통해 수많은 꿈쟁이들을 만나게 된다. 초대 교회 이후로 오늘까지의 역사 또한 꿈쟁이들이 그 꿈을 이루어 가는 과정이었다. 많은 꿈쟁이들이 역사 속에 나타났다 사라져 갔지만 그 중에서도 시대를 초월하여 많은 사람들의 가슴을 뜨겁게 하는 한 사람의 꿈쟁이가 있다. 마틴 루터 킹 목사다. 그가 링컨 기념관 광장에서 외치던 꿈은 하나님이 그에게 보여 주신 참된 비전이요 꿈이었다.

"나는 꿈이 있습니다. 언젠가는 이 나라 국민 모두가 일어나 모든 인간이 평등하다는 자명한 진리로 이 신조의 진정한 원리를 반드시 실현해야겠습니다.

나는 꿈이 있습니다. 언젠가 조지아 주의 붉은 언덕에서 노예의 후손들과 노예 주인의 후손들이 형제처럼 한자리에 모이는 꿈이 있습니다.

나는 꿈이 있습니다. 여러분이 잘 아는 미시시피 주가 악덕과 불의의 열기에 타고 있으며, 악재와 억압의 열기에 타고 있지만 인간이 원하는 자유와 정의의 오아시스로 변화하리라는 꿈이 있습니다.

나는 꿈이 있습니다. 나의 자녀들이 그리고 우리의 사랑하는 자녀들이 언젠가는 그들의 피부색이 아니라 그들의 인격으로 평가되는 날이 오는 꿈이 있습니다.

나는 꿈이 있습니다. 언젠가 그리도 악독한 흑백의 인종차별이 있는 알라바마 주에서 존경하옵는 주지사의 입에서 인종차별을 철폐하겠다는 말이 나오리라고 나는 확신합니다.

나는 꿈이 있습니다. 언젠가는 우리의 사랑하는 작은 흑인 소년소녀들이 작은 백인 소년소녀와 함께 손잡고 노는 꿈이 있습니다."

하나님은 사람을 세우시고 그에게 꿈을 갖도록 하신다. 그 꿈은 혼자만의 꿈이 아니다. 하나님의 꿈인 동시에 온 인류를 위한 꿈이다. 예수님의 꿈을 이뤄가는 꿈쟁이, 그들이 바로 바울이요, 베드로요, 마틴 루터 킹이며 오늘의 나와 너다. 모든 크리스천이요, 우리의 자녀이다. 우리는 그들의 꿈을 보았고 그 꿈이 실현된 세상을 살아가는 은혜를 누리고 있다. 우리의 자녀로 꿈꾸는 자로 살게 하자. 예수 그리스도를 본받는 자로 살게 하자.

셋째, 예수 그리스도의 실력을 닮는 것이다

덕스러운 인격으로 삶의 근간을 이루고, 꿈을 통해 나아갈 방향을 확실히 했다면 이젠 필요한 것은 추진력이다. 목표를 이루는 힘과 에너지요, 나아갈 추진력이 되어주는 것은 실력이다. 예수님의 언약성취는 그분의 인격과 사랑, 미래를 품은 꿈만으로 이뤄진 것이 아니다. 예수님은 사역의 현장 어디에서나 꿈과 사랑과 함께 실력으로 대적들을 압도하셨다. 신적 권위만으로 그들을 억누른 것이 아니다. 논리로 나아오는 이들에게는 논리로 대응하셨다. 분노와 성냄으로 달려드는 이들을 잠잠케 하신 것은 그분의 사랑만이 아닌 넘볼 수 없는 준비된 실력이었다.

주변만을 돌아보아도 얼마나 많은 사람들이 자신의 꿈을 이루지 못하고 좌절을 맛보았는가! 지금 이 순간에도 '인격이 모나서', '꿈이 없어서'가 아닌 '준비해야 할 실력이 부족해' 쓰려져 가는 이들이 허다하다. 한국 기독교의 실수 가운데 하나는 예수님의 사랑은 강조했지만 예수님의 꿈과 실력에 대한 강조는 하지 않았다는 것이다. 크리스천의 예수 닮기는 착한 교회오빠로 열매 맺었고 세상 속에서 그 영향력을 조금씩 잃어왔다.

우리가 닮아야 할 예수님의 실력은 어떤 것인가? 실력은 크게 세 가지 힘으로 나누어 볼 수 있다. 첫째, 문제를 보는 능력이다. 둘째, 문제를 해결해 가는 능력이며 셋째, 대안을 제시하는 능력이다.

예수 그리스도는 죄의 문제를 해결하기 위해 이 땅에 오셨다. 십자가에 죽으심과 부활하심으로 우리의 죄를 대속(代贖)하셨다. 구원은 문제 해결의 결과로 주어진 은혜의 선물이다. 인간의 능력으로 어찌할 수 없는 문제를 하나님이 인간의 몸을 입으시고 해결하셨다. 그러나 그분의 문제해결은 신적 능력에 기댄 것만이 아니다.

예수님은 소외받는 이들에게 친구가 되어주셨다. 유대교 지도자들이 만든, 하나님의 뜻을 넘어선 인간의 율법에 대해서 하늘의 논리로 새로운 복음을 선포하셨다. 이 모든 일들은 당시 종교계 기득권 세력들에게는 큰 걸림돌이었다. 그들은 온갖 방법을 동원해 예수님의 길을 가로막았다. 그러나 예수님께서는 잃어버린 율법의 능력을 복음을 증거하는 사역을 통해 온전케 하셨다.

목표가 높을수록 앞을 가로 막는 장애물도 크고 강력하다. 그러나 많은 사람들이 목표에 다다르지 못하는 이유는 장애물의 크고 작음 때문이 아니다. 가장 결정적인 이유는 실력의 유무다. 알버트 아인슈타인은 이야기한다.

"우리가 맞닥뜨린 중요 문제들은 우리가 문제를 만들어냈을 때와 같은 수준에선 풀리지 않는다."

문제가 생긴 것과 똑같은 수준에서는 그 문제를 해결할 수 없고 그것을 넘어서서 더 높은 수준으로 올라가야만 한다는 뜻이다. 예수님께서 승천하신 후 그분의 꿈을 이어 받은 사람들은 예수님이 보여주신 문제를 자신의 삶의 비전, 해결해야 할 사명으로 받아들였다. 그리고 그 문제를 해결해 나갔다. 문제를 해결할 수 있었던 것은 준비된 능력이 있었기 때문이다. 그들의 능력은 단순한 세상의 지혜가 아니다.

예수 닮기는 우리의 비전이다. 감당해야 할 사명을 위해 반드시 이루어야 할 목표다. 이 일을 위해 준비해야 할 배움의 자리를 점검하라. 독서는 그 중에서도 가장 중요한 수단이다. 그 목표는 하나님의 사명을 감당하기 위한 것이어야 한다. 탁월해야 한다. 취미 수준에서 만족해서는 안 된다. 하나님 사람으로의 능력을 회복하여 하나님 마음에 합한, 예수 닮은 자로 서기 위해 덕과 꿈과 실력이 겸비된 자로 나를 세워야 한다. 우리 자녀를 가르쳐야 한다.

요약. 예수 닮는다는 것의 3가지 의미!

◎ 첫째, 예수 그리스도의 인격을 닮는 것이다.
크리스천이 성경을 읽고 암송하는 이유는 무엇인가?
예수님의 마음과 생각으로 살기 위함이다. 감정과 욕심을 이기는 데에 독서만한 것이 없다.

◎ 둘째, 예수 그리스도의 꿈을 닮는 것이다.
예수님은 성육신 한 인생의 목적을 분명히 아셨다.
그 예수님의 꿈(마 28:19~20)은 우리의 꿈이 되고 사명이 되었다.

◎ 셋째, 예수 그리스도의 실력을 닮는 것이다.
예수님은 실력으로 대적들을 압도하셨다.
자신을 향해 달려드는 이들을 잠잠케 한 것은 신적 권위와 더불어 넘볼 수 없는 실력이 있으셨기에 가능했다.

4.

교회와 가정,
학습 공동체성을 회복하라

미국 뉴욕대 폴리테크닉연구소 교수인 나심 니콜라스 탈레브(Nassim Nicholas Taleb)는 2007년 『블랙 스완』을 출간한다. 그는 금융 위기의 진원지인 서브프라임 모기지 사태를 예언하며 '블랙 스완'(The black swan)이라는 말을 사용했다. 블랙 스완은 1697년 호주의 도시, 퍼스(Perth)에서 처음 발견되었다. 말 자체가 모순인 '검은 색의 백조'를 처음 발견했을 때 심정이 어땠을까? 충격 그 자체였을 것이다. 탈레브 교수의 책은 그와 같이 예상치 못한 일이 있어났을 때 받게 되는 충격에 대한 것이다. '블랙 스완'은 다양한 모습으로 우리 삶의 주변에서 발생한다. 대체로 삶을 위기로 몰아세우는 극한의 상황의 발생을 이야기하는데 누군가에게는 뜻밖의 행운, 상상도 할 수 없는 기회가 되기도 한다.

교회와 크리스천의 블랙 스완

시대를 불문하고 사람들의 인정을 받는 지도자들이 있었다. 문제를 해결하고 대안으로서의 새로운 비전을 제시하는 것은 그들의 몫이었다. 교회도 예외는 아니다. 세상을 향한 영향력이 강력했다. 목회자는 존경의 대상이었고 종교 지도자를 넘어 사회 지도자로서의 영향력을 나타내 왔다. 목회자들만이 아니다. 크리스천들은 사회 곳곳에서 존경을 받았다. 자연스러운 결과일 수 있다. 크리스천은 세상과 다른 말씀의 기준을 품고 사는 사람들이기 때문이다.

그러나 시대는 변했고 기독교는 새로운 국면을 맞이하고 있다. 크리스천들의 세상을 향한 영향력이 예전 같지 않다. 교회를 바라보는 사회의 시선도 마찬가지다. 교회 소식이 눈살을 찌푸리는 뉴스의 사건과 사고 면을 채우곤 한다. 당황스러운 일이 아닐 수 없다. 일련의 현상들을 보며 '블랙 스완'을 떠올리게 된다. 이전까지만 해도 상상도 할 수 없는 일들이 눈앞에서 펼쳐지고 있다. 일부의 문제일 수 있다. 확대 해석하여 잘못된 판단에 이르지 않도록 조심해야 한다. 그렇다고 가볍게 여기고 무시하기에는 사회적 분위기가 심상치 않다.

무엇이 잘못되었기에 오늘과 같은 문제들이 끊이지 않는 것일까? '이것 때문이다' 한마디로 정의하기는 쉽지 않다. 인간의 변화와 성숙이 무엇 하나 잘한다 해서 이루어지는 것이 아니듯, 오늘 교회 앞에 놓인 문제의 원인 또한 단순하지 않다. 문제의 원인을 단순화 할 때 더 큰 어려움에 빠져들 수 있다. 그래도 문제의 원인을 한 가지 이야기해 본다면 그것은 '참된 크리스천의 부재'에 있다고 할 수 있다.

문제의 핵심은 '소수 목회자의 리더십'의 문제만은 아니다. 리더십의 부재는 중요한 요소일 뿐이다. '참된 존재로서의 크리스천'들이 없기에 오늘의 문제는 '문제'로 존재하며 우리에게 아픔으로 여겨진다. 여기서의 '참된 존재로서의 크리스천'은 절대 다수는 아닐지라도 창조적 소수로서의 크리스천들을 말한다. 그들은 하나님 형상을 회복해 나가기 위해 힘쓰는 사람들이다. 완전한 존재로서는 불가능한 일이겠지만 누군가의 말처럼 '약해도 쓰임 받을 수 있다'고나 할까?

크리스천으로 세움 받은 이들이 하나님이 주신 능력을 활용하지 못하는 것에서 교회와 신자들이 가진 문제의 핵심을 찾을 수 있다.

공동체의 학습 환경을 디자인하라

오늘보다 나은 내일의 기독교, 참된 크리스천을 세워가는 일을 위해 필요한 것은 무엇일까? 첫 번째 과제는 기독교 공동체의 풍토(風土)를 바로 세우는 일이다. 삶의 공간에 대한 이야기인 동시에 가치와 정신에 대한 이야기다.

사람들은 내가 나고 자란 국가, 사회, 공동체의 영향을 받는다. 내가 부정하고 싫어해도 주어진 환경의 영향을 피할 방법은 없다. 오늘 기독교의 삶의 자리, 물리적, 정신적인 환경은 오늘 이 시대를 사는 크리스천의 삶에 영향을 준다. 그렇기에 변화를 원한다면 우리는 지금과는 다른 환경을 만들고 그 안에서의 다른 삶을 추구해야 한다. 이는 물리적인 환경과 제도의 변화만을 이야기하는 것은 아니며, 또한 변화라는 것이 혁명과 개혁을 일으켜야만 가능하다고 생각하지 않는다.

변화의 시작은 나로부터 이루어지면 된다. 내가 속한 가정, 내가 속한 교회를 새로운 환경으로 바꾸는 일로 부터 시작하면 된다. 그 중에서도 가정과 교회 공동체의 학습 환경을 새롭게 디자인하는 일은 중요하면서도 우선되어야 할 과제다. 우리가 변화시켜 갈 수 있는 기독교 공동체의 환경 디자인은 크게 네 가지로 정리할 수 있다.

첫째, 항상 읽는 공동체 환경을 디자인하라.

기독교 공동체는 항상 독서해야 한다. 지식과 정보 자체를 추구하라는 것이 아니다. 크리스천의 독서는 더 많이 사랑하기 위함이다. 크리스천의 배움은 끝없는 여정이어야 한다. 나를 알면 알수록 하나님을 더 깊이 알게 된다. 세상을 알면 알수록 하나님의 은혜와 신비에 대한 깨달음이 생긴다. 그렇기에 그 여정이 끝이 없이 펼쳐지기 마련이다.

당신의 가정을, 그리고 할 수 있다면 당신이 속한 교회를 책을 읽는 환경으로 변화시켜라. 특별히 가정을 책 읽는 환경으로 디자인하는 것은 반드시 성공해야 하는 과제다. 사람의 의지가 환경을 바꾸기도 하지만 대부분의 경우 환경의 영향을 받는다. 환경을 바꾸는 목적은 더 좋은 영향을 받기 위함이다. 사람의 의지가 환경을 지배하지 않는다면, 환경이 우리 삶을 지배하기 시작한다. 내가 원한 삶이 아니었음에도 환경이 그에 맞는 삶을 살도록 우리를 이끈다.

당신의 자녀에게 책 읽는 환경 속에 자라나는 축복을 선물하라. 어떤 독서 방법과 기술보다 중요한 것은 책 읽는 문화를 선물하는 것이다. 그런 환경 속에서 자란 아이들에게 책 읽기는 자연스러움이다.

방법과 기술을 익히는 노력도 필요하다. 체험과 기억이 무서운 것은 우리의 뇌리에 각인된다는 것이다. 어느 순간 배너를 클릭하면 또 다른 사이트에 접속하는 것처럼 가정 속에서 책 읽는 문화를 누림과 추억은 익숙한 독서의 세계로 자녀를 인도하는 마중물이 될 것이다.

기독교 가정에서 책을 읽는 분위기를 만드는 것은 최고의 교육 커리큘럼이다. 그러나 거기에 그치지 않는다. 크리스천의 변화는 세상을 변화시키는 방향을 향한다. 그렇기에 기독교 가정의 변화는 세상을 변화시키는 구체적인 첫걸음임을 기억하라.

둘째, 글을 쓰는 공동체 환경을 디자인하라.

글을 쓴다는 것은 읽고 보고 들은 이야기를 정리함을 의미한다. 요약을 통해 사실을 사실로 보는 훈련을 해야 한다. 그것을 위해서는 나에게 수용된 정보를 점검해야 한다. 그 다음은 비교하는 것이다. 기존에 갖고 있던 나의 생각을 중심으로 새로 수용된 정보를 바라보는 것이다. 이러한 작업은 머릿속의 생각으로도 가능하지만 글로 기록하는 과정을 거치면 그 차이가 더욱 명확해 지는 것을 알 수 있다.

위의 과정이 이루어지기 때문에 글 쓰는 사람의 두뇌는 치밀해진다. 사건과 사물을 나누어 볼 수 있는 눈이 열린다. 하나의 사실을 있는 그대로 받아들이기보다 비교, 분석, 대조의 과정을 통해 사고를 확장해 가는 계기를 삼을 수 있는 것이다. 크리스천 가정과 교회의 잃어버린 교육, '쓰기'가 회복된다면 그 이유 하나만으로 세상을 향해 잃어버린 영향력을 회복해 가는 원동력이 될 것이다.

  셋째, 항상 대화하는 환경을 디자인하라.

  표현이 자유로운 분위기를 만들어야 한다. 밥을 먹을 때나 일상에서 서로에게 귀 기울이는 가정과 교회가 되어야 한다. 우리나라의 가정과 교회 문화 속에는 유교적인 분위기가 가득하다. 시대가 바뀌고 많은 변화가 있다고는 하더라도 바른 소통은 여전히 부족하다. 목사와 부모는 말하고 성도와 자녀는 듣는 문화를 넘어 서로 깊이 있는 대화를 나누는 문화를 만들어야 한다. 나와 다른 의견을 인정하며 토론하는 문화는 잃어버린 기독교의 야성을 찾는 지름길이 될 것이다.

  넷째, 항상 같이 밥을 먹는 환경을 디자인하라.

  가족을 가리켜 '식구'(食口)라고도 한다. 먹을 식 '食', 입 구 '口'. '한 집에 살며 끼니를 함께 하는 사람들'을 일컫는 말이다. 혈연의 가족을 넘어 신앙 공동체의 형제, 자매들과의 식탁은 예배의 의미를 포함한다. 성경의 제일 된 명령은 '하나님을 사랑하고 이웃을 사랑함'이다. 사랑은 나눔을 통해 증명되는데, 큰 것의 나눔만이 중요한 것이 아니다. 일상 속 작은 식탁의 나눔은 확장된 사랑의 열매 맺음이다. 누구든지 자신의 식탁에 다른 이를 초청할 때 아무나 참여시키지 않을 것이다. '같이 밥을 먹는다는 것'은 그만큼 관계의 거리가 가까워졌음을 의미한다. 이는 내 것을 나누어 함께 누리는 사랑의 관계다. 나를 오픈하고 좀 더 진솔한 관계를 이어감이다.

　예수님이 이 땅에 오셔서 하신 일상 중 대표적인 것 하나가 식탁을 이웃들과 공유한 것이다. 유대 종교인들은 율법의 '정결법'을 이유로 세리와 죄인, 병든 자들을 가까이 하려 하지 않았다. 그들의 명목은 하나님의 말씀에 대한 순종이었다. 그러나 예수님은 그들의 율법을 따르지 않았다. 예수님께서는 하나님의 말씀에 대한 진정한 순종으로 그들에게 다가가 친구가 되어 주셨다. 그들과 함께 한 식탁은 밥상을 넘어 용납과 사랑, 하나 됨의 메시지였다.

　도시가 건설되고 교회가 도시에 자리 잡게 되면서 교회는 공동체성이 약화되어 모임 위주의 공동체가 되었다. 물론, 도시의 삶을 살다보면 성경적 공동체성을 따라 사는 일은 쉽지 않다. 그럼에도 기독교의 공동체성을 회복하기 위한 노력이 있어야 한다. 그것을 위해 먼저 밥상 공동체가 회복되어야 하며, 학습 공동체가 회복되어야 한다.

성경적 공동체의 회복을 꿈꾸다

　맹모삼천지교(孟母三遷之敎). 맹자의 어머니가 그를 가르치기 위해 세 번 이사했다는 고사에서 유래된 말이다. 현대는 맹자의 시대와는 다르다. 그러나 환경이 인간에게 미치는 영향을 볼 때 맹모삼천지교의 이야기는 변함없는 진리에 가깝다.

　행복하기 원한다면, 원하는 목표를 이루기 원한다면, 하나님의 뜻을 이루는 삶을 살기 원한다면 나의 삶을 디자인해야 한다. 그것을 위해서는 먼저 내가 살 곳을 선택하고 내가 관계 할 이들을 선택해야 한다. 내 자녀의 미래를 위해 기도한다면 그 기도는 환경을 디자인하는 삶의 선택으로 이어져야 한다. '오늘 어떤 환경을 선택하느냐'가 자녀의 미래를 그려 간다는 사실을 기억하며 환경에 대하여 깊이 고민하라. 이는 물리적인 환경과 내면의 환경 모두를 포함하는 말이다.

성경이 제시하는 공동체를 추구하라. 자녀에게 최고의 환경을 선물하라. 살며 사랑하며 배우며 나누는 삶을 살아가기 위한 성경적 공동체, 우리의 삶의 자리가 회복되어야 한다. 그 첫 번째는 교회와 가정의 잃어버린 학습 공동체성을 회복하는 일로 시작되어야 한다. 그때 우리의 기도는 하나님의 기쁨이 될 것이다. 우리의 행함도 하나님의 마음을 시원케 하는 믿음의 행보가 될 것이다.

세상의 변화는 지금 당장 이룰 수 있는 과제가 아니다. 그러나 한 사람의 변화, 한 가정의 변화, 한 교회의 변화가 모이면 우리는 상상도 할 수 없고 예측 할 수 없는 변화가 우리 앞에 펼쳐질 것이다. 세상은 '블랙 스완'이라 이야기 하지만 우리에게는 약속된 하나님의 나라가 있다. 그 약속에 힘입어 우리의 약함을 넘어선 놀라운 변화를 목도하게 될 것이다.

요약. 교회와 가정, 학습 공동체성을 회복하라

◎ 오늘날 교회는 '참된 크리스천의 부재'라는 뼈아픈 문제를 안고 있다.
  우선적인 과제는 내가 속한 가정과 교회의 환경을 바꾸는 일이다.

◎ 항상 읽는 공동체 환경을 디자인하라.
  책을 가까운 거리에 두고, 함께 책을 읽는 문화를 만들어
  가정 안에서 책에 대한 추억을 갖게 하라.

◎ 글을 쓰는 공동체 환경을 디자인하라.
  읽고 보고 들은 것을 요약하고 수용된 정보를 자신의 생각과 비교 분석 대조하는 훈련을 하라.

◎ 항상 대화하는 환경을 디자인하라.
  표현이 자유로운 분위기를 만들라.
  토론하는 문화가 일상에 자리 잡을 때 신앙의 야성을 세우게 될 것이다.

◎ 항상 같이 밥을 먹는 환경을 디자인하라.
  가족끼리 식탁에 둘러앉아 함께 식사를 하라.
  때로는 신앙 공동체의 형제, 자매들과 작은 식탁 나눔을 하라.

2부

엄마의 독서 태도 디자인
; 자신의 독서 초기값을 점검하라

학습독서는 힘에 지나는 독서다. 깊은 생각이 동반 된 독서여야 한다. 그 과정은 고난스러우나, 목표를 달성했을 때 느끼는 기쁨이 크기에 학습독서 혹은, 연구독서의 기쁨을 아는 이들은 취미독서에 머무르지 않는다. 아니, 다른 이들이 보기에 힘들고 고단한 학습독서를 취미삼아, 의무가 원함이 된 삶을 살아간다. 이것이 크리스천의 독서이며, 우리가 자녀교육을 위해 목표로 삼을 독서의 방향이다. 우리에게는 예수 그리스도의 지상명령(至上命令), 높은 목표가 주어졌기 때문이다.

1.

자녀 독서지도, 무엇을 목표로 하고 있나요?
_ 독서교육의 목표 분명히 알기

"독서는 무엇인가?"

"독서를 왜 해야 하는가?"

"자녀교육에 있어 독서가 왜 중요한가?"

같은 듯 다른 질문들이다. 독서하는 이들이라면 이 질문에 답해야 한다. 자신을 위해서도 필요하지만 바른 자녀교육을 위해서 위의 질문에 분명한 답변을 가지고 있어야 한다. 독서는 당신이 정의한 만큼만 당신의 삶에 영향력을 발휘하기 때문이다. 독서가 우연히 자신의 삶에 강한 영향력으로 다가서기도 한다. 그러나 독서의 중요성을 알고 대하는 이들에게 일어나는 영향력과는 비교할 수 없다. 그들은 나아갈 방향이 분명하기 때문이다. 독서는 읽는 이를 가르치고 그의 잘못을 책망하며 자신 스스로 부족한 것을 깨달아 알게 한다. 그리하여 삶의 진보를 이뤄가도록 돕는다.

삶의 목표에 따라 달라지는 취미독서와 학습독서

"책을 읽는 모든 사람이 지도자가 되는 것은 아니지만 모든 지도자는 책을 읽는 사람이었다."

한 번쯤 들어 본 말일 것이다. 여기서 말하는 지도자는 정치, 경제, 사회 지도자만을 의미하지 않는다. 자신이 속한 공동체에서 보통 이상의 영향력을 나타내는 사람이 바로 지도자다. 그리고 동시에, 부모라고 다 부모는 아니며 교사라고 다 교사는 아니다. 자신의 자녀와 제자를 오늘보다 나은 내일을 사는 존재로 이끌어 주는 역할을 감당하는 존재, 그가 진정한 부모요, 교사요, 지도자다.

그러한 '진정한 지도자가 되는 것'과 '책을 읽는 것'은 긴밀한 관계가 있다. 이 명언 속에 '책을 읽는'이란 구절이 두 번 반복되는데 이 두 말은 서로 다른 의미를 내포하고 있다. 바로 그 차이를 취미독서와 학습독서라 말할 수 있다.

'책을 읽는 모든 사람이 지도자가 되는 것은 아니지만'이라는 말 속에 포함 된 '책을 읽는' 독서는 취미독서에 가깝다. 문장을 새롭게 고

친다면 다음과 같다. '취미 독서하는 모든 사람은 지도자가 될 수 없다.' 취미독서가 나쁘다는 것이 아니다. 목표를 중심으로 이야기 할 때 취미독서로는 이룰 수 있는 일의 한계가 있음을 이야기하는 것이다.

여기서의 취미독서가 의미하는 것은 목표 성취의 즐거움이 아니라 여가의 즐거움을 추구하는 독서를 말한다. 이는 교양을 세우는 독서이며, 인간관계를 이어가고 세우는 데 도움이 되는 독서다. 이러한 취미독서의 한계는 임계점을 넘어선 독서가 아니라는 점이다. 개인의 위안과 즐거움은 얻지만 개인의 삶에 머무르는 독서다. 취미독서로는 이웃과 사회의 문제를 해결할 수 없다. 그것은 문제 해결을 위한 역량이나 전문성을 세우는 독서가 아니기 때문이다.

'모든 지도자는 책을 읽는 사람이었다'는 말 속의 독서는 취미독서가 아니다. '학습독서'요, '연구독서'다. 이러한 독서는 책을 읽는 행위에 대한 강한 욕구와 의무감이 연결되어 있다. 바로 높은 목표를 추구하는 이들의 독서라고 할 수 있다.

그렇기에 독서의 내용과 방법이 자신의 한계 안에 머물러 있지 않다. 오늘의 나보다 나은 나를 위한 독서이다. 오늘보다 진보한 내일을 목표로 하기 때문에 '어려운 독서'에 도전한다. 바로 문제해결 능력을 강화하기 위한 수고를 감내한다.

학습독서는 힘에 지나는 독서다. 깊은 생각이 동반 된 독서여야 한다. 누군가의 연구 자료를 학습하는 것을 시작으로 자신만의 연구가 시작된다. 목표가 분명하다면 나를 넘어서야 하고 기본적인 욕망이 제어되어야 한다. 그 과정은 고난스러우나, 목표를 달성했을 때 느끼는 기쁨이 크기에 학습독서 혹은, 연구독서의 기쁨을 아는 이들은 취미독서에 머무르지 않는다. 아니, 다른 이들이 보기에 힘들고 고단한 학습독서를 취미삼아, 의무가 원함이 된 삶을 살아간다.

이것이 크리스천의 독서이며, 우리가 자녀교육을 위해 목표로 삼을 독서의 방향이다. 우리에게는 예수 그리스도의 지상명령(至上命令), 높은 목표가 주어졌기 때문이다.

세 가지 독서와 세 가지 지식

독서를 통해 얻을 수 있는 것은 단순한 정보가 아니다. 독서를 통해 수용한 새로운 정보는 자신의 지식, 경험, 가치와 연결된다. 그 과정 속에서 의미 있는 내면의 지식이 창조되는 것이다. 책을 읽는 과정을 통해 얻게 되는 지식은 크게 세 가지로 정리할 수 있다. 첫째 교양지식, 둘째 전문지식, 셋째 가치지식이다. 목표하는 지식이 다르기에 독서의 방법과 기술에도 차이가 있다.

독서의 첫 번째 목표는 교양지식의 습득이다.

교양지식은 어린 시절부터 누구나 추구할 수 있는 지식이다. 교양지식은 독서를 통해 쉽게 얻을 수 있다. 교양지식을 수용하는 것만으로도 어느 정도 변화하는 시대에 발맞추어 나갈 수 있다. 얻게 되는 지식은 상식 수준의 지식일 수 있지만 소통에 있어도 중요한 요소 중 하나다. 교양지식은 어떻게 사용되는가에 따라 상식에 머물기도, 큰 영향력으로 나타나기도 한다.

독서를 통해 추구하는 두 번째 지식의 형태는 전문지식이다.

전문지식을 수용하는 전문독서 과정의 목표는 두 가지다. 분야별 전문지식의 습득과 트리비움의 역량 강화다. 전자는 내용적인 측면에서 전문성을 추구하는 것이고, 후자는 내용을 수용하는 동시에 배우는 방법을 배우는 '과정 학습'에 집중하는 것이다.

교양지식과 전문지식을 결정짓는 핵심은 트리비움의 능력이다. 훈련된 트리비움의 능력을 갖춘 이들은 교양지식을 배울 때 상식을 넘어 가치 있는 지식으로 만들어 간다. 교양지식을 기존지식과 연결시켜 전혀 새로운 형태의 전문, 가치지식으로 탈바꿈시킨다.

진정한 전문성은 학습된 정보를 '아는 힘'에만 의존하지 않고 '알아내는 힘'을 세워간다. '알아내는 힘'은 정보에 가치를 부여하는 힘이다. 교양독서의 결과가 '아는 힘'의 향상이라면 전문독서의 결과는 '알아내는 힘'의 향상으로 증명해야 한다.

독서지도가로 20년을 넘게 현장에서 사역하면서 '독서의 배신'을 자주 목격한다. 아무리 독서에 힘써도 우리에게 생각하는 능력과 세상을 변화시키는 힘을 세워주지 않는 독서가 우리 삶에 만연하다. 취미독서와 교양독서에 만족하며 살아갈 때 우리는 독서의 배신을 계속해서 직면하게 될 것이다. 그 결과는 세상속의 평범함이다.

평범함이라는 단어가 주는 안정감에 우리는 속아 넘어가곤 한다. 크리스천이 영적전쟁에서 패하는 결정적인 이유가 바로 이 '평범함 속의 안주'에 있다. 하나님의 사람은 평범할 수 없기 때문이다.

청소년 시절부터 항상 되뇌었던 구절이 있다. 전도지로 널리 알려진 〈4영리〉의 제1원리다. "하나님은 당신을 사랑하시며 당신을 향한 놀라운 계획을 가지고 계십니다."

이것은 우리를 동기부여하기 위한 거짓이 아니다. 성경의 일관된 메시지다. 그 계획은 우리 자녀 세대에도 여전히 진행 중이다. 세상의 교육과는 다른 기독교교육의 대전제다. 안타까운 것은 세상의 대중교육은 우리를 놀라운 계획의 실행자가 아닌 붕어빵 틀에서 찍혀 나온 '평범한' 존재로 만들어 왔다는 것이다.

기독교교육의 비극은 여기서부터 시작된다. 교회와 기독교 가정 안에 대중교육의 요소와 교육적 목표가 그대로 스며들었다. 가만히 있으면 누구나 그 '평범함'을 소유하게 된다. 대중교육을 있는 그대로 열정적으로 반영하면 할수록 그 결과는 '세상속의 평범한 존재로서의 삶'이 될 뿐이다. 자신의 존재를 깨닫지 못하고 고양이의 존재로 살아가는 호랑이와 같다고나 할까! 그것이 바로 오늘날 세상 속 크리스천의 안타까운 모습이다. 우리의 부모가 그렇게 자라왔고 우리 자녀에게 그 삶을 재촉하고 있다. 그 대중교육의 사이클 속에 자녀를 몰아넣고 있다. 이는 사탄의 계략이다.

크리스천들의 자녀교육은 세상교육과 달라야 한다. 어디서부터 시작할까? 정보를 수용하는 일부터 시작해야 한다. 독서에 대한 크리스천들의 생각이 정리되어야 한다. 나이에 상관없이 교양독서와 전문독서의 균형을 이루는 것은 시도할 수 있는 최선의 방법이다. 수준을 낮추어 진행한다면 초등학교를 다니는 어린 자녀에게도 얼마든지 적용할 수 있다. 진정한 전문성의 힘은 이러한 과정을 거칠 때 얻게 된다.

'전문바보'라 일컬어지는 사람들이 있다. 전문 기술과 방법은 습득했지만 트리비움의 능력은 준비하지 못한 이들이다. 독서의 밑바탕이 없이 대학에 진학하고 한 분야의 전문지식을 습득한 것을 통해 살아가는 직업인들에게 많이 나타난다. 그들은 속한 분야에서는 문제 해결사일 수 있다. 분야의 전문지식을 활용하며 생존을 넘어 꿈도 추구해 갈 수 있다. 그러나 전문가라고 모두 같은 전문가는 아니다.

진정한 전문가는 전문지식과 교양지식의 균형을 유지하는 사람이다. 전문지식 습득을 넘어 하나님과 사람, 세상에 관심을 갖는 사람이다. 자신이 준비한 전문성으로 사랑을 실천하는, 인문학적 가치와 성경의 진리를 실천해 가는 사람이다. 이것이 바로, 우리가 꿈꾸는 모습이 아닌가. 독서를 통해 이루어야할 모습이다.

인공지능 시대가 왔으며 여러 변화가 일어날 것이다. 전문가들은 기술이 인간의 능력을 넘어섬에 따라 여러 특이점이 발생할 것이라고 경고를 하고 있다. 그들의 말처럼 수많은 전문성은 이제 인간에서 인공지능으로 대체되어 갈 것이 분명하다. 그때 필요한 것이 트리비움의 능력이다. 변화하는 시대에 우리의 관심은 변화하지 않는 힘을 향해야 한다. 그 힘이 변화에 대처하는 우리의 역량이기 때문이다. 이러한 때에 트리비움을 강조하는 것은 하나님의 형상으로 창조된 인간에게 주어진 최고의 능력이요 선물이기 때문이다.

세 번째 지식은 가치지식이다. 이는 인류의 스승들을 통해 얻을 수 있는 지식이다. 가치지식은 교양지식과 중요한 차이가 있는데 바로 삶으로 증명되는 지식이라는 점이다. 예를 들어 어떤 이가 원수를 사랑하라는 성경말씀을 알고, 외웠다고 하자. 그가 성경에 대한 어느 정도의 교양은 갖췄다고 할 수 있다. 그러나 그것이 그 사람의 가치인지는 그의 삶의 모습을 살펴 봐야 알 수 있는 문제라는 이야기다. 그런 의미에서 성경적 신앙관도 가치지식의 범주에 속한다.

오늘날의 독서가 가진 문제는 책을 통해 수용한 지식이 교양에 머문다는 사실이다. 또 전문적인 수련을 통해 얻은 지식은 그저 나의 배를 채우는 것에 머문다는 점이다. 가치지식은 교양지식과 전문지식을 관통하는 지식이다. 이는 삶의 가치관이며 인생의 중요한 원칙, 삶의 철학이다. 판단의 순간에 기준이 되어주며 성문법으로서의 규율을 넘어 마음의 법의 기초를 이루는 지식이다. 독서의 진정한 방향성은 가치지식을 내면화 하는 데에 있다.

가치독서는 따로 존재하는 독서 방법이나 기술이 아니다. 교양독서와 전문독서를 통해 얻게 된 지식이 삶의 가치관과 연결되어 형성된다. 창작동화와 현대 소설에서도 사랑과 평화를 이야기 할 수 있다. 일반 사회과학 도서도 용서와 나눔을 이야기한다. 그런 책들과 고전이라 불리는 책이 가진 차이는 쓰여진 내용에서 발생하지 않는다. 대부분의 경우 그것을 이야기한 사람의 삶이 그 내용의 가치를 결정한다. 사랑의 실천이 없는 크리스천이 성경을 묵상하고 성경공부를 할 때 그에게 성경적 지식은 교양지식에 지나지 않는다. 그러나 삶의 고통을 감내하며 섬김과 사랑으로 살아간 이들의 메시지는 동일한 내용을 담고 있더라도 사람의 가슴을 울린다. 그럴 때라야 삶에 영향으로 나타나는 가치지식으로 인정받는다.

성경을 읽고 암송하며, 설교를 듣고 묵상하는 이유는 우리 삶의 변화를 위한 것이다. 세상의 가치가 아닌 하나님의 기준, 그 가치로 나의 삶을 이끌어 가는 과정이다. 그 과정을 통해 성경적인 지식은 인생의 가치요, 삶의 진리가 되어야 한다.

가치독서의 가치를 깨달은 이들에게 성경은 절대기준을 선물 한다. 그 절대기준을 가진 이들은 세상의 많은 책들을 통해서도 자신을 하나님의 사람으로 세워가는 하나님의 손길을 경험할 수 있다.

가치독서를 잃어버린 교회와 가정, 크리스천의 삶에 가치독서가 실행돼야 한다. 가치독서의 진정한 힘을 세워갈 때다.

학습독서, 어떻게 시작하면 되나요?

첫째, 읽는 책의 수준을 높여라.

이해 불가능한 수준의 책을 집어 들라는 이야기가 아니다. 자신의 수준을 20~30% 넘어서는 책에 도전하라. 70~80%는 이해가 되는데 이해되지 않는 20~30%의 내용을 담고 있는 책을 선택하라는 것이다. 현재 나의 수준으로 이해 가능한 내용의 학습은 사고의 폭과 깊이를 훈련하는 과정에 큰 도움이 되지 않는다. 생각하지 않아도 이해가 되기 때문이다.

아이들이 자기 수준의 창작동화 100편보다 약간 어려운 수준의 고전 10권을 읽을 때, 아이들의 변화가 더 크다. 큰 어려움은 절망하게 하지만 약간 어려운, 감당할 만한 책은 아이들을 생각하게 만든다. 생각하는 힘은 생각의 과정을 통해서만 자란다. 생각하고 또 생각해야 하는 이유다. 평소에는 들지 않던 생각을 하게 만드는 것이 독서다. 책을 읽고 질문하고 연구하는 가운데 알아내는 힘이 자란다. 그 때가 바로 새로운 어휘의 수용과 이해의 과정, 생각이 확장되는 순간이다.

둘째, 읽기에 말과 쓰기를 더하라.

'읽기'가 좋다지만 사고를 훈련함에 있어 '쓰기'가 가져오는 효과에는 미치지 못한다. 독서에 글쓰기가 더해질 때 생각의 깊이가 더해지고 자신이 아는 것과 모르는 것의 경계가 분명해 진다. 지식이 머릿속에 있을 때에는 모든 것을 이해하여 알고 있다고 생각한다. 그러나 표현의 과정에 들어서면 상황은 달라진다. 말과 글로 표현하다 보면 자신에게 준비되지 않은 지식, 훈련되지 않은 사고 수준을 직면하게 된다. 자신이 아는 것과 모르는 것을 분명히 아는 메타인지*가 말하기와

---

* 메타인지 : '생각에 대한 생각'으로, 자신이 아는 것과 모르는 것을 자각하는 것과 스스로 문제점을 찾아내고 해결하며 자신의 학습과정을 조절할 줄 아는 인식.

쓰기 과정에서 계발된다.

셋째, 독서 모임에 참여하라.

내 수준을 넘어서는 독서를 홀로 진행하기란 쉽지 않다. 시작은 할 수 있지만 결과를 내기 위해서는 지속성이 필요하다. 독서 모임은 학습자에게 외부적인 동기요소로 작용한다. 경쟁심, 체면 등의 사소한 요소가 나로 하여금 학습독서를 지속하도록 돕는 요인으로 작용하게 된다. 그 안에서의 활동을 통해 내부적인 동기도 얻을 수 있다. 한걸음 나아가 그룹 안에서의 인정욕구, 성장욕구가 자극 될 때 학습독서는 더욱 가속화 된다. 힘겨울 수 있는 학습독서, 함께 하면 즐겁다.

(3부와 4부에서 다루는 내용들은 학습독서를 위한 구체적인 방법과 기술들이다. 독서법의 안내와 지침을 먼저 보고자 한다면 우선 3부, 4부를 읽어도 좋다. 개념을 익힌 후 부모와 자녀에게 적용 가능한 것으로부터 실천에 옮겨가라.)

읽기 능력을 점검하라

가르침이 있고 배움이 있었다면 평가로 이어져야 한다. 성인의 입장에서는 어느 정도의 자가평가가 가능하지만 자녀의 경우는 다르다. 여기서 말하는 평가는 성적을 내고 등수를 매기기 위함이 아니다. 초기값을 확인하기 위함이다. 이는 목표하는 바가 무엇이고 내가 지금 어디에 있는지를 확인하는 작업이다. 평가가 없으면 다음 행보를 결정하기 힘들다.

학교 교육에서 말하는 '진도'라는 것이 가진 장점이 있다. 배움의 내용과 과정의 전체상이 짜여 있다는 점이다. 일정을 짤 수 있고 마감시한이 주는 긴장감은 학습을 자극한다. 목표가 분명하기 때문이다. 문제는 진도를 따라가지 못할 때다. 이해하지 못한 상태에서 진도는 나간다. 이전의 교과 내용이 이해되지 않은 상태에서 다음 진도를 이해하는 것은 불가능하다. 자녀가 교육 과정의 진도를 잘 좇아가고 있는지 확인해야 한다. 이해하지 못한 상태에서 다음으로 나아간다면 문제는 '이해 못함'이 아니라 '진도'에서 찾아야 한다. 그러나 학교의 현실에서 '진도'는 요지부동이기에 이해하지 못하는 학습자에게는 무능력의 낙인이 찍히기가 쉽다.

신앙교육은 어떠한가? 공교육이 무너졌다고 아우성이다. 많은 이들이 이에 공감하고 이를 위한 노력을 경주하고 있다. 그에 비하여 신앙교육의 현재 뿐 아니라 미래도 암울하다. 교회는 교회별로 각개전투다. 힘을 모아도 어려운 상황에서 각기 나름대로의 노력만 가지고 경주한다. 교단과 기관을 통해 제시되는 성경공부 교재는 성경의 전체상을 담아내지 못한다. 내용만이 아니다. 한 사람 한 사람의 사고 능력 향상을 위한 커리큘럼이 전무하다. 공교육이 너무 획일화 된 교육과정으로 인해 화석화되었다면 기독교교육계는 구심점이 없이 방황하고 있다. 사공이 너무 많다. 절대 진리를 이야기하는 신앙교육계 안에 성경에 대한 다양한 시도들만 난무한다.

여러 가지 이유와 원인이 있겠지만 근본적인 원인을 이야기 하자면 읽기를 배제한 기독교교육의 커리큘럼에서부터 시작된다. 성경이 글로 되어있음에도 교회와 가정은 읽기를 게을리 했다. 하나님을 향한 신앙의 신비함만 추구해왔다. 믿음과 교육, 신앙과 학습을 서로 다른 영역의 것으로 분리시켜 놓았다. 말씀에 대해 주도적인 신앙인이 아니라 귀로 들려오는 말씀에 만족하는 수동적인 크리스천이 되어버렸다. 읽기를 통한 말씀묵상의 축복을 스스로 포기해버렸다.

기독교교육 문화에서 읽기의 능력, 역할, 효과는 매우 낮게 평가되고 있다. 그 결과 성경을 읽는 이로서의 복을 누리지 못한다. 성경말씀을 읽고 그 뜻을 파악하는 일에 있어서의 독해능력이 매우 낮기 때문이다. 성경을 읽고 스스로 이해하려 하지 않는다. 성경 해석은 목회자의 몫으로만 돌린다. 읽기는 포기하고, 설교 듣기가 유일한 통로가 돼버렸다. 사탄의 가장 큰 목표는 성경으로부터 우리를 떨어뜨리는 것이다. 사탄은 우리가 믿음 안에서 성숙한 자로 서가는 것이 아니라, 언제까지나 의존적인 신앙의 자리에 머물게 하는 데 목표를 둔다.

비교, 죽음에 이르는 병

자녀교육에 있어 쉽게 빠지는 함정은 비교하는 것이다. 비교란 차이를 보기 위함이다. 자녀교육의 현장에서 비교는 빈번하게 이루어진다. 남의 자녀와 내 자녀를 비교한다. 드러난 차이는 평가를 부른다. 교육에 있어서 평가는 중요하다. 다음을 준비하기 위해 이전을 보는 노력이기 때문이다. 발견된 차이는 자녀교육의 목표를 재수정하게 한다. 결과를 낳는 최선의 노력을 위해 평가는 필요하다.

안타까운 것은 자녀교육에서 비교와 평가가 긍정적으로 작용하는 경우는 극히 드물다는 것이다. 비교와 평가 이후에 따르는 것은 시기와 질투, 비난과 원망, 자책뿐이다. 그것이 심해지면 자녀는 자포자기에 이른다. '옆집 엄마를 조심하라'는 말이 있다. 출처를 알 수 없는 옆집 엄마의 정보가 이웃 엄마들의 마음을 요동하게 한다. 많은 이들이 옆집 엄마의 정보를 기준으로 내 자녀를 평가하고 계획을 세운다. 이처럼 비교를 하게 되는 이유에 자녀를 위한 마음만 있는 것은 아니다. 부모의 체면이 숨어 있을 때가 있다. 비교를 하는 것의 동기에는 '자녀의 성공을 원하는 마음'과 '부모의 체면을 지키려는 마음'이 동전의 양면처럼 함께 한다. 자녀를 있는 그대로 보지 못하고 옆집 엄마의 정보, 이웃 자녀의 상태, 나의 원함을 기준으로 바라본다.

독서의 목표를 기억하라

교육이 백년지대계(百年大計)인 이유 중 하나는 배움과 결과 사이의 간극이 멀기 때문이다. 독서도 마찬가지다. 책 한 두 권 읽는다고 변화가 나타나는 것이 아니다. 독서의 효과는 일신우일신(日新又日新) 하지 않는다. 날마다 새로워지기보다 천천히 그 효과가 나타난다. 차라리 '월신우월신'(月新又月新), '년신우년신'(年新又年新)에 가깝다.

부모는 독서의 목표가 무엇인지를 명확히 알아야 한다. 내 자녀가 독서에 있어 부족한 모습을 보일 때라면 더욱 그렇다. 독서의 목표를 알면 자녀의 부족한 독서 능력 앞에서 실망하지 않는다. 자녀가 독서에 관심이 없는가? 노력한 만큼의 결과를 내지 못하는가? 자녀의 학습 스타일과 수준을 파악하고 거기에 맞춰 독서와 학습을 시도해 보라. 그것만으로 충분한 이유는 우리가 독서에 집중하는 대표적인 이유는 독서가 트리비움의 역량을 강화시켜주는 수단이기 때문이다. 독서의 궁극적인 이유는 정보를 수용하고 정리하여 표현하는 능력을 키우기 위함이다. 정보력을 향상시키고 사고력을 증진시키며 표현력을 통해 창조적인 삶을 살게 하는 일에 있어서 독서는 최선의 수단이기 때문이다.

여기서 기억해야 하는 것은 독서가 트리비움의 역량을 향상시키는 유일한 도구는 아니라는 점이다. 독서를 힘들어 하는 아이에게 당장 책을 읽으라고 한다면 긍정적인 영향보다는 부정적인 영향이 크다.

만약 아이의 목표가 수용성의 향상이라면 책을 잠시 내려놓고 아이의 청각을 통한 수용력 강화 훈련을 시도해 보라. 나이가 어린 자녀일수록 이 방법이 효과가 있다. 듣기를 통한 수용력 훈련은 읽기에 비해 약한 것은 사실이다. 여기에 말하기와 쓰기를 겸하면 효과는 몇 배 더 증가된다.

나의 둘째 딸은 첫째와 여덟 살 차이가 난다. 아직 초등학생인 둘째 딸은 첫째와 달리 독서와 글쓰기를 그리 좋아하지 않는다. 몸으로 하는 활동과 말하는 것을 더 좋아한다. 그렇기에 둘째에게는 읽기와 쓰기를 강하게 요구하지 않고 있다. 만화를 읽는 것도 일부 허락한다. 다만, 말로 하는 피드백은 꼭 거치는 통과의례다. 들은 것은 꼭 이야기로 전하고 만화든지, 일반 책이든지, 본 것에 대해서는 말로 정리하여 전하는 시간을 갖는다. 이것이 만화를 허락하는 조건 가운데 하나다.

둘째 딸이 표현하는 말을 들어보면 그의 수용력과 논리력, 표현력에는 전혀 문제가 없다는 것을 알 수 있다. 그의 트리비움의 역량에는 전혀 문제가 없음을 알게 된다. 심지어 또래에 비해 그의 논리력과 표현력은 뛰어나기 까지 하다.

독서는 그 자체가 목표가 아니다. 독서를 통해 이루려고 하는 목표, '수용, 생각, 표현이라는 트리비움의 역량 강화'가 중요하다. 이 목표는 다른 길을 통해서도 도달할 수 있다. 잠시 돌아가는 듯 보여도 수단이 목표를 대신하게 해서는 안 된다.

자녀의 호흡(관심, 수준)을 따라 독서하라

자녀의 품성, 성격, 학습 스타일, 관심사를 파악하라. 자녀에게 맞는 독서학습을 디자인해야 한다. 어떤 아이는 많은 책을 빠르게 읽는다. 한권의 책을 천천히 읽는 아이들도 있다. 자신이 읽을 책의 주제를 정하지 못하고 부모나 교사의 추천도서에 의존하는 아이가 있는가 하면, 관심사가 뚜렷하여 한 가지 주제를 꾸준히 읽어

가는 아이가 있다. 관심사가 너무 자주 바뀌어 읽는 책의 주제가 일정하지 않은 아이도 있다.

위의 어떤 경우도 잘못된 독서 방법이 아니다. 그저, 현재 아이가 가진 독서 습관이다. 그것도 자녀의 독서 수준 중 하나이며 그 아이만의 독서 호흡이다. 그것을 자녀의 독서 초기값으로 인정하라.

기억해야 하는 것은 독서의 목표를 이루어 가는 교육이 진행되고 있는가 하는 것이다. 출발선은 다를지라도 과정의 진보를 위한 노력은 계속되어야 한다. 자녀와 적극적으로 소통하며 그들의 수준과 스타일에 맞는 독서학습을 진행해야 한다.

'자녀를 잘 키워보겠다'는 동기가 자녀에게 몸에 맞지 않는 옷을 강요하는 근거가 되어서는 안 된다. 부모의 원함을 밀어 붙이기보다 때를 기다림이 필요하다. 손 놓고 기다리라는 말이 아니다. 다양한 방법으로 독서의 목표에 부합한 시도를 지속해야 한다. 독서의 끈, 목표를 향한 의지는 놓지 말아야 한다.

초기값으로부터 시작하라

필요한 것은 비교가 아니다. 중요한 것은 자녀의 초기값을 파악하는 것이다. 그리고 그것을 인정하는 것이다. 그래야 도약을 위한 다음 행보를 시작할 수 있다. 혹시 나의 자녀의 수준이 또래의 다른 아이보다 낮다면, 현재 자녀의 수준을 인정하라. 그 '수준'

이 자녀의 초기값이다. 그곳이 출발선이다.

    다시 새로운 시작을 위하여 자녀의 초기값에서부터 시작하라. 부모의 원함이 아닌 자녀의 현재가 출발선이 되어야 하는 것이다. 매일 조금씩, 변화와 성숙, 과정의 진보를 추구하라. 그 길이 자녀를 위한 최선의 길이요 사랑이다.

요약. 자녀 독서지도, 무엇을 목표로 하고 있나요?

◎ '평범함 속의 안주'를 거부하고 '학습독서', '전문독서'를 통해 트리비움의 능력을 키워야 한다. 하나님은 각 사람을 특별하게 창조하셨다.

◎ 인공지능 시대에 필요한 것은 '아는 것'이 아니라 '알아내는 힘' 즉, 트리비움의 능력이다.

◎ 앎을 삶으로 증명해 내는 '가치독서'를 해야 한다. 성경 말씀을 인생의 가치로 여기도록 인도하고 고전을 읽도록 안내해야 한다.

◎ '옆집 엄마를 조심하라!' 비교는 자녀의 자포자기를 부를 뿐이다.

◎ 자녀의 초기값부터 파악하고 인정하라. 그곳에서 출발하라. 매일 조금씩 과정의 진보를 경험하게 하는 것이 사랑이다.

Tip 1. 어려운 학습독서 어떻게 시작할까요?

◎ 자녀의 '읽기 초기값' 파악하는 방법 5!
  - 1번부터 난이도 최하로 시작하여 5번에 이르면 난이도 최상입니다.
  - 준비 : 자녀의 연령에 맞는 권장 도서

1. 소리 내어 읽어 본다. 물 흐르듯 자연스러운가? 문맥에 맞게 호흡의 조절이 잘 이루어지는가?
(생각은 '언어', '말'로 합니다. '글' 역시 '말'로서 머릿속에서 흐르게 되지요. 그렇기에 소리 내어 낭독하는 것은 중요한 읽기 연습입니다. 우리 아이가 아나운서 만큼이나 잘 읽는다고요? 그렇다면 70퍼센트 이상 그 글을 이해하고 있다고 생각하셔도 좋습니다.)

2. 말로, 중심 내용을 이야기할 수 있는가? (이야기 책이라면) 중심 인물과 중심 사건을 이야기할 수 있는가?
(글로 요약을 하거나 서술하는 것은 어려워해도, 말로 표현하라고 하면 어느 정도는 쉽게 표현하기 마련입니다. 앞의 단계에서 제법 잘 읽었지만, 전혀 중심 내용이나 사건이 파악되지 않는다면? 문장과 문장의 관계와 글 전체를 파악하는 연습이 필요합니다.)

3. 한 페이지 혹은 일정한 단락에서 뜻을 모르거나 낯선 단어를 찾아 동그라미로 표시한다. 그 후 문맥만을 보고 그 뜻을 추측하게 한다. 단어의 뜻을 어느 정도 이해하는가?
(어휘력을 쌓을 때 사전부터 검색하는 것은 No, No! 문맥 속에서 모르는 단어의

뜻을 추측해 본 후, 글 전체를 파악하고 나서 단어의 사전 뜻을 찾으며 나의 생각과 비교, 대조하면 어느새 단어는 내 머리에 쏙쏙!!)

**p.148의 Tip 4. 나만의 단어 사전 만들기 참고

4. 글을 요약하고 재구성할 수 있는가? 초등학교 저학년의 경우는 마인드맵을 그릴 수 있는가?
(글을 요약하는 것을 통해 글의 중심 내용을 파악하고 논리력을 키우는 핵심 훈련이에요.)

5. 요약을 한 글이나 마인드맵을 이용하여 비슷한 주제로 자신만의 글을 서론, 본론, 결론의 형식을 갖춰 작성할 수 있는가?
(4번을 수행한 후, 요약한 글이나 마인드맵을 이용하여, 참고하는 원래의 글에 쓰인 문장을 베끼지 않고 자신의 문장으로 글을 쓸 수 있다면 동일한 주제에 대하여 아주 잘 이해하고 자기의 것으로 소화했다고 볼 수 있어요!)

◎ 자신 수준의 20~30%를 넘어서는 책에 도전하라!
1, 2, 3번까지는 무난히 수행하면서 4, 5번에서 어려워한다면 '학습독서'를 위해 도전해 볼 만한 난이도라고 할 수 있겠네요.
격려를 듬뿍~ 용기를 팍팍~ 주세요!

2.

독서로 나를 찾고 꿈꾸는 엄마 되기
_ 엄마의 초보 독서 탈출기

부모는 자녀의 히든 커리큘럼이다. 자녀의 독서교육에 있어 환경은 중요하다. 그 중에서도 부모라는 인적환경(人的環境)이 최우선적으로 점검되어야 한다. 대부분의 자녀가 부모의 한계 안에서 성장하기 때문이다. 부모의 신앙관, 가치관, 교육관은 말을 통한 강조 뿐 아니라 시간의 흐름 속에서 자녀에게 자연스럽게 상속된다. 독서하지 않는 부모 아래서도 독서하는 자녀, 훌륭한 인생을 사는 사람이 얼마든지 나올 수 있다. 문제는 독서하는 부모 밑에서, 자란 자녀와 비교할 때 그럴 가능성은 극히 낮다는 사실이다. 기억하라. 보이는 학교 교육 과정과는 또 다른 형태로, 보이지 않지만 부모의 삶은 자녀의 삶에 무척 큰 영향을 미친다.

엄마의 독서 연습

자녀의 독서 이전에 부모의 독서가 필요하다. 자녀의 독서는 부모의 마중물 독서를 통해 자연스럽게 이어갈 수 있다. 그 중에서도 엄마의 독서가 자녀에게 미치는 영향은 절대적이다. 여가 시간을 TV와 스마트폰에 빼앗긴 지 오래다. 드라마와 연예 프로그램만으로도 시간이 부족한데 스마트폰을 통해 쏟아지는 수많은 동영상들은 우리의 중요한 시간을 좀먹는 바이러스처럼 번져가고 있다. 우리의 자녀도 이 영향에서 예외는 아니다. 이러한 상황에서 어떻게 해야 할까?

자녀의 독서가 풀어야 할 핵심 과제라면 엄마의 독서는 선행 과제다. 지금까지는 여러 가지 이유로 책을 읽지 않았을지 모른다. 이제는 책 읽을 분명한 이유가 우리 앞에 던져졌다. 자녀를 위해서다. 자녀를 사랑하는 부모가 뭔들 못하겠는가? 이 일에는 돈이 들지 않으면서도 자녀에게 미치는 영향은 절대적이다. 이것은 자녀교육의 기회다. '나는 못 한다' 하지 말고 이 책을 실전 엄마의 독서 연습의 기회로 삼아라. 자신에게 완벽을 기대하지 말자. 첫 술에 배부를 수 없는 법이다. 어렵지 않다. 마음만 먹는다면 누구나 다 시작할 수 있다.

'한 번 도전해 보십시오.'라는 차원의 말이 아니다. 이 책에서 소개하는 방법은 오랜 기간 검증된 독서 방법들이다. 이 책에 담아낸 내용은 역사의 수많은 선각자들의 조언을 마중물 삼아 그려낸 독서 디자인이다. 지난 22년 동안 독서 전문가로 현장에서 디자인 한 '하나님의 사람을 세우는 독서법의 모든 것'이다. 한 걸음 한 걸음 발걸음을 내딛다 보면 내 안에 흩어져 있던 준비된 경험들이 질서를 갖게 될 것이다. 제시되는 방법과 기술들은 세상에 없던, 전혀 새로운 것은 아니며 얼마든지 적용 가능한 실전 독서법들이다. 처음에는 생각대로 잘 되지 않을 수 있다. 다시 말하지만 연습이 필요하다. 이전에 읽었던 감을 찾아야 한다. 혹시 이전에도 없었던 경험이라면 나만의 체화된 지식으로 만들어 가는 시간이 필요하다.

변화하려면 배워라

자녀의 변화를 원하는가? 변화하려면 배워라. 자녀의 변화와 함께 엄마 변화에 도전하라. 변화는 작은 것부터 시작된다.

첫째, 정기적으로 책을 읽어라.

너무 당연한 이야기다. 그런데 이 당연함이 많은 이들에게 실행되지 않는다. 독서는 특별한 날의 행사가 아니다. 하루 종일 시간을 내어 책을 읽기보다 하루 중 책을 읽기 위한 시간을 확보하라. 독서가 사람을 변화시키는 것이 아니라 '정기적인 독서'가 변화를 선물함을 잊지 말아라. 지속성은 모든 성공의 핵심 키워드다. 엄마의 독서 연습, 자녀의 독서 연습 모두 '지속성'이라는 산을 넘어야 한다.

둘째, 독서 모임에 참여하라.

이전 장에서 말한 독서 모임이 자녀를 위한 것이라면 이것은 엄마를 위한 것이다. 독서의 첫 길은 외롭다. 홀로 책 앞에 서야 하기 때문이다. 부족한 나의 모습을 직면해야 한다. 이것이 바로 지속적인 독서가 어려운 이유다. 이때 내 옆을 지켜주는 이들이 있으면 언제든 찾아올 수 있는 위기를 견뎌 낼 수 있다. 함께하는 동료가 있다면 힘이 난다.

독서 모임에서 내가 읽는 것을 지켜보는 이들을 만들라. 읽은 책에 대한 이야기를 들어 줄 동료를 옆에 두어라. 그 이유 하나만으로 독서의 실패 경험을 끝낼 수 있다. 독서의 지속성을 지켜내고 효과적이고 효율적인 성공 독서를 위해 독서 모임에 가입하라. 적극적으로 참여하라. 독서 모임을 위한 수고는 엄마의 바쁜 일상 중 반드시 실천해야 할 가치가 있는 중요한 일이다. 나를 위해, 자녀를 위해!

셋째, 유튜브 강좌를 활용하라.

엄마의 바쁜 일상은 마냥 책만 읽는 모습을 허락하지 않는다. 그런 순간 유튜브의 다양한 강좌를 활용하라. 북튜버들의 책 소개 영상도 좋다. '세상을 바꾸는 시간, 세바시 15분', 'TED'와 같은 짧은 강좌를 통해 얻을 수 있는 유익은 적지 않다. 동기를 부여해 준다. 잃었던 열정을 되찾게 해준다.

스마트폰과 유튜브의 폐혜에 대해 많이 사람들이 이야기한다. 위험 요소가 있는 것은 사실이다. 어떻게 해야 할까? 스마트폰과 유튜브를 그저 멀리 해야 할까? 자녀의 스마트폰에 대한 우리의 태도는 차치하고 부모의 스마트폰은 자녀교육의 훌륭한 도구가 되어준다. 유튜브는 더욱 그렇다. 책을 대신할 수는 없지만 책을 읽지 못하는 순간이

나, 때로는 책으로 채워지지 않는 것을 보충하는 수단으로 이보다 좋은 도구는 없다. 스마트폰을 활용하면 최신의 정보와 내용을 접할 수 있다. 책을 통해 만나야 했던 이야기를 그들의 목소리로 직접 들을 수 있다. 최신의 독서 방법과 노하우에 대한 내용도 풍성하게 제공한다. 다양한 자녀교육의 조언들도 셀 수 없이 많다.

효과적인 유튜브 영상 활용을 위해 필요한 것은 글쓰기를 활용하는 것이다. 듣기를 통한 수용은 단기 기억으로 수용되어 쉽게 잊힌다. 그렇기 때문에 중요한 내용은 요약 정리해야한다. 들으며 떠오른 창의적인 생각을 글로 기록하라. 나와 자녀의 삶에 적용하면 좋을 아이디어들을 정리하여 나만의 비법서를 만들 수도 있다.

그러기 위해서는 독서가 우선되어야 한다. 다만, 자투리 시간을 활용하자. 또한 이제는 피할 수 없는 스마트폰의 홍수 속에서 피해자가 되기보다 그것을 재료로 삼아 시너지를 만들어 보자.

넷째, 독서 일기를 기록하라.

위에서도 언급한 것처럼 수용은 표현으로 이어질 때 가치를 부여받게 된다. 추상적인 정보가 유용한 지식으로 탈바꿈하는 순간은 글로 표현하는 순간이다. 글로 기록하되 느낌 이상의 것을 기록하라. 책의 핵심이 무엇인지 찾고 그것에 대한 자신의 생각을 정리하라. 저자의 주장에 대한 나의 견해를 밝혀라. 저자의 주장과 의도를 살피는 가운데 정확하게 배우는 능력이 습관으로 자리잡는다. 또한 그것을 글로 표현하는 가운데 저자의 생각은 나의 생각, 삶의 가치로 체화돼 간다.

자녀의 변화를 위한 최선의 길은 부모가 변하는 것이다. 그 변화를 이루는 것은 배움이다. 내 안의 생각들이 충돌되고 질서를 잡아가는 과정을 통해 배움은 능력이 되고 성장의 원동력이 된다. 이렇게 배움의 길을 걷다 보면 자신의 존재감이 생겨나고 정체성이 분명해진다. 자녀교육의 문제를 해결하는 사람은 전문가가 아닌 부모 자신임을 깨달아 가게 된다.

크리스천으로 이 길을 걷는 과정 속에서의 변화는 결코 한 개인, 나의 자녀, 한 가정 안에 머물러 있지 않다. 변화의 영향력은 가정을 넘어 이웃과 교회로, 교회의 영향력은 세상을 향해 흘러 넘쳐 간다. 이것이 바로 하나님이 일하시는 방법이라고 생각한다.

독서 초보 엄마의 자리를 박차고 일어나기 위한 고민, 자녀교육을 주도하는 엄마로서 역량을 쌓아가는 여정을 응원한다. 하나님의 나라를 이뤄가는 하나님의 일하심을 경험하는 일이며 그분께서 사용하시는 하나님의 사람이 돼가는 여정이라는 것을 또한 깨닫게 될 것이다.

엄마이기 이전의
나를 찾고 꿈꾸는 엄마 되기

모든 엄마에게 자녀는 축복 그 자체이며 인생의 가장 큰 꿈이다. 엄마는 자녀가 바르게 자라기를 원한다. 그 꿈을 위해 인생을 바친다. 성경에서도 이러한 어머니의 모습을 명한다.

안타까운 것은 엄마이기 이전의 자기 존재를 망각하고 사는 여성의 삶이다. '누구의 엄마', '누구의 아내'는 존재하지만 '나' 자신의 삶은 존재하지 않는다. 이는 여성이 주도적이지 않기 때문이 아니다. 엄마의 자리에 맡겨진 짐이 결코 가볍지 않기 때문이다.

'엄마의 삶, 아내의 삶, 그것이 곧 내 삶이다'라고 말하는 이들도 있다. 그 생각을 부정하지 않는다. 그 역할은 '그것보다 중요한 것이 또 있을까' 할 만큼 가치 있는 일이다. 이것은 '엄마의 역할이 중요하냐', '나의 자아 찾기가 중요하냐'하는 선택의 문제가 아니다. 기억해야 하는 것은 엄마로, 아내로 선택되기 이전에 하나님의 자녀로 창조된 '나'에 대한 정체성이다. 관계 속에서 주어지고 붙잡게 된 꿈이 나의 전부일 수 없다. 그 역할이 중요하다며 '나'를 잃고 살아가는 이들의 불행을 보아왔다. 인간으로서의 삶의 균형이 무너졌기 때문이다.

자녀는 어느 순간 떠나보내야 한다. 엄마는 떠나보내기 위해 일정 기간 청지기로 부름 받은 '중요한 존재'의 자리다. 그러나 그에 앞서 엄마이기 전의 나 자신, 하나님 앞에서의 '나'를 생각해야 한다.

지금 이 순간 '나'의 삶을 돌아보라. 오늘, 미래를 디자인해보라. 잊고 있던 자신의 꿈을 생각하라. 나를 소망 가운데로 이끌고 고단한 삶 가운데 새 힘을 불어 넣어주는 나만의 꿈을 디자인 하라. 자녀도 내 삶, 내 꿈의 일부다. 자녀가 전부인 엄마로 살지 말라. 남편이 전부인 아내로 살지 말라. 잃어버린 '나', 잃어버린 '꿈'을 찾아라. 그 순간이 진정한 엄마로 우뚝 서는 순간이다.

나를 상실한 엄마, 자녀만을 위한 엄마가 아니라 하나님 앞에서 나를 든든히 세우기 위한 노력이 필요하다. 꿈꾸는 엄마가 되기 위해 준비해야 할 구체적인 노력으로 세 가지 공간을 준비할 것을 조언한다.

첫째, 시간의 공간을 가져라.

『1천권 독서법』의 전안나 작가는 자기 자신을 위해 하루 한 권의 책 읽기를 실천해 나갔다. 사회복지사로, 엄마로 바쁜 나날을 보냈지만 자신과의 약속을 지켜갔다. 자신이 살기 위해서였다. 우울증과 불면증으로 고생했다. 따분한 직장생활, 부부, 고부간의 갈등으로 괴로운 일상이 반복되었다. 그런 그에게 하루 한 권 책 읽는 시간은 새로운 삶의 변곡점이 되었다. 책을 통해 자신을 돌아보기 시작했다.

자신의 중심이 세워지니 외부의 관계도 회복하기 시작했다. 책을 읽으며 꿈 많던 예전의 자신의 모습을 찾기 시작했다. 하고 싶은 일도 많아지고 따분했던 직장생활도 즐겁게 받아들이기 시작했다. 자존감은 한층 높아졌다. 그의 책 읽기는 책 쓰기로 이어졌고『1천권 독서법』을 출간하며 베스트작가로, 강사로의 삶을 이어가고 있다.

둘째, 관계의 공간을 가져라.

엄마로, 아내로, 직장인으로 살아왔다. 내 이름은 온데간데없고 항상 관계 속에 바쁜 조연으로 살아왔다. 조연이 나쁘다는 것이 아니다. 다만 선택한 조연이 아닌 어쩔 수 없는 조연으로 살아간다면 문제다. 엄마의 역할이 힘들고 버거운 것은 사실이지만 그 역할을 싫다고만 하는 엄마가 어디 있겠는가? 다만 관계 속의 역할을 충실히 하기 위해 나만의 시간이 필요하다. '일상의 쉼표'라고나 할까?

　엄마도 자신을 재조직하는 시간이 필요하다. 그 시간은 누구의 아내, 누구의 엄마가 아닌, 오직 '나'라는 존재를 위한 시간이어야 한다. 관계 속 에서 행복을 찾는 것이 중요하다면 관계의 주체가 되는 나 자신의 건강한 자아를 세워가는 일은 더더욱 우선되어야 한다. 관계에 약간의 거리를 두고 나만의 공간을 확보하라. 그것을 위한 시간을 가져라. 매 주 한 번 혹은 매 월 한 번, '나 홀로' 있는 시간을 가져라. 외로움이 아닌 홀로 있음을 선택하는 자리에서의 성찰은 나의 일상을 살리는 쉼이 되어 줄 것이다.

　셋째, 물리적 공간을 가져라.

　목회자로 살며 교회 사택에서 오랜 기간 살고 있다. 사생활이 보장되지 않는 공간에서의 일상. 아내는 때로 버거워 했다. 나는 2016년 캐나다로 안식년을 다녀와서 아내를 위한 결심을 실행에 옮겼다. 도서관에서 관장실과 목회실을 겸하여 쓰던 장소를 아내의 사무실로 내어 준 것이다. 나는 교회 1층 도서관에 책상을 하나 두고 사무실을 대신했다. 자신만의 시간을 가질 마땅한 공간이 없던 아내에게 생긴 아내만의 공간은 새로운 활력을 가져다 주었다. 아내는 그곳에서 아침 성경묵상을 한다. 바느질도 하고 글도 쓰며 오랫동안 잊고 지내던 개인의 일상을 회복하기 시작했다.

　모두가 사무실을 가질 수는 없을 것이나, 나를 위한 테이블을 하나라도 준비하자. 자녀의 책상만 구입하지 말고 나를 위해 투자하라. 그

곳에서 책을 읽고 글을 쓰며 다가 올 미래를 디자인 해보라. 작은 책상, 작은 방 나만을 위한 공간에서 새로운 삶을 꿈꿔보자.

엄마의 독서학습 _ 전문가 독서에 도전하라

엄마의 변화는 자녀의 변화에 즉각 영향을 미친다. 엄마가 변하는 모습을 보게될 때 자녀에게 주는 영향은 크게 두 가지라고 볼 수 있다.

첫째, 엄마가 변화되고 있다는 사실 자체가 자녀에게 동기부여가 된다. '우리 엄마도 변하는데 나도 변할 수 있겠다. 아니, 변해야겠다.'라는 동기부여를 불러 일으킨다.

둘째, 그 변화가 마중물이 되어 자녀가 얼마큼의 변화와 성장을 이룰 수 있을지 그 정도에 영향을 미치기도 한다. 변화와 성장을 경험한 사람이라면 누구나 알 것이다. 일상에서의 작은 변화, 작은 성장과 진보가 자신감의 씨앗을 마련해준다. 그것으로 인해 마음의 근육이 붙듯 힘이 생기고 그 성장의 정도는 엄마나 아빠, 부모의 변화를 뛰어넘는다. 자녀는 아직 어리기에 성장의 정도가 훨씬 크고 가능성도 높다. 엄마의 변화가 '자녀의 변화와 성장의 마중물'이 된다는 것은 자녀양육에 있어 큰 소망이 된다.

자녀의 올바른 교육을 위해 엄마의 변화에 도전하라. 그 일을 위해 엄마의 독서학습이 필요하다. 학교를 졸업한 이후의 독서는 많은 이들에게 취미 차원의 독서로 진행된다. 엄마의 변화를 위해 취미독서를 넘어 학습독서로 나아가라.

어떤 분야라도 좋다. 관심 있는 한 분야를 정하고 해당 분야의 책을 열 권 이상 준비하라. 인터넷을 참고하라. 관련 주제 전문가들이 추천하는 책을 조사하여 마스터 북 한 권과 참고 도서 아홉 권으로 구성하면 된다. 미리 겁부터 먹지 말자. 지금까지와는 다른 독서일 수 있다. 그러나 동시에 경험해보지 못한 변화 또한 마주하게 될 것이다.

이 곳에서는 엄마를 전문가로 만드는 독서법 레시피를 안내한다.

하나, 선정한 마스터 북을 천천히 정독하며 요약한다.

요약을 할 때는 책의 목차를 따르지 말고 내용 중 핵심 키워드를 찾아 나만의 뼈대를 만들어라. 완벽하지 않아도 좋다. 이해한 수준만큼만 적용하라. 중요한 것은 실행이다. 최대한 자세히 요약하라. 마스터 북 한 권을 요약하는 데 1주일 이상이 걸릴 수도 있다. 더 오래 걸려도 좋다. 그러나 이 과정을 실행하는 것에 반드시 성공하라. 나의 의견이 아닌 저자의 주장과 의견을 담아내는 요약이 되게 하는 데 집중하라.

둘, 나머지 아홉 권의 책을 순서대로 훑어 읽기 하라.

이때 확인해야 하는 것은 두 가지다. 마스터북과 중복되는 내용과 누락된 내용을 확인 하는 것이다. 같은 분야의 도서인 경우 내용에 있어서 적어도 50%, 많게는 90%의 내용이 중복된다. 중복된 내용을 찾는 것이 쉽지만은 않다. 그때 취할 수 있는 선택은 중복되는 목차를 걸러내는 것이다. 비슷한 내용을 담을 것이라 예측되는 목차의 장은 빠르게 훑어 읽기하며 지나가라. 훑어 읽기를 하다보면 중요한 내용을 지나칠 수도 있다. 그것은 감수하라. 훈련이 필요한 영역이다. 시간이 요구된다. 그렇게 경험이 쌓이다 보면 이런 실수를 줄일 수 있다. 처음의 실수 또한 하나의 과정이다. 이때 중요한 것은 시간이다. 참고도서 한 권을 읽는 데 걸리는 시간이 한 시간이 넘지 않도록 하라. 그 과정을 통해 마스터 북에서 다루지 않은, 누락된 부분을 찾아 간단히 요약하라. 그후 마스터 북에 해당 내용을 추가하여 넣는다.

셋, 책의 오류와 차이를 찾는다.

책의 오류를 찾는 것은 결코 쉬운 일이 아니다. 전문가 독서에 도전하는 초보 엄마는 자신과 다른 의견을 찾는 것으로부터 시작하라. 저자의 주장과 자신의 주장, 그렇게 생각하는 이유를 정리하여 기록하라. 정보의 양이 많아지고 훈련이 될수록 '오류 찾기'와 '차이 발견하기'의 깊이는 더해진다. 모든 단계를 진행할 때 기억해야 할 것은 나의 현재 수준을 넘어서는 책 읽기는 불가능하다는 것이다. 요약하며 중복, 오류, 누락을 찾는 일은 최고 수준을 요하는 독서 기술이다. 그러나 중요한 것은 오늘 시도해보는 것이다. 시도가 반복되면 될수록 실수는 줄고 노하우는 쌓인다.

넷, 독서 세미나에 참여하라.

책을 읽는 것을 통해서만은 성장을 기대하기 힘들다. 연구한 주제에 대한 또 다른 자극이 필요한데 바로, 나눔과 피드백을 통한 점검이다.

무엇보다 모임이 주는 유익은 지속성의 유지다. 독서와 글쓰기를 통해 연구하는 주제의 세미나는 듣는 것 이상이다. 자신이 살펴보지 못한 주제를 발견하게 된다. 새로운 연구 주제를 제시 받기도 한다. 자신의 연구 과제를 발표할 기회가 있다면 더욱 좋고, 세미나 참여자들과 관계가 이어지면 그보다 더 좋을 순 없다. 자신을 지켜봐주며 끌어주고 밀어 줄 동료를 찾아라. 인터넷 소모임도 활용 가능한 모임이다.

다섯, 전문가 독서를 위해 독서 코칭을 받아라.

이것은 독서 모임에 참여하는 것과는 또 다른 과정이다. 독서지도, 코칭에 대한 교육 과정에 등록하여 독서법에 대한 공부와 훈련이 필요하다. 나 홀로 하는 노력이 아닌 자신의 상태를 점검, 평가하며 코칭을 해 줄 지도자와의 관계를 세워가라.

자신의 날씨를 가져라

청소년기를 일컬어 질풍노도의 시기, 아노미 현상의 시기라 말한다. 자율적이라기보다는 타율적인 억압을 느끼게 되는 시기를 의미한다. '선생님 때문에 기분이 우울하다. 부모님과의 관계 때문에 마음이 상했다. 시험 때문에, 대학 입학 문제로 인해 가슴이 답답하다'며 외부적 요인으로 인해 우울한 삶을 살아가는 이들이 적지 않다. 심지어 날씨가 맑으면 기분이 좋고 날씨가 흐리면 마음이 우울해 지는 사람들도 있다. 자연스러운 현상처럼 보일 수도 있지만 외부적인 요인에 의해 자신의 기분이 좌지우지되는 사람이라 할 수 있다.

엄마의 자리도 이와 같다. 이는 하나님이 부여하신 엄마의 자리를 말함이 아니다. 자신의 존재를 상실하고 엄마라는 역할만 바쁘게 감당해 가는 이들의 엄마 자리에 대한 이야기다. 그러나 오히려 엄마는 더욱 자신 스스로의 날씨를 가져야 한다. 외부의 영향에 휩쓸리기보다 내면의 가치를 붙들고 나아가는 하나님의 사람이어야 한다.

부모의 꿈은 자녀의 인생 모판이다. 엄마로 살며 잊고 지내던 나만의 '관심', '꿈'을 회복하라. 꿈꾸는 엄마, 꿈을 향해 나아가는 엄마, 진보하는 엄마의 모습을 보여주라. 자녀는 부모의 뒷모습을 보며 자란다고 했던가? 그 뒷모습이 꿈을 향해 나아가는 엄마의 모습이기를 바란다. 기억하라. 엄마의 자리는 축복의 자리다. 꿈꾸는 엄마가 될 때 그 축복은 자녀의 삶에 더 강하게 역사하기 시작한다.

요약. 독서로 나를 찾고 꿈꾸는 엄마 되기 ①

◎ 정기적으로 책을 읽어라.
   하루 종일 ×, 하루 중 (   )시간 ○
   지금, 하루 중 몇 시간 혹은 30분이라도 결심을 하고 하나님께 모든 상황을 열어 주시고 힘을 주시기를 기도하며 적어보세요.

◎ 독서 모임에 참여하라.
   함께 읽고 이야기할 동료를 옆에 두라. 동료가 있다면 독서의 실패를 드디어 끝낼 수 있다!

◎ 유튜브 등 온라인에서 짧은 강좌를 활용하라.
   엄마의 바쁜 일상이 책을 허락하지 않을 때 온라인 상의 짧은 강좌를 활용하라. 뜨거운 동기를 식지 않게 해 줄 것이다.

◎ 독서 일기를 기록하라.
   느낌 이상의, 책 내용 요약과 그것에 대한 나의 주장까지 적는 연습을 하라.

◎ 크리스천 한 사람의 변화는 나의 자녀를 넘어, 이웃, 교회, 세상으로 흘러간다. 이것이 하나님께서 일하시는 방법이다.

요약. 독서로 나를 찾고 꿈꾸는 엄마 되기 ②

◎ 시간의 공간을 가져라.
하루, 1시간. 독서, 음악 듣기, 글쓰기 등을 하라.

◎ 관계의 공간을 가져라.
관계의 거리를 두고 '나 홀로'있는 시간을 가져라. 홀로 있음을 선택하는 자리가 일상을 살리는 쉼이 되어 준다.

◎ 물리적 공간을 가져라.
작은 책상 혹은 접이식 테이블, 작은 방, 거실 한 켠 등. 집에 나만을 위한 공간을 마련하라.

◎ 전문독서, 학습독서에 도전하라.

◎ 자신의 날씨를 가져라.
외부의 영향에 휩쓸리기보다 내면의 가치를 붙들고 하나님께 하루를 맡기며 나아가라.

Tip 2. 엄마의 학습독서를 위한 레시피

◎ 관심주제 한 가지를 정한다. 주제에 맞는 마스터 북 1권과 참고도서 9권을 선정하라. 주제를 정할 때 한국십진분류표(KDC, 4부의 p.210과 p.294 부록 4의 내용)를 활용하라.

◎ 하나, 마스터 북을 천천히 정독하며 요약한다.
주의사항 : 책의 목차를 따르지 말 것. 나만의 뼈대를 만들어 핵심 키워드로 정리하여 최대한 자세히 요약하라. 내 의견이 아닌 저자의 주장을 담아라.

◎ 둘, 참고 도서 9권을 순서대로 훑어 읽어라.
'목차 걸러내기'를 활용하여 중복된 내용과 누락된 내용을 확인하라.
한 권을 읽는 데 1시간이 넘지 않도록 하라.

◎ 셋, 책의 오류와 차이를 찾아라.
이제 막 학습독서를 시작하는 엄마는 자신과 다른 의견을 찾는 것부터 시작하라. 정보의 양이 많아지고 훈련을 할수록 '오류 찾기'와 '차이 발견하기'의 깊이가 더해질 것이다.

◎ 넷, 독서 세미나에 참여하라.
자신을 지켜봐주며 끌어주고 밀어 줄 동료를 찾아라. 인터넷 소모임도 활용 가능하다.

◎ 다섯, 독서 코칭을 받아라.
자신의 상태를 점검, 평가하며 코칭을 해 줄 지도자와 관계를 세워라.

Tip 3. 엄마와 자녀를 위한 독서 일기 가이드

◎ 질문에 답만 써도 독서 일기가 됩니다.

『책 제목』 저자, 출판사 , 출판연도, KDC (십진분류 기호. 4부의 p.210 참고)

• 가장 기억에 남는 한 문장은?
(어떠한 내용이 기억에 남았다면 그 내용을 한 두 문장으로 써보세요.)

• 위의 문장(내용)에 대한 나의 생각(감정)은 긍정적인가요? 부정적인가요? 이유는 무엇인가요?

• "이 책 어때?"하고 친구가 묻는다면?

〈예시〉

『쉽게 읽는 천로역정』 존 번연, 생명의말씀사, 2007, KDC : 843.

• 가장 기억에 남는 한 문장은?
크리스천 : 바보같으니라고! … 내 가슴속에 약속이라는 열쇠가 있는 것을 깜빡 잊어버리고 있었소. 이 열쇠는 의심성의 모든 문을 열 수 있소. (p. 247)

• 위의 문장(내용)에 대한 나의 생각(감정)은 긍정적인가요? 부정적인가요? 이유는 무엇인가요?
긍정적이다. 나를 돌아보게 하는 계기가 되었기 때문이다. 내 생활의 불안함이나 가라앉는 마음이 '의심'에서 비롯되는 것을 깨달았고 이미 나도 '약속'이라는 열쇠를 가지고 있다는 것을 깨달았다! 할렐루야!

• "이 책 어때?"하고 친구가 묻는다면?
『천로역정』이라는 책이 고전인 것은 알았지만 왠지 어려울 거 같아서 시작을 못했었는데 이 책은 읽기 편하고 중간 중간 해석이 있어서 도움이 됐어. 크리스천이라는 주인공이 좁은문을 통과하여 천성을 향해가는 과정이 우리가 하나님 안에서 인생을 살아가는 여정과도 같아. 정말 깊이 있는 이야기야. 너에게도 추천할게!

3부

우리 아이 완벽한 독서 방법 디자인
; 크리스천 평생 독서 Big Picture 5

자녀에게 문제를 보여주라. 문제가 있는 곳에 비전이 있다. 문제 속에서 꿈과 비전을 발견하게 될 것이다. '재능을 가졌기에 나는 어떤 삶을 살겠다'는 것도 좋지만 '나는 어떤 문제를 해결하기 위해 필요한 이 능력을 갖겠노라' 다짐하는 것도 기독교인의 사명을 발견해 가는 성경적인 진로 설계다. 문제 속에 피어난 비전이 우리 자녀로 하여금 살며, 사랑하며, 배우며, 나누는 존재로 성장하도록 힘을 실어 줄 것이다.

1.

책 읽는 아이가 되도록 도와주는 책 읽기
_ 비전을 세워주는 책 읽기

어떤 사람이 책을 읽는가? 목표가 있는 사람이다. 취미로 독서하는 이들에게도 목표는 있다. 즐거움이 목표다. 평안함이 목표다. 책을 읽으면 즐거움과 평안함이 있기에 책을 읽는다.

공부를 잘해서 좋은 점수를 얻는 친구들이 있다. 시간을 아끼고 잠을 줄이며 공부한다. 그 나이 또래 대부분의 친구들에게 명확한 꿈이 있는 경우는 많지 않다. 다만 열심히 공부하는 친구들은 대학에 들어가야 한다는 목표가 분명하다. 좋은 점수를 받아야 좋은 대학을 갈 수 있음을 안다. 좋은 직장에 취업하기 위해 좋은 대학을 나오면 유리하다는 사실도 안다. 꿈과 비전은 아니지만 눈앞에 목표가 있기에 같은 또래 친구들 처럼 놀고 싶은 마음이 있음에도 이겨낼 수 있는 것이다.

책 읽고 싶은 마음을 어떻게 갖게 할 것인가?

목표가 분명한 사람은 자기를 관리한다. 목표를 향해 나아가는 길에 필요한 것이 무엇인가를 알고 준비한다. 목표 도달을 방해하는 장애물이 있다면 해결하기 위해 힘쓴다. 자녀가 책을 읽기를 원하는가? 답은 간단하다. 목표를 갖게 하라. 자녀에게 책 읽기를 통해 도달할 가시적인 목표를 제시하라.

꿈과 비전을 보여주라. 목표보다 멀지만 여러 가지 목표를 갖고 도전할 수 있는 꿈이 있다면 책을 읽게 된다. 비전이 있는 자들은 그 길을 향해 가는 과정에서 책이 얼마나 자신에게 도움이 되는지를 알아가게 된다. 자녀에게 독서습관을 길러주고 싶은 부모들은 자녀의 마음속에 목표와 꿈과 비전을 세워주는 일에 반드시 성공해야 한다.

자녀교육의 문제에 있어 중요한 것과 먼저 할 것이 있다. 중요한 것은 꿈을 찾는 것이요, 책을 읽는 것이다. 책을 읽으면 꿈을 찾아 갈 수 있기 때문이다. 그럼 책 읽고 싶은 마음을 어떻게 갖게 할 것인가?

첫째, 책을 읽어야 한다.

책 읽고 싶은 마음을 어떻게 갖게 할 것인가 묻는데 책을 읽어야 한다니. 현문우답처럼 들릴지는 몰라도 사실이다. 달리기는 달리기를 통해서만 빨라진다. 수영도 수영을 하는 과정을 통해 진보해 간다. 음악도, 미술도 그것을 직접 하는 가운데 그 즐거움도 알게 되고 과정의 진보도 이루게 된다. 책 읽기도 마찬가지다. 책의 즐거움을 알기 위해서는 책을 읽어야 한다. 책을 읽어 가는 과정에서 지식도 쌓이고 생각도 자라고 동기도 부여받게 된다. 아는 만큼 사랑한다고 했지 않은가! 독서도 그 재미를 아는 만큼 빠져들게 되어있다.

지도자들은 대다수가 열정적인 독서가다. 왜 그럴까? 책 읽는 자체도 좋겠지만 책을 통해 과정의 진보를 맛 보았기 때문이다. 사고력의 향상만이 아니다. 현실에서의 성공 경험들은 독서의 가치를 깨닫는 기회가 된다. 세상에 여러 즐거움이 있다지만 차원이 다른 독서의 즐거움을 맛 본 이들은 결코 그 즐거움을 포기하지 않는다. 자녀가 책 읽는 자녀가 되기를 원한다면 그들의 손에 스마트폰이 아닌 책이 들려있는 시간을 늘려가야 한다. 자녀에게 책 읽는 기회를 자주 마련해주라. 진보를 경험하고 엿볼 수 있도록 상황을 디자인하라. 그때가 그들에게 그러한 마음이 세워져 가는 기회다.

그것을 위해 가장 먼저 할 일이 앞에 말한 '학습 환경을 디자인하는 것'이다. 기억하고 있는가? 필요하다면 앞으로 가서 그 문단을 읽어도 좋다. '항상 읽는 공동체 환경을 디자인하라.', '글을 쓰는 공동체가 돼야 한다.', '항상 대화하며 지내는 환경을 디자인하라.', '항상 같이 밥을 먹는 환경을 디자인하라.' 이 네 가지의 환경을 디자인하는 것에 우선순위를 두어야 한다. 그렇게 할 때 '책을 읽을 수밖에 없는 환경'이 만들어진다.

둘째, 책을 읽어줘야 한다.

책 읽기는 싫어해도 책 이야기를 들려주면 대부분의 아이들은 좋아한다. 이야기는 힘이 있다. 비단, 유아나 초등 저학년의 이야기가 아니다. 성인들조차 책 읽어주는 자리에 속하게 되면 듣는 일에 흠뻑 빠져드는 것을 보게 된다. 자녀가 스스로 책 읽기만을 기다리지 말고 부모가 책을 읽어 줘라. 중요한 것은 잠시 잠깐의 이벤트여서는 안 된다는 사실이다. 짧은 시간을 할애하더라도 지속되는 일상이어야 한다.

『하루 15분 책읽어주기의 힘(The Read-Aloud Handbook)』의 저자 짐 트렐리즈(Jim Trelease)는 성공한 삽화가로 살고 있었다. 그는 어린 시절 자신에게 책을 읽어 준 아버지의 영향을 받아 자신의 두 자녀에게도 매일 밤 책을 읽어 주었다. 또한 한 주에 한 번 학교에서 책 읽어 주는 자원봉사 활동을 진행하기도 했다. 그는 학교에서 책을 읽어 주면서 대부분의 아이들이 책을 읽지 않는다는 사실을 발견하게 된다. 그는 그것을 남의 문제로 여기지 않았다. 문제 해결을 위해 고민했고 문제의 원인은 부모와 교사에게 있다고 생각했다.

그는 자신이 어린 시절 누렸던 부모님의 책 읽어주기와 그 영향을 다른 이들과 나누고 싶었다. 트렐리즈는 38살이 되던 1979년, 자신의 사비를 털어 책 한 권을 출간한다. 그 책이 『하루 15분 책읽어주기의 힘』이다. 책은 입소문을 타고 사람들에게 조금씩 알려지기 시작했다. 그가 자비로 출간한 지 3년이 지난 1982년, 유명 출판사인 펭귄북스에 의해 대중적인 시장에서 출간되게 되고 사람들의 열광적인 관심 속에 지금은 독서계의 고전으로 자리 잡았다.

이 책의 영향은 미국내에 머물지 않는다. 일본의 고등학교 윤리교사 하야시 히로시는 이 책의 영향을 받아 수업 전 '아침독서 10분' 운동을 펼쳐나갔다. 현재 일본 초·중·고등학교의 60퍼센트가 넘는 학교가 이 운동에 동참하고 있으며 2000년대 중반에 우리나라에도 소개되어 지금까지 많은 학교와 학급에서 진행 중이다. '책 읽어주기'의 기적은 '책 읽기 운동'으로 퍼져갔고 이 작은 실천은 사람들의 삶에 큰 울림을 일으키는 마중물이 되어주었다. 이 모든 일은 30대 후반의 한 아버지의 안타까움과 간절함과 작은 실천으로부터 시작되었다.

자녀가 책 읽기를 싫어한다고 손 놓고 있지 말라. 우리 가정에서도 아내는 두 딸에게 2000여 권이 넘는 책을 읽어주었다. 최근에는 한 달에 걸쳐 초등 3학년인 막내딸에게 1000페이지가 넘는 C. S. 루이스의 『나니아 연대기』를 읽어주었다. 고등학생인 큰딸도 가끔 동생에게 책을 읽어주는 엄마의 이야기에 귀를 기울이곤 한다. 10여 년 전부터는 성인들을 대상으로 한 저자 낭독회도 유행하기 시작했다. 이야기의 즐거움을 아는 이들이 늘어나며 급속도로 퍼져나가고 있다.

아이들에게 책을 읽어주는 것은 지식을 전달하는 행위 이상이다. 교감을 나누며 깊이 있는 지적 소통의 길로 나아가는 기회가 되어준다.

셋째, 책 읽기의 즐거움을 몸으로 이야기하라.

동기부여가 필요하다. 매일 책을 읽는 엄마의 모습을 보고 자라는 아이들에게 책 읽기는 큰 사건이 아니다. 일상의 당연한 일일 수 있다. 정기적으로 서점을 방문하여 책을 구입하는 부모의 모습도 많은 메시지를 전하는 살아 있는 언어다. 집에 책이 많아도 도서관을 찾는 경험은 책에 대한 또 다른 느낌을 선물해 준다. 같은 음식을 먹어도 어떤 그릇에 담겨있느냐에 따라 느낌도 맛도 다르다.

아이들에게 책 읽기의 즐거움을 엄마의 삶으로, 몸의 언어로 이야기하라. 책 읽는 모습, 도서관과 서점을 누리는 일상은 아이들에게 삶을 변화시키는 강한 메시지로 전달된다.

넷째, 책 읽기의 가치를 말로 설명하라.

경험이란 사실 자체가 아니다. 우리가 경험에 붙인 해석과 의미에 따라 경험의 정의는 달라진다. 예를 들어, 어떤 이가 해안가에 차를 몰고 가고 있을 때 절벽에서 돌덩어리가 굴러 떨어져서 간발의 차이로 피했다고 하자. 그가 경험한 것은 무엇인가? 해석에 따라 각 사람에게 같은 사건은 다른 사건이 되어 간직된다. 누군가는 '재수 없는 날이다'고 짜증낼 수도 있겠지만, 다른 시각으로 바라볼 때 '죽을 수도 있었는데 생명을 지켰다. 앞으로의 시간은 더욱 간절한 마음으로 살아야지.'하는 각오를 다지는 경험이 될 수도 있다.

책 읽기도 마찬가지다. '책 한권 겨우 읽었네' 하는 이들도 있을 것이다. '이 책 재미있네!'하며 독서의 즐거움을 조금 맛본 친구도 있을 것이다. 그러나 누군가에게는 삶의 희망을 맛본 순간일 수도 있다. '이야! 책에 이런 보물 같은 생각들이 있을 수 있구나! 이제야 내가 이것을 알았네. 책으로 생각을 훈련하며 노력한다면 나의 꿈은 충분히 실현 가능한 것이겠구나.'하는 기대를 품게 될 수도 있다.

자녀에게 책의 가치를 이야기하라. 어린 아이들에게 그 가치를 깨닫게 하는 것은 결코 쉬운 일이 아니다. 당장 그 일에 성공하라는 것이 아니다. 이것은 자녀가 성인이 되기까지 꾸준히 이뤄가야 할 부모의 평생과제다. 매일 매일 조금씩, 기회를 보아가며 책의 의미, 독서의 가치를 이야기 해줘야 한다.

일상에서 독서의 행위가 지닌 의미를 이야기 하라. 독서는 사람들의 마음속에 각기 다른 해석, 정의로 간직되기 때문이다. 자신의 마음의 해석에 따라 그것의 가치를 누리며 살기도 포기하기도 한다. 표현되지 않은 사랑은 사랑이 아니라는 말도 있지 않은가. 독서의 의미, 책의 가치도 마찬가지다. 너무 많은 이들이 성인이 되기 전까지 책과 독서의 가치를 알지 못하고 시간을 허송세월하곤 한다. 당신의 자녀가 그런 이들이 되지 않기를 바란다.

꿈을 갖도록 도와주는 책 읽기

첫째, 자녀에게 문제를 보여주라.

나는 지역 교회를 담임하면서 동시에 호도애작은도서관을 운영하는 관장으로 역할을 감당하고 있다. '호도애'는 여러 뜻을 가지고 있지만 대표적으로, '길'을 의미하는 헬라어 'hodos'와 '사랑'을 의미하는 한문 '愛'(사랑 애)를 합성하여, '사랑의 길'을 의미한다.

몇 년 전에 호도애도서관 아이들을 데리고 필리핀 두마게티 지역을 찾은 일이 있다. 그 지역의 공립초등학교 학생들을 위한 독서캠프를 진행하기 위해서였다. 그곳은 두마게티 바바후바라는 작은 초등학교로, 두마게티 지역 서민층의 자녀가 다니고 있었다. 선생님들은 준비해 간 독서 프로그램을 진행했고 아이들은 동생뻘의 현지 어린 친구들을 도우며 진행에 참여했다.

10박 11일의 캠프를 마치고 한국으로 돌아와 소감을 나누는 시간을 보냈다. 다녀 온 아이들 중 다수는 사회복지사가 되거나 사업가가 되어 가난한 제 3국의 어린이들을 돕는 삶을 살겠다고 고백했다. 왜 다수의 친구들의 마음에 같은 꿈이 깃든 것일까?

그들은 필리핀 캠프 현장에서 문제를 보았기 때문이다. 그곳에서 학교를 마치고 부모를 도와 장사에 동참해야 하는 어린이들을 목격했다. 자신들에게는 그토록 다니기 싫은 학교가 필리핀의 친구들에게는 유일한 즐거움이며 힘든 일상의 피난처였다. 캠프에 참여한 4학년 나이의 한 여자 아이는 신발이 한 짝뿐이어서 다른 한 쪽 발에는 비닐봉지를 동여매고 캠프에 참여했다.

한국의 아이들은 캠프가 진행되는 동안 그 모습을 며칠 동안 보게 되었다. 그토록 열악한, 초등학교조차 다니지 못하는 아이들이 가득한 빈민 마을을 눈으로 확인했다. 초등학교를 졸업하고 중학교로 진학하는 아이들이 절반도 되지 않는다는 사실도 알게 되었다. 졸업한 대부분의 아이들은 부모님을 도와 돈을 벌며 살아가고 있었다.

'내가 평범하게 누리던 일상이 필리핀의 또래 친구들, 어린 동생들에게는 없다니!' 자신들은 한국 땅에 살며 한 번도 생각해 본 적 없는 사실이었다. 캠프에 참석한 호도애 초·중·고 학생들은 아직 해결되지 못한 문제, 도움이 필요한 상황을 목격하며 눈물을 흘렸고 연민의 마음을 갖게 되었다. 필리핀 아이들을 위해 매일 숙소에서 기도했으며 다음날 진행되는 프로그램을 위해 밤늦도록 준비했고 피곤한 일정이었지만 스텝으로도 열심을 다했다.

그들이 가졌던 꿈이 한여름밤의 감상적인 꿈이었을 수도 있다. 그러나 분명한 사실은 수많은 사람들의 꿈과 비전이 문제 속에서 피어났다는 사실이다. 책을 읽고 자신의 한계를 넘어 배운다는 것은 고통이지만 자신이 목격한 문제를 해결하겠다는, 배움의 수고와 고통을 참아낼 이유가 있기에 많은 이들이 그것을 감당해 낸다.

빈곤퇴치를 위한 노력으로 수많은 국가와 기관들이 기아 종식을 위해서 힘쓰고 있다. 환경의 문제는 전 지구적 문제로 대두되고 있다. 물과 위생, 건강과 웰빙의 문제는 인류의 삶을 위협하고 있으며 모두가 '살기 위해' 몸부림치고 있다. 해양생태계, 육상생태계도 하나님이 창조하신 질서가 무너져 내리며 큰 위기에 봉착해 있다. 사회적으로는 사회적 불평등의 문제가 증가되고 있다. 인공지능의 출현으로 일자리를 잃고 내몰리는 사람들도 늘어나고 있다. 성적인 타락과 영적 빈곤함은 기독교 내부의 문제를 넘어 모든 인류 앞에 놓인 과제다. 전쟁이 없던 시기가 지구상에 있었겠냐마는 오늘의 전쟁이 이전과는 다른 형국으로 치달을 수 있기에 온 세계가 전쟁의 비극을 피하기 위해 협력해가려는 노력을 경주하고 있다. 이러한 수많은 문제들을 보며 문제 해결을 위해 달려든 이들이 어제도 있었고 오늘도 있다. 현실이 힘들고 미래가 어둡다고는 하지만 오늘 이 사회가 그래도 살아 숨 쉴 만한 사회로 유지되고 있는 것은 그들의 문제 해결을 위한 수고가 있었기 때문이다.

미국 백악관 국가 장애인 위원회 정책차관보를 지낸 강영우 박사의 이야기는 널리 알려져 있다. 그는 중학생 시절 축구공에 맞아 시력을 잃게 된다. 방황의 시기, 좌절의 시간을 넘어 동기들보다 5년 늦게 고등학교를 졸업했다. 꿈이 있었던 그는 좌절하지 않고 열심을 내었고 1972년 연세대학교를 우수한 성적으로 졸업하기에 이른다. 미국으로 건너가 1976년 한국 최초의 시각장애인 박사가 되고 오랜 기간 미국의 장애인들의 인권을 대변하는 정책가요, 지도자로서의 삶을 살아갔다. 그의 삶의 과정 속에 얼마나 많은 애환이 가득했겠는가.

강영우 박사의 큰아들이 4살 때 있었던 일화가 있다. 어느 날, 그는 큰아들이 '눈이 안 보여 운전도 못하고 야구도 못하는 아빠 대신 눈 뜬 아빠를 달라'고 기도하는 모습을 본다. 아빠로서 얼마나 가슴 아팠겠는가. 장애는 강영우 박사 자신뿐만 아니라 자녀의 입장에서도 넘어야 할 문제였다.

강 박사는 대화를 통해 아들에게 문제를 직면하게 했다.

"네가 의사가 되어서 아빠 눈을 고쳐주는 게 어때?"

그말은 아들을 향한 권면이자, 삶의 동기부여가 되었다. 이후 첫째 아들인 폴 강(강진석)은 안과 전문의가 되어 의료인으로서의 삶을 살아가게 된다. 그가 어린 시절 마주해야 했던 아빠의 장애, 그 문제는 세상을 바라보는 다른 시각을 그에게 갖게 했고 그는 그 문제를 바라보며 안과 의사로서의 스스로의 삶을 디자인하게 된 것이다.

강영우 박사는 자신의 문제를 '애환'으로만 보지 않고 문제 속에서 비전과 꿈을 피어내는 태도를 우리에게 몸소 가르쳐 주고 있다.

자녀에게 문제를 보여주라. 문제가 있는 곳에 비전이 있다. 문제 속에서 꿈과 비전을 발견하게 될 것이다. '재능을 가졌기에 나는 어떤 삶을 살겠다'는 것도 좋지만 '나는 어떤 문제를 해결하기 위해 필요한 이 능력을 갖겠노라' 다짐하는 것도 기독교인의 사명을 발견해 가는 성경적인 진로설계다. 문제 속에 피어난 비전이 우리 자녀로 하여금 살며, 사랑하며, 배우며, 나누는 존재로 성장하도록 힘을 실어 줄 것이다.

둘째, 문제 해결자들의 삶을 보여주라.

자녀에게 위인전기를 읽게 하라. 위인은 문제를 만난 사람이요 문제 앞에 살아간 사람이며 그 문제의 해결사요 문제 해결을 위해 생애를 바친 사람들이다. 그들의 삶 속에서 우리의 자녀는 자신의 삶의 가치와 방향을 생각하게 된다. 그 책을 읽는 과정 자체도 의미 있지만 공부를 해야만 하는 의미를 발견하게 되는 것이 가장 큰 유익이다.

아이들이 관심 갖는 영역의 문제 해결자들의 삶을 보여주라. 살아있는 지도자, 전문가들의 자서전도 유익하다. 주의해야할 것은 인물에 관한 책이라는 것이 그 어떤 분야보다 편향된 정보로 쓰여 질 우려가 있기에 부모와 교사의 지도가 필요하다는 점이다. 적절한 지도 속에서 자신이 관심 갖는 분야의 앞서간 사람들의 이야기를 접하게 될 때 그것은 아이의 가슴을 뜨겁게 한다. 무엇을 준비해야 하는지에 대한 권면도 책 속에 녹아들어 있기에 어린 자녀를 동기부여 하는 데 인물의 전기만한 것이 없다.

셋째, 여행을 자녀교육의 메인 커리큘럼에 포함시켜라.

나는 지금까지 4개 대륙 35개국을 여행했다. 고등학생 자녀도 12개국, 초등 자녀도 9개국을 여행했다. 그중에는 5~6개월 머문 국가에서부터 며칠 잠시 다녀온 국가도 있다. 돈이 많아서 다녀온 여행들이 아니다. 말 그대로 '먹는 것 입는 것' 줄여가며 여행계획을 세워 실천해왔다. 젊은 시절에는 신용카드로 여행비를 해결하고 1년 이상을 갚아간 적도 있었다.

여행할 때는 관광지를 돌아다니지 않고, 특별히 결혼 후 아이들에게는 세계 속 문제를 보여주기 위해 힘썼다. 하나님이 창조하신 이 땅을 살아가는 다른 민족들의 일상을 보여주는 일에 힘을 쏟았다.

홈스쿨링 중인 고등학생 딸은 해외로 독립여행을 떠나곤 한다. 1년 동안 스스로 아르바이트를 하여 번 돈만을 가지고 부모의 도움 없이 3개월간 폴란드 독립여행을 다녀왔다. 열일곱, 고1 학생의 나이에 홀로 떠난 여행이다. 다음해에도 아르바이트를 해서 번 돈으로 4개월 동안 2차 독립여행, 필리핀을 다녀왔다. 큰딸은 요즘 인터넷을 통해 작은 창업을 시도하려고 진행 중이며, 올 해 하반기에 폴란드와 독일 접경지역으로 3개월간의 3차 독립여행을 준비 중이다.

나는 늘 딸에게 강조해왔다.

"하나님이 우리나라 아름다운 금수강산도 창조하셨지만 5대양 6대주 모든 대륙, 모든 민족을 창조하셨단다. 너는 그 땅을 밟고 인생을 살아가라. 그러기 위해 세계를 다니며 문제를 보고 하나님의 너를 향하신 뜻을 찾아가라. 그 과정에는 말씀 묵상과 기도가 있어야 한다. 또한 끊임없이 책을 읽고 글을 쓰며 생각하는 크리스천으로서의 삶을 살아야 한다."

고맙게도 큰딸은 아빠의 말을 신뢰하고 잘 따라와 주고 있다. 딸이 작든 크든 간에 자신만의 열매를 맺어갈 때를 기다리며 아빠로서 기대와 설렘을 가지고 있다.

자녀와 여행을 떠나라. 해외만 여행지는 아니다. 집을 떠나 동네를 돌아보라. 서울도 여행하고, 지방도 여행하라. 도시도 여행하고 시골도 방문하여 생활해 보라. 상황을 만들어 해외 탐방의 기회도 가져라. 단발성 여행이 아닌 계획을 가지고 여행을 지속해가라. 여행자의 삶은 생각하는 크리스천으로 살도록 자연스럽게 인도한다. 여행자는 책을 읽고 생각하는 자로서의 삶을 자연스럽게 선택하게 이끈다. 이 또한 여행의 선물이다.

요약. 책 읽는 아이가 되도록 도와주는 책 읽기

◎ 책을 읽을 수밖에 없는 사람들이 있다.
바로 목표가 있는 사람들이다.

◎ 책을 읽어야한다.
수영도 수영하는 것을 통해서만 그 즐거움을 경험한다. 독서도 하는 과정에서 가장 큰 즐거움을 경험한다.

◎ 책을 읽어 줘야 한다.
자녀의 나이, 학습 수준을 떠나 '이야기'를 들려주면 아이들은 좋아한다. 짧은 시간이더라도 일상에서 지속적으로 책을 읽어줘라.

◎ 책 읽기의 즐거움을 몸으로 이야기하라.
서점과 도서관 방문, 온 가족 카페에서 독서 데이트 등의 작은 행동을 일상에서 지속적으로 해가라.

◎ 독서의 '행위'가 아닌 독서의 '의미'를 말로 표현하라.
매일 조금씩, 기회를 보아, 책의 의미와 독서의 가치를 이야기해 주라.

◎ 꿈을 갖도록 도와주는 책 읽기
'문제'를 보여주고 '문제를 해결해 나간 사람들'의 이야기를 읽게 하라. 여행을 '자녀교육 커리큘럼'에 포함하라.

2.

똑똑한 아이가 되도록 도와주는 책 읽기
_ 지식이 살아있는 책 읽기

이 책 전반부에서, 앞으로 이전 시대의 가치인 '아는 것이 힘이다'라는 생각을 가지고서는 뒤처질 수밖에 없음을 이야기했다. 그 말은 시대의 변화 가운데 무게 중심의 이동이 있을 것이라는 뜻이다. 다시말해 '아는 것의 힘'에 대한 부정은 아니라는 사실을 기억해야 한다.

정보에 가치를 부여하는 힘

알아내는 능력을 갖춰야 하는 이 시대에도 '아는 힘'은 갖춰야 할 기본 능력이다. 다만, '아는 힘'에도 차이가 있음을 알아야 한다. 바로 '능력이 되는 지식'과 '그렇지 못한 지식'이 있다.

먼저, '능력이 되는 지식'이다. 전체상을 가진 정보와 지식에 대한 앎이다. 이때 앎은 능력이며 사회 속 재화로서의 가치도 부여받는다.

다음은 '능력이 되지 못하는 지식'이다. 전체상의 이해가 없는, 부분 지식의 경우이다. 부분 지식도 사실의 일부이기는 하다. 그러나 '내가 수용한 지식이 부분 지식임을 아는 것'과 '그것을 완전한 지식이라고 믿는 것'은 전혀 다른 문제다. 전체상으로서의 지식이 아닌 파편적인 지식, 부분적인 지식을 바로, '모르는 게 약이다'는 말로 표현한다. 많은 경우 부분 지식을 넘어 오류로 작용하기 때문이다.

자녀에게 세워줘야 할 지식은 '전체상으로서의 지식'이다. 세상의 모든 지식에 대한 전체상을 갖춰야 한다는 이야기가 아니다. 지식 수용의 지향점을 말하는 것이다. 우리는 지식을 받아들일 때 부분적인 지식이 아닌, 전체상으로서의 지식의 개념을 갖추어야 한다. 부분 지식도 전체상 속에 있을 때 비로소 힘이 된다. 그렇게 해야만 내가 무엇을 알고 있으며 부족한 지식이 무엇인지 알 수 있기에 가능하다.

가치 있는 지식을 세우는 2 Step

그렇다면 어떻게 해야 자녀에게 가치 있는 지식의 체계를 세워줄 수 있을까?

첫째, 작은 분야부터 시작하라.

책을 읽을 때도 한 분야를 정하고 해당 분야에 대한 지식의 전체상을 갖추는 경험을 쌓아가야 한다. 여기서의 한 분야란 작은 분야일수록 효과적이다.

초등학교 5, 6학년 정도의 아이를 예로 들어보자. 그들이 한 분야의 전문가가 되는 것은 힘든 것을 넘어 불가능하기까지 하다. 과학 전문가, 역사 전문가가 되는 것은 성인에게도 쉬운 일이 아니다. 그러나 영역을 좁히면 불가능한 일만도 아니다. 한 아이가 역사 인물 전문가가 되는 것은 그보다는 쉬운 일이다. 영역을 한 인물로 좁혀보자. 조선시대 대표적인 장수 이순신 장군을 연구하는 일은 어떨까? 이순신에 대한 전문가가 되는 일도 쉬운 일만은 아니겠지만 불가능한 일 또한 아니다. 관련 책 20여권을 읽고 정리한다면 세계적인 전문가는 아닐지라도 비슷한 연령대의 아이들 중 최고의 전문가 정도는 될 수 있지 않을까.

이순신 장군에 대한 모든 것을 연구하는 것이 힘들다면 영역을 좀 더 줄여 보자. 이순신 장군의 유명한 해전, 명량해전에 대해 연구해본다면 어떨까? 이순신 장군의 삶과 그가 한 모든 일이 아니라 특정 전투에 대한 정보와 지식만을 체계화 하는 일은 결코 불가능한 일이 아니다. 조금의 노력으로 또래집단을 넘어 성인들보다 완벽한 '명량해전'에 대한 지식 체계를 갖출 수 있다.

다른 영역에 있어서도 마찬가지다. 요리의 전문가가 되는 것은 어려운 일이다. 그러나 요리의 영역을 나누고 음식 중 한가지만을 타겟으로 한다면 어떨까? 만일 '계란 프라이'의 전문가가 되겠다고 한다면 초등학생들에게 불가능한 일일까?

　캠프에 참여한 초등학교 3학년 아이가 3박 4일간 '계란 프라이'를 주제로 연구를 진행한 적이 있다. 계란의 크기, 계란 프라이의 모양, 노른자와 흰자의 비율에 따른 계란 프라이의 차이, 항생제를 투여한 계란과 무항생제 계란의 차이까지 연구했다. 좀 더 나아가 계란 프라이가 식탁에 오르기까지, 양계장에서 우리 손에 계란이 들리기까지의 유통과정과 그 과정 속의 있을 수 있는 일들까지 영역이 넓혀졌다.

　조금만 관심 갖는다면 그리 오랜 시간을 들이지 않고도 그 분야에 대한 정보와 지식을 쌓을 수 있다. 그 과정을 통해 아이는 얼마든지 '계란 프라이의 전문가'라는 호칭을 받을 수 있다. 계란 프라이를 예로 드니 너무 가볍게 느껴질 수도 있다. 그러나 주위를 둘러보라. 사회 현장을 바라보면 그러한 사람들로 가득하다. 길가 수많은 포장마차에 떡볶이 전문가들이 넘쳐난다. 호떡 전문가로 생계를 유지하고 자녀를 키우는 부모들이 즐비하다. 트럭에 기구를 갖추고 다니며 통닭을 구워 파는 이들도 즐비하다. 그들이 모두 그 분야의 전문가라 할 수 있다. 그리고 그것은 절대 가볍지 않고 우리 삶과 직결돼 있다. 박사라 불리는 대부분의 사람들도 세상 모든 일의 전문가가 아닌 특정 분야, 그 중에서도 세밀한 한 분야의 전문가인 경우가 대부분이다.

　이 연습의 더욱 중요한 점이 있다. 작은 분야일지라도 공부하는 한 분야마다 전문가가 되는 경험을 할 수 있다면 그것은 단순히 분야의 지식을 수용하는 차원에서 머물지 않는다는 점이다. 연구 분야를 작은 단위로 나누고 책 읽기와 연계시켜 어린 시절부터 진행한다면 아이의 성장에 어떤 영향을 미칠 수 있을지 생각해 보라.

중요한 것은 진보를 이루어 가는 과정의 설계가 있느냐 하는 것이다. 비록 작은 한 분야의 지식일지라도 그것에 대한 전체상을 가져보는 경험은 더 큰 영역에서 지식의 전체상을 세워가는 과정의 연습이며 의미 있는 경험이 된다. 우리가 추구하는 최선의 인재상은 결코 한 분야의 '전문 바보'가 아니다. 교양성 위에 전문성을 세워가고 그 위에 또 다른 교양성을 세워가야 한다.

크리스천들이 자신이 속한 분야를 선도해 가는 이들이 되어야 한다. 세상의 엘리트에 대한 이야기가 아니다. 성경적 인재상에 대한 바른 정의를 내리고 목표를 가져야 함에 대한 이야기다. 우리 자녀에게 교양지식으로서의 조각 지식만을 수용하도록 내버려 두어서는 안 된다. 한 분야를 통달해 가는 전체상으로서의 전문지식을 경험하게 하라. 인생이라는 전투에서 승리하는 최고의 무기를 소유한 사람으로서 인생을 살아가게 될 것이다.

둘째, 작은 한 분야에서 지식의 전체상을 세우는 독서학습은 단기간에 진행되어야 한다.

어리면 어릴수록 그 주기가 짧으면 좋다. 또는 나이를 떠나 자녀가 가진 집중력에 맞춰 기간과 책의 난이도를 조절해 주는 것이 효과적이다. 일주일을 주기로 주제를 바꿔갈 수도 있다. 집중력이 유지된다면 하나의 주제를 매일 한두 시간씩 한 달간 연구할 수도 있다. 연구

기간에 따라 해당 분야의 정보와 지식의 전체상의 완성도는 질적으로 차이가 있을 것이다. 중요한 것은 자신의 지적 초기값을 조금씩 높여 가는 일이다. 한 주제 한 주제를 연구해 나가며 지식과 정보를 넘어서는 역량을 준비해 갈 수 있을 것이다.

호도애작은도서관에서는 '책쓰기 캠프'를 진행하곤 한다. 2020년 1월에는 10박 11일의 '책쓰기 캠프'에 스무 명의 학생들이 참여했다.

1단계 2박 3일간은 하루에 세 가지 주제를 살피는 일정으로 진행된다. 한 가지 주제를 3~4시간 조사하며 자신의 관심 분야, 연구분야를 찾는 과정이다.

2단계는 1단계의 2박 3일 동안 찾은 주제 가운데 하나를 선택해 7박 8일 동안 연구할 주제를 선택한다. 그리고 하루 10시간씩 7박 8일간 책을 읽고, 요약하며 문제를 찾고 자신의 견해를 더하여 정리된 글을 만들어 간다.

이번 캠프에서 아이들이 정한 주제도 다양했다. '건축', '이상기후', '환경오염', '화폐와 자본주의', '세종대왕과 한글', '독도', '전쟁이야기', '율곡 이이', '북한이야기', '신사임당', '창업과 인생설계', '의학이야기', '위안부 이야기', 'C. S. 루이스와 『나니아연대기』', '인권-차별과 불평등', '레오나르도 다빈치' 연구 등. 20명에게서 다양한 주제들이 쏟아져 나왔다.

10박 11일 간의 짧은 일정이지만 하루 10시간씩 하나의 주제를 읽고, 요약하며 자신만의 생각을 정리해 가는 경험은 그들에게 지적 희열감을 갖게 해준다. 대부분의 아이들이 한 번도 경험해 본 적이 없는 희열감이다.

  지적 성장, 과정의 진보가 가져다주는 희열감은 그 어떤 동기부여보다 강한 힘이 있다는 것을 아는가? 그 과정의 진보에서 느끼는 기쁨이 자기 주도적인 노력을 이끌낸다.

'살며 사랑하며 배우며 나누는 삶'은 계획을 요구한다

  나는 7년을 주기로 삶을 계획한다. 목회 계획, 독서 계획, 글쓰기와 책 쓰기 계획, 여행 계획 등 다양한 계획을 세운다. 7년 주기의 큰 그림 속에서의 1년 계획, 분기별 계획도 수립한다. 계획한다고 다 되는 것은 아니지만 반대로 계획 없이 되는 것은 더욱 많지 않다. 공적인 일은 말할 것도 없고 개인적인 일도 계획을 전제로 할 때 계획 그 이상의 기회도 주어진다.

  지난 20년간 독서와 글쓰기에 대한 남다른 과정을 지나왔다. 나에게 독서와 글쓰기는 취미와 학습의 차원에만 머물지 않는다. 삶 그 자체다. 독서와 글쓰기 자체가 삶의 목적이라는 것이 아니다. 나에게 있어 읽기와 쓰기는 하나님이 부여하신 인생의 여정을 아름답게 하는 수단이다. 나를 알아가고 세상을 알아가며 하나님을 향해 가는 발걸음이었다. 나를 변화시키고 이웃을 사랑하며 하나님의 나라를 이루기 위한 수단으로 독서와 글쓰기를 준비하며 활용한다. 남다른 각오가 필요했다. 동기는 충분했고 태도 또한 그에 비례했다.

이런 각오를 다졌음에도 잠시 방심하면 안이함과 나태, 게으름과 불성실이 살아난다. 각오를 다지면 또 다른 일들과 핑계거리가 생겨난다. 가까운 이들에게 이해받지 못하는 순간도 힘 빠지는 일이다. 나의 가치가 다른 이들에게 가볍게 취급받는 것만큼 힘든 일도 없다. 내가 목사이고 목사로서 하는 일이 독서와 글쓰기일 때는 더욱 그렇다. 어떤 이들은 보이는 것만으로 판단하려 한다. 이전의 기준으로 모든 것을 제단 한다. 그렇기에 더욱 인내와 성실, 일관성과 꾸준함이 필요하다. 한 번 두 번, 한 해 두 해 노력해서 끝날 문제가 아니다. 그렇게하다 보면 밑 빠진 독에 물 붓는 것처럼 느껴질 수도 있다. 그러나 분명한 사실은 독서와 글쓰기에 쏟는 노력은 밑 빠진 독의 물붓기가 아니라는 점이다.

독서를 통한 지식의 향상은 기초를 쌓는 일이기도 하다. 지식을 알아가는 것뿐 아니라 더 많은 지식을 쌓을 수 있는 튼튼한 토대를 놓는 작업이다. 어떤 일이라도 감당해 낼 수 있는 기초를 준비하는 과정이다. 감당해 내는 정도를 넘어 탁월함을 위한 준비과정이 크리스천들이 가져야 하는 독서에 대한 비전이다.

창의력은 어느 날 갑자기 든 생각, 특별한 이들에게나 주어진 능력이 아니다. 독서를 통해 얻은 정보가 기존의 정보와 만나 연결되는 과정에서 생겨나는 능력이다. 독서를 통해 얻게된 새로운 정보를 수용하는 과정은 사고력을 키우기 위한 과정의 첫걸음이며 창조적인 아이디어를 위해서도 필요한 절차다. 레드오션의 세계에서 블루오션이 만들어지는 순간도 준비된 사고 능력에 새로운 정보가 유입되는 것으로부터 시작한다.

  인공지능 시대에도 여전히 하나님 형상으로서의 능력을 나타내는 독서와 글쓰기는 나에게 있어 꿈과 비전이다. 참고 인내하라, 꾸준함으로 승부하라. 반드시 그 효과를 확인하게 될 것이다. 나 혼자만 보증하는 약속이 아니다. 인류 유산이 증거 해 준다. 역사 속에 허다한 증인들이 있다.

요약. 똑똑한 아이가 되도록 도와주는 책 읽기

◎ 부분적인 지식만 알 때, '모르는 게 약이다.'
  전체상으로의 지식을 알 때, '아는 것이 힘'이 된다.

◎ 지식을 세우기 step 1 – 작은 분야부터 시작하라!
  다양한 '계란 프라이 레시피' 등, 작은 범위의 가이드를 제시하라.
  친구들 중에서 그 분야의 전문가가 되는 경험을 하게 하라.

◎ 지식을 세우기 step 2 – 단기간에 완성하라!
  작은 한 분야에서 전체상으로의 지식을 세울 때는 시간을 정하고 단기간에
  수행하도록 돕는 것이 필수이다!

◎ 인내와 성실, 일관성과 꾸준함이 핵심이다!
  '밑 빠진 독에 물 붓기'로 느껴지는가?
  독서를 통한 지식의 향상은 지능을 향상시키기 위한 기초를 쌓는 일이다.
  꾸준함으로 승부하라. 반드시 그 효과를 확인하게 될 것이다.

3.

지혜로운 아이가 되도록 도와주는 책 읽기
_ 지능이 자라나는 책 읽기

    독서의 1단계 목표는 정보를 받아들이고 지식을 세워가는 것이며 2단계 목표는 지능을 세워가는 것이다. 지식은 생각의 재료이고 지능은 생각하는 능력이다. 독서하는 과정에서 생각의 재료가 쌓이게 되고 생각하는 능력도 동시에 자란다.

    지식을 통해 한 사람의 가치관이 형성되어 가고 분야의 전문성이 길러진다면, 지능은 그 안에서의 탁월성을 결정짓는 제일의 요인이라 할 수 있다. 지식과 지능의 상호 작용을 통해 시너지를 내기 위한 노력이 배움의 과정인 것이다. 결국 이 두 가지를 개발하는 것이 자녀의 미래를 결정 짓는 중요한 요소이기에 독서교육에 있어 진행과 평가에 힘써야 한다.

지능이란 무엇인가

정보와 사고는 동전의 양면과 같다. 정보가 들어오면 생각이 나게 되어 있다. 역사 속 수많은 이들이 독서를 강조한 이유도 독서를 하면 수용되는 정보로 인해 생각을 하게 되고 반복되는 생각은 사고 능력의 향상으로 이어진다. 창의적인 생각은 독서를 통해 수용된 생각의 재료와 사고의 능력, 지능이 연결되어 작동한 결과다. 그렇다면 생각하는 지능이란 구체적으로 무엇인가?

지능은 인간으로 인간되게 만드는 최고의 능력이다. 동물과 사람의 차이를 만드는 능력이다. 지능은 사건과 사고, 사물과 사람을 대함에 있어 합리적으로 생각하는 기본 능력이고, 문제의 핵심을 파악하고 해결하는 인지능력이다. 지능은 수용된 정보를 분석하며 종합하는 능력이다. 문제에 대한 평가와 대안을 제시하는 것도 지능이 있기에 가능하다.

독서에 있어서도 마찬가지다. 인간의 지능은 책을 읽을 때도 있는 그대로 받아들이지 않는다. 수용된 정보를 분석하고 종합해 가며 핵심을 찾아낸다. 그것이 평가를 가능하게 하는 인간의 원천 능력이다.

많은 부모가 조기 교육의 명목으로 영어에 많은 시간과 돈을 쏟아붓는다. 자녀를 글로벌 시대의 인재로 키우기 위한 노력이다. 안타까운 것은 영어를 포함한 언어 교육에 있어서도 핵심은 언어 자체에 있지 않다는 점을 많은 이들이 간과한다는 것이다. 조금만 현실적으로 생각해 보라. 우리 주변 대부분의 사람들은 우리말을 자유롭게 구사

한다. 어린 아이부터 노인에 이르기까지, 거리의 부랑자에서부터 한 분야의 전문가까지, 한국인이라면 누구나 우리말로 소통이 가능하다. 그러나 우리는 알고 있다. 같은 말이라고 모두 같은 평가를 받는 것이 아님을 말이다. 그 말에 담긴 생각의 넓이와 깊이, 진실함과 수준의 정도에 따라 말에 대한 가치, 우리의 판단은 달라진다.

영어를 능숙하게 구사할 수 있다면 얼마나 좋겠는가. 그러나 더 중요한 것은 영어를 도구로 하여 담고자 하는 생각이다. 영어를 잘한다고 하는 것은 말을 유창하게 하는 것만을 의미하지 않는다. 생각하는 능력이 있는지, 어떤 사고의 프로세스를 가지고 전하고자 하는 내용을 표현하는지가 관건이다. 생각하는 능력, 트리비움의 역량이 준비되었다면 도구로서의 영어도 그 가치를 인정받게 된다.

영어 표현 능력이 조금 부족해도 사고 능력이 준비되어 있다면 최고의 가치를 담아낼 수 있다. 영어를 아무리 화려하게 구사해도 트리비움의 능력이 준비되지 않았다면 화려함은 포장지에 지나지 않는다.

트리비움으로 길을 찾다_ 수용-생각-표현

책의 첫 장에서 크리스천으로서 하나님의 형상을 회복하기 위한 배움의 핵심은 '수용-생각-표현'이라고 말한 바 있다. 그리고 이것을 라틴어로 '트리비움'이라고 부른다는 것도 이야기했다.

하나님 사람으로의 능력을 회복하기 위해 목표에 걸 맞는 교육 과정을 디자인해야 하며, 인간 고유의 능력을 향상시키는 일에 초점을 맞춰야 하는데, 인간만의 고유한 능력의 핵심이 바로 트리비움이다.

이 책에서는 트리비움의 '수용-생각-표현'을 정보 이해력을 뜻하는 "문심혜두", 논리력과 사고력을 뜻하는 "관주위보", 창의력과 표현력의 핵심인 "융합창의"로 정의하려 한다. 이 세 가지 능력이 크리스천이 세워야 할 능력이요, 자녀에게 가르쳐야 할 인생의 과제다.

첫째, 문심혜두(文心慧竇)
– 글을 이해하는 지혜의 구멍을 넓혀라

문심혜두(文心慧竇)란 말은 다산 정약용 선생의 『천문평(千文評)』에 나오는 말이다. '문심'(文心)은 '글의 속뜻'을 의미하고 '혜두'(慧竇)는 '지혜의 구멍'이라는 뜻으로, '글을 이해하는 지혜의 구멍이 커지는 일' 즉, 문리가 트이는 것을 의미한다.

지성은 정보의 수용과 이해로부터 시작된다. 듣기를 통한 수용, 경험을 통한 수용도 의미 있지만 가장 효과적이고 효율적인 것은 읽기를 통한 것이다. 정보 이해력은 건축물의 기초에 해당한다. 기초가 단단하지 못하면 크고 높은 빌딩을 지을 수 없다. 정보 이해력이 바탕이 될 때 우리의 지식과 능력도 탄탄해 질 수 있는 것이다.

정보 이해력을 향상시키는 수용 훈련은 어린 시절의 독서습관을 만들어 주는 것부터가 그 첫 걸음이라고 할 수 있다. 글로벌 기준으로 볼 때 교회와 가정을 통한 정보력과 이해력의 수준은 심각한 상황이다. 수용되는 정보의 양도 부족하고 이해력도 점점 낮아지고 있다. 이를 위한 구체적인 커리큘럼도 거의 준비되어 있지 않다.

무엇보다 성경에 대한 배움이 부족하다. 신구약 66권의 성경은 1,189장 31,173구절로 구성되어 있다. 성경을 퍼즐에 비교해 본다면, 우리는 과연 66권 1,189장의 내용 중 몇 개의 퍼즐 조각을 준비해 왔는가? 신앙교육 현재의 커리큘럼으로 계속 이어진다면 어느 정도의 시간이 흘러야 성경 전체 내용을 아우를 수 있게 될 것인가?

이 질문에 대한 답은 그리 긍정적이지 못하다. 몇 개의 익숙한 성경의 장과 구절만을 평생 되뇔 뿐, 성경책에는 어른이 되어서도 한 번도 살펴보지 못한 하나님의 말씀들로 가득하다. 물론 목회자가 아닌 크리스천 한 사람 한 사람이 성경의 모든 것을 아는 것은 쉽지 않다. 그러나 분명한 사실은 기독교교육의 방향성은 신자들에게 하나님의 모든 말씀을 가르치는 것을 지향해야 한다는 것이다. 교회도, 가정도 이 목표에서 예외일 수 없다. 목회자만 성경을 배우고 익히는 구조여서는 안 된다. 기독교교육에 있어 정보 수용에 대한 큰 그림을 세워야 한다. 이해력을 향상시켜 가기 위한 커리큘럼을 디자인해야 한다. 성경 구절이라는 나무도 보지만 성경이라는 숲을 볼 수 있는 눈을 키워 줘야 한다.

성인이 되어 사회 생활을 할 때는 빨리 배우는 능력이 필요하다. 빨리 배우는 능력은 정보를 수용하고 이해력을 높이는 훈련을 통해 가능하다. 배움의 과정에 있는 어린 자녀가 빨리 배우는 능력을 얻기 위해서는 먼저 정확히 배우는 훈련에 집중해야 한다.

문.심.혜.두. 정보 이해력을 준비하라. 이것은 느리지만 쌓이면 나를 변화시키고 세상을 변화시킬 능력으로 자라난다. 거창한 작업을 통해서만 얻을 수 있는 능력이 아니다. 독서를 할 때마다 등장하는 새로운 어휘를 내 것으로 만드는 노력으로부터 시작하면 된다. 새로운 어휘를 배우고 자신만의 정의를 세워가라. 이미 알고 있는 삶의 어휘들에 대해 정의 내리며 나만의 어휘력 사전을 만들어보라(p.148의 나만의 단어 사전 만들기 팁을 참고하라). 이 과정을 통해 수용된 정보의 이해도는 높아지고 활용 가능한 지식으로 바뀌어 간다. 지금 당장이 아닌 발전 가능성을 높여가는 기본 능력이다. 기억하라. 우리 사고의 깊이와 넓이는 어휘의 양과 이해도를 넘어서지 못한다는 사실을 말이다.

정보 이해력을 훈련하는 최고의 도구는 교과서다. 교과서는 복잡하고 긴 이야기를 간략하게 요약 정리해 놓은 자료다. 정보력의 싸움에서 양은 중요하다. 인공지능 컴퓨터가 많은 정보를 담고 있다고 하더라도 검색 능력과 더불어 나만의 정보, 수용력을 활용한 정보 은행을 구축하는 능력은 여전히 경쟁력이 있다. 사고력이 훈련되면 될수록 작은 정보의 차이에서 큰 차이를 만들어 낼 수 있다. 어린 아이들이 교과서 식의 요약본만을 보는 것은 문제가 될 수 있다. 그러나 큰 그림을 파악하는 능력을 훈련하기 위해서 교과서를 활용하는 것은 매우 효과적이다. 교과서의 체계성은 트리비움의 능력이 훈련된 사람들의 학습 결과물이다. 책 한 권을 읽는 통독서와 요약본을 활용하여 개념을 세워가며 정보력을 훈련하는 다이제스트 독서가 균형을 이룰 때 배움의 능력은 한층 향상된다는 것을 기억하라.

둘째, 관주위보(貫珠爲寶)
_ 구슬이 서 말이라도 꿰어야 보배다

관주위보(貫珠爲寶)는 "구슬이 서 말이라도 꿰어야 보배다."라는 속담의 한역(漢譯)이다. 아무리 좋은 정보와 지식이 있더라도 그것을 조직화하고 체계화하여 활용하지 못하면 그 능력은 반감되고 말 것이다.

수용된 정보와 지식에 질서를 부여하는 능력, 즉 논리 사고력이다. 이는 조직화하고 체계화 시키는 능력이다. 정보와 지식을 분석학고 종합하는 과정을 통해 보이지 않는 체계를 찾아낸다.

종합하기 위해서는 분류하는 능력을 훈련해야 한다. 제대로 분류하고 종합하기 위해서는 핵심을 찾아내고 중심축을 삼아 새로운 구조를 조직할 수 있어야 한다. 그래야 흩어진 정보에 질서가 부여된다. 종합되고 조직화 된 지식의 체계, 가치 있는 지식 창조의 원천 능력이 논리 사고력이다. 그 과정이 있어야 오류를 발견하고 누락된 정보를 발견하여 부족한 부분을 채워갈 수 있게 된다.

관주위보(貫珠爲寶)하는 논리 사고력이야 말로 인간지능의 핵심 능력이다. 수용된 정보를 살아있는 지식으로 만드는 힘이기 때문이다. 세상이 요구하는 능력도 바로 이것이다.

초·중·고 공교육 12년의 충분한 시간이 대부분의 사람들에게 공평하게 주어진다. 안타까운 것은 그 긴 시간동안 교육이 진행되었음에도 비교하고 분석하는 사고의 핵심 능력을 세우지 못하고 성인이 된다는 사실이다. 소수의 사람들이 아닌 대다수의 사람들에 대한 이야기다.

글로벌 사회에서의 경쟁력의 핵심이 창의력이라고들 말한다. 그때의 창의는 논리를 배제한 것이 아니다. 논리만을 좇는 것은 아니지만 논리의 결과가 무엇인지를 알고 다른 경우의 수를 예측하는 능력이 창의다. 논리 없는 창의는 아이디어에서 끝나지만 논리를 전제한 창의는 결과를 증명해 낸다.

누구라도 과정의 실패까지 예측할 수는 없다. 그러나 실패 이후의 선택에 있어 논리적인 사고력을 가지고 있다면 위기를 극복할 수 있는 큰 힘이 되어준다. 그것은 '사실을 사실로 볼 수 있는 지혜'이기 때문이다. 자신의 사고 과정에 대해 짚어보고 사고 할 줄 아는 메타인지 능력도 논리 사고력 없이는 활용 불가능한 능력이다.

목표를 이루는 핵심 능력, 논리 사고력을 준비하라. 단기간 준비할 수 없지만 책을 읽고 핵심을 요약하며 구조를 분석하는 과정을 통해 향상시켜 갈 수 있다.

좋은 글과 잘 짜여 진 책을 읽는 행위 자체가 논리 사고력을 향상시키는 과정 학습이다. 한 단계 더 나아가 좋은 글을 분석하는 글 분석과 책 분석 학습과정은 논리 사고력을 세워가는 훌륭한 방법이다. 생각은 생각의 훈련 과정을 통해서만 향상된다는 사실을 잊지 말자. 분류하고 비교하며 분석하는 태도를 일상에서 반복해야 한다. 성공에 이르는 길은 다른 데 있지 않다. 생각하고 생각하며 또 생각하라. 그것이 최선의 지름길이다.

셋째, 융합창의
_ 하나님의 형상을 따라 창의 표현력 세우기

나는 기독교에서 말하기와 글쓰기의 교육을 잃어버렸다고 생각한다. 이제라도 말하기와 글쓰기가 회복되어야 한다.

하나님은 말씀하시고 성경의 기자(記者)들은 기록하였다. 말씀이 기록되지 않았다면 기독교의 성경은 존재할 수 없었다. 문자는 글자 이상의 힘이 있다. 글은 진리를 담는 그릇이다. 삶을 담는 그릇이요, 꿈과 희망, 믿음과 소망을 담아내기에 부족함이 없다.

하나님께서 자신의 뜻을 문자라는 그릇에 담아내기로 정하셨는데 우리에게 글쓰기는 왜 이토록 오랜 시간 무시를 받아 왔는가? 이유는 두 가지다. '그 가치를 미처 알지 못했기 때문'이며 알았다 하더라도 '글에 뜻을 담아내는 일은 누구나 할 수 있는 쉬운 일이 아니기 때문'이다. 그러나 어렵다고 해서 글로 표현하는 일을 계속 훈련하지 않겠는가? 문자의 출현 이후 세상은 표현하는 자들에 의해 지배당해 왔다.

여기서 주목할 점은 말이라고 다 말이 아니며 글이라고 다 글이 아니라는 점이다. 영향력 있는 글은 '수용-생각-표현'이라는 세 가지 원리, 트리비움의 역량이 균형 잡힌 상태에서 표현된 결과다.

표현력을 기르기 위해서는 표현을 해야 한다. 말을 해야 하고 글을 써야 한다. 표현을 하는 것이 한 두 번의 경험이 아닌 반복적으로 이루어지는 일상이 되어야 한다. 경험으로서의 표현은 감상이며 취미에 지나지 않는다. 반복을 통해서만 창의 표현력은 세워진다.

그러기 위해 문화를 만들어야 한다. 글을 쓸 수밖에 없는 환경, 내 주변에 나와 같이 쓰고 말하는 이들이 가득한 환경을 만들어야 한다. 이는 개인의 힘으로 디자인 할 수 없는 문화다. 그것이 우리가 속한 사회의 한계이기도 했다. 표현을 하지 않는 것이 자연스러운 문화였고, 오히려 표현하는 이들에게 고운 시선을 주지 않았다. 변화를 꿈꾼다면 나를 둘러싼 환경을 문제로 여겨야 한다. 표현하지 않고는 버틸 수 없는 환경에 나를 속하게 하라.

자녀의 미래를 위해 기도하는가? 그 기도의 응답은 부모 된 당신의 선택을 통해 주어진다는 사실을 잊지 마라. 가정의 문화를 바꿔라. 속한 공동체의 문화에 변화를 주기 위해 시도하라. 같은 비전을 바라보는 이들과 연대하라.

또한 우리가 표현하기를 훈련하는 것의 목적이 부와 세상이 꿈꾸는 성공을 위함이 아니라는 사실을 기억하라. 하나님께서 성경의 기록자들을 통해 말씀하셨듯이 오늘 우리는 삶의 은혜와 축복을 표현하는 자로 살아야 한다. 그들이 하나님의 사람이다. 크리스천은 고백하는 자들로 살아야 한다.

지식과 지능을 겸비하는 신앙교육

크리스천으로서의 역할을 잘 감당하고 하나님이 주신 달란트를 삶에서 세워가기 위해서 독서는 선택의 문제가 아니라, 필수적인 과정이다. 개인과 공동체가 이것을 인식할 때라야 독서가 '프로그램'을 넘어 사람을 변화시키는 하나님의 놀라운 도구가 될 수 있으며, 독서를 통해 하나님께서 일하시는 손길을 경험하게 될 것이다.

기억해야 한다. 독서를 통해 지능을 향상시키는 자녀교육이 죄로 인해 잃어버린 하나님의 형상을 회복해 가는 일임을 말이다. 책을 읽는다는 겉모양은 같을지라도 우리의 이러한 고백 위에 세워져 가는 크리스천의 독서교육은 결코 같지 않다. 자녀교육을 위한 부모의 노력과 수고는 하나님의 예비하신 놀라운 축복을 받는 귀한 과정이요 통로가 될 것이다.

요약. 지혜로운 아이가 되도록 도와주는 책 읽기

◎ 지식이 생각의 재료라면 지능은 생각하는 능력이다.

◎ 크리스천으로서 하나님의 형상을 회복하기 위한 배움의 핵심은 수용-생각-표현의 '트리비움'이다.

◎ 수용-문심혜두(文心慧竇) : 지혜의 구멍을 넓혀라.
정보 이해력을 준비하라. 나만의 단어 사전을 만들라. 교과서를 활용하여 다이제스트 독서를 이용하라.

◎ 생각-관주위보(貫珠爲寶) : 구슬이 서 말이라도 꿰어야 보배.
논리 사고력이야 말로 인간지능의 핵심이다. 분류, 비교, 분석을 한 후 다시 종합하는 훈련을 하라. 생각하고 또 생각하라.

◎ 표현-융합창의 : 하나님의 형상을 따라 창의 표현력 세우기
하나님은 말씀하시고 성경의 기자(記者)들은 기록했다.
반복을 통해서만 창의 표현력은 세워진다. '글을 읽고 글을 쓰는 환경'을 만들어야 한다.

◎ 크리스천에게 읽기 훈련은 선택이 아닌, 필수이다. 하나님의 형상을 회복하는 길이다.

Tip 4. 나만의 단어 사전 만들기

※ 문심혜두, 정보 이해력을 키우기 위한 첫 걸음으로 매일 단어 한 개씩!!

※ 낯선 단어를 만났을 때! 필수 STEP 4!
  ① 바로 사전을 찾지 않아요.
  ② 문맥 속에서 내가 생각하는 뜻을 적어봅니다.
  ③ 사전의 뜻을 찾아보고 나의 생각과 비교해 봅니다.
  ④ 나의 활용법을 생각하고 문장이나 말로 꼭 표현해 봅니다.

1 오늘의 단어 (인성)　　　○○년 ○○월 ○○일 ○요일

책제목	『하나님, 나도 꼭 될래요 1』	출판사	생명의말씀사	페이지	표지
쓰인 문장	하나님 나라 어린이들의 꿈과 인성을 위한 인물 이야기				
단어 뜻	(나의 정의) 사람 마음속의 성질 (사전적 정의) 1. 사람의 성품 2. 각 개인이 가지는 사고와 태도 및 행동 특성				
비슷한 말	인간성, 인격, 성품	한자	人	사람 인	
반대말	없음. 인성이 좋다. 나쁘다 등으로 표현		性	성품 성	
알게된 점	아하! 보이지 않는 마음 뿐 아니라, 보이는 태도나 행동 특성도 인성에 포함되는 구나!				
나의 활용법	"언니, 그래서 바른 인성을 기를 수 있겠어?"라고 언니에게 한 마디 하기				

4.

관계 좋은 아이가 되도록 도와주는 책 읽기
_ 인성을 세워주는 책 읽기

미래학자 앨빈 토플러는 "21세기 문맹자는 글을 읽고 쓸 줄 모르는 사람이 아니라 학습하고 교정하고 재학습하는 능력이 없는 사람"이라고 말했다. 아는 힘을 넘어 알아내는 힘을 갖춘 사람이 미래를 주도한다는 말과 다를 바 없다. 우리는 꿈과 지식, 지능의 중요성에 대해 살펴보았다. 그것을 향상시키는 독서학습에 대해서 이야기했다.

그것으로 충분한가? 세상을 상대하기 위해 크리스천들이 갖춰야 할 기본 자질은 무엇일까? 우리의 자녀가 하나님이 계획하신 '바로 그 사람'이 되기 위해 다른 무엇이 더 필요하겠는가?

크리스천의 독서는 하나님께서 주신 능력을 회복해가며 하나님의 사람이 되게 하는 배움이어야 한다. 그렇기에, 배우되 잘 배워야 한다. 책을 읽더라도 바르게 읽어야 하며, 말씀을 묵상할 때 더 깊은 묵상으로 나아가야 한다. 도산 안창호 선생은 '인물 될 공부'에 대해 이야기했다. 인물 될 공부는 세상의 엘리트 교육이 아니다. 하나님의 형상대로 창조된 이들이 오늘이라는 삶에 채워야 하는 것이다. 이는 모든 크리스천들의 의무요 하나님의 명령이다.

책 읽기를 통해 인성을 세울 수 있다

몸에 병이 들면 고치기 위해 노력한다. 식이요법을 통해 자연의 음식을 섭취하기도 하고 약을 처방받기도 한다. 사람과의 관계도 마찬가지다. 그 관계의 기초가 되는 것은 인성이다. 인성의 문제나 약함을 마음의 질병으로 여기고 몸의 병을 고치려 노력하듯, 관계의 문제 혹은 마음의 병을 치료하기 위한 노력을 해야 한다. 바른 인성을 세우는 일은 결코 쉽지 않다. 오랜 시간을 필요로 한다. 인성은 공동체의 삶 속에서 모범을 보며, 자라는 가운데 자연스럽게 체화된다. 그렇다고 그것만이 유일한 방법은 아니다. 누구나 적용 가능하며 효과적인 처방 중 하나는 인성을 세우는 데 적합한 책을 읽는 것이다. 그러니, 책이야말로 영혼의 양식이요 인성의 명약이라 할 수 있다.

좋은 책이란 사람의 변화와 성숙에 영향을 미치는 책이라 할 수 있다. 그 분야를 특정할 수는 없다. 자녀의 신앙적인 상태, 가치관, 태도 여부에 따라 책의 선택은 달라질 수 있을 것이다.

그럼 우리 자녀의 인성을 세워가기 위해 어떤 책을 읽게 해야 할까? 자녀의 부족한 품성의 영역을 살피는 것으로부터 시작하라. 배려가 부족한 아이에게는 배려를 주제로 한 책을 읽게 하라. 거짓말 하는 아이에게는 진실함을 주제로 한 책을 읽게 하라. 성실함이 부족한 아이에게는 성실의 중요성, 불성실이 가져다주는 결과에 대해 알게 하라.

책 몇 권 읽는다고 부족한 인성의 소유자가 갑자기 인격자가 되는 것은 아니다. 그러나 우리는 알고 있다. 책을 읽는 가운데 마음에 깃드는 좋은 내용이 사람에게 미치는 영향을 말이다. 좋은 생각은 가랑비에 옷 젖듯이 삶에 영향력으로 스며든다. 때로는 책의 한 문장, 한 꼭지의 이야기가 준 감동으로 인생 변화의 계기를 맞기도 한다.

인성의 기초는 사고하는 '인간지능'이다

어떤 이들은 '책 읽기를 통해 어떻게 인성을 세워갈 수 있는가?'하고 반문할 수 있다. 그들이 먼저 알아야 하는 것은 '인간의 인성은 지성과 지능을 바탕으로 한 것'이라는 사실이다. 지성과 지능이 인성에 미치는 영향에 대한 증명은 비교 증명과 부재 증명을 통해 가능하다.

최근 들어 반려동물에 대한 사람들의 관심이 늘고 있다. 이전에는 애완동물이라 부르던 개념을 넘어 이제는 인간과 반려하여 살아가는 존재로 인식되고 있다. 사람들이 자신과 함께 할 반려동물을 선택하는 일반적인 기준은 개인적인 취향, 동물의 지능 정도, 통제 가능성, 크기, 기르는 데 필요한 경제적인 조건 등이다. 코끼리가 지능이 높다고 하여 코끼리를 반려동물로 키울 수는 없다. 크기는 물론이요, 엄청난 먹거리를 감당하기는 쉽지 않다. 성난 코끼리를 제어할 수 있는가의 문제도 배제할 수는 없다.

그렇다면 통제 가능성과, 크기와 경제적인 부담을 제외하고 고려하는 최선의 조건은 지능이다. 어느 정도의 훈련이 가능하고 관계 형성에 문제가 없어야 한다. 한번 생각해보라. 고양이와 개에게서 지능을 제거시켜 보자. 주인을 알아보지도 못할 것이고, 그 동안 훈련하고 익힌 것들도 무용지물이 될 것이다. 이럴 경우 주인을 보고 경계할 뿐 아니라 동물의 본능적인 포악함을 드러내게 된다.

인간이라고 다르지 않다. 사람이 '사람'인 이유는 인성을 가지고 있기 때문이다. 우리는 흉악한 범죄를 저지른 사람을 향해 '인간 같지도 않다'고 말하곤 한다. 여기서의 인간은 '인성을 가진 존재'를 전제한다. 이는 동물과 차별되는 인간의 탁월한 지능을 전제한 것이기도 하다. 우리 인간에게서 지능을 제거했다고 하자. 지능이 없는 인간은 어떤 존재로 살아가게 될까? 인간에게 지능이 사라진다면, 그 순간 인간의 고유한 인성과 만물의 영장으로서 인간의 우월함은 사라지게 된다.

다시 강조하지만 책 몇 권 읽는다고 모두 훌륭한 인격의 소유자가 되는 것은 아니다. 다만 우리가 책을 읽는 이유가 지능을 발달시켜 탁월한 업적을 세우기 위함만이 아니라는 것을 말하고 싶은 것이다. 우리는 왜 책을 읽어야하는가? 나를 넘어 이웃을 돌아보고 좀 더 진실한 사랑의 삶을 살기 위함이다. 인간다운 인간, 인성을 세우는 일에 있어서도 책 읽기는 매우 중요한 영향력을 나타내 왔다.

요컨대 다양한 인간의 품성도 지능 없이는 존재하지 않는다. 철저히 훈련된 인간의 지능, 하나님이 디자인 하신 인간의 지능을 전제로 했을 때 인간다운 품성도 구현 가능한 것들이다. 크리스천의 책 읽기는 하나님이 디자인하신 지능을 훈련하는 책 읽기요 인성을 훈련하여 인격적인 존재로 세워가는 노력의 과정이어야 한다. 좋은 책은 착한 사람을 만든다는 사실을 기억하라.

반면에 나쁜 책은 선한 사람을 순식간에 악한 사람으로도 만들 수 있다. 그의 인격 자체에 변화가 일어나는 것이 아니다. 그들의 정상적인 지능 활동을 마비시켜 편향적인 사고를 하게 만든다. 사이비 종교에 빠지고 이단에 빠져 가족을 버리는 이들에게 어떤 일이 일어난 것인가. 잘못된 종교적 가르침이 그들의 사고 능력을 마비시켜 가족을 외면하게 만든 것이다. 이는 정상적인 사회생활을 불가능하게 만든다. 결과적으로 그들의 인격과 성품 자체가 변한 것과도 같은 결과를 초래한다.

그때 우리의 할 일은 하나님의 도우심을 구하는 기도와 함께 바른 정보와 지식으로 그들의 생각에 영향을 미치는 일이다. 사이비와 이단의 올무에서 벗어나는 일은 하나님의 은혜로 가능한 것이지만 그 과정 속에 바른 진리의 말씀이 그들의 잘못된 생각을 깨우치는 과정이 존재한다는 사실을 잊지 말아야 한다.

하나님의 은혜는 좋은 책을 읽는 과정을 통해서도 우리에게 역사하신다. 그것이 사실임을 안다면 독서를 결코 인간의 학습활동이라는 차원에서만 바라보아서는 안 될 것이다. 하나님의 축복의 통로요 하나님의 사람으로서의 능력을 회복하고 준비하는 영적인 활동으로 보아야 한다.

어떤 책을 읽어야 하는가

첫째, 성경이다.

우리나라의 독서 참여율이 다른 나라들에 비해 낮다는 것은 익히 들어 알고 있을 것이다. 안타까운 것은 크리스천들이 성경을 읽는 것도 마찬가지라는 사실이다. 신앙생활이라는 것이 성경만 읽었다고 의무를 다하는 것은 아니다. 그것은 했다고 자랑할 것 없는 일이고, 하지 않았다면 부끄러운 일이다.

성경 읽기는 기본이다. 성경은 하나님의 감동으로 된 것으로 교훈과 책망과 바르게 함과 의로 교육하기에 유익하기에 그렇다(딤후 3:16). 그 결과는 하나님의 사람으로서 인성이 세워지는 것이고, 영성의 성장도 그것을 기초로 한다. 아무리 좋은 책이 많다고 한들 성경을 대신할 수 있는 책이 존재하겠는가? 일반인들에게도 그러할진대 크리스천에게는 더할 나위 없다. 하나님의 말씀을 읽고 그 말씀에 귀 기울이는 자의 인성은 예수 그리스도의 인성을 닮아 가게 될 것이며 그것을 소망하게 될 것이다.

둘째, 고전이다.

고전은 세월의 풍파를 이긴 책들이다. 오랜 세월을 거치며 여러 시대 사람들의 인정을 받은 것은 그 책에 담긴 정신 때문이다. 인간의 욕망과 그 자연스러움에 압도되어 살아가는 군중들의 모습을 고전을 통해 보노라면 그 속에서 오늘날 우리의 모습을 보게 된다. 동시에 고민하고 갈등하며 인간으로서 순수함을 지키는 주인공들의 진실함속에서 인간의 가능성을 발견하게 된다. 고전이야 말로 상처 난 우리 인성을 치유하는 명약이라 할 수 있다.

셋째, 문학작품을 읽는다.

문학 작품 속에는 수많은 인간 군상들의 모습이 표현된다. 동화를 포함한 수많은 문학작품 속 허구의 세계는 우리의 현실을 반영한다. 그것을 읽음으로써 웃음과 눈물, 감동과 성찰, 뉘우침과 반성의 기회를 얻는다. 고전이 아닐지라도 문학작품을 통해 인간의 삶을 간접 경험 할 수 있다. 그렇기에 문학작품을 통해 자녀에게 가르쳐야 할 순종의 중요성과 나보다 약한 사람을 위한 배려의 필요를 발견하기도 한다. 문학 읽기는 점점 단절되어가는 세상 속에서 세상을 공유하며 인간다움을 회복하며 살아갈 수 있는 기회를 우리에게 제공해 준다.

넷째, 위인전기다.

위인전기의 위험성을 강조하며 전기 읽기를 반대하는 이들이 있다.

가장 큰 이유는 사실에 기반을 두어야 하는 위인전에 과장과 포장이 가득하다는 것이다. 나 또한 그러한 위험성이 있을 수밖에 없음을 인정한다. 그러나 위인전기는 고난과 실패, 절망과 좌절을 겪은 사람들의 이야기가 담겨있다. 단순한 고난과 실패의 극복기가 아니다. 위인들의 대부분은 사람들 모두가 바라면서도 선뜻 선택하지 못한 삶의 자리를 굳건히 지킨 삶이라는 공통점이 있다. 그러한 삶을 선택했기에 주어진 고난과 아픔이다. 위인들의 그러한 삶을 읽는 모든 이들의 마음속에는 그들을 향한 존경과 그 삶을 좇아 살아가기를 원하는 마음이 교차된다.

위인전기가 우리 마음속에 허황된 꿈을 자극할 수도 있다. 그러나 보다 풍요로운 삶을 살아가기 위해 감당해야 하는 고통과 세상의 풍요를 누리는 삶을 넘어서는 인간애의 소중함을 우리에게 전해준다.

자녀에게 위인전기를 읽게 하라. 함께 이야기 나누며 대화하라. 그들은 꿈을 꿀 것이고, 성공이라는 목표 이전에 세워야 할 인간됨의 성품에 대해 고민하는 이들이 될 것이다.

다섯째, '사람 책'이다.

책이 아무리 선한 영향력을 갖고 있다고는 하나, 현실을 살아가는 이들에게 가장 큰 영향력을 미치는 것은 공동체요, 공동체를 구성하는 사람들이다. 우리의 자녀를 둘러싼 사람들은 누구인가. 그들이 우리 자녀의 '사람 책'이라는 사실을 기억하라. 주위의 사람들을 마주하고 그들의 음성을 듣는 모든 순간이 자녀의 뇌리에 각인되는 '사람 책'

의 울림인 것을 잊지 말아야 한다.

자녀에게 좋은 공동체를 선물하라. 신앙 공동체, 사랑의 공동체, 학습 공동체로의 가정을 선물하라. 사랑과 기쁨, 수많은 사건과 사고 가운데서도 범사에 감사하는 부모의 모범을 보여주라. 부모의 삶은 그 어떤 책으로도 대신할 수 없는 영향력으로 자녀의 삶을 디자인 해 갈 것이다.

인성을 세우는 최선의 책 읽기는 건강한 부모와 함께 하나님의 말씀, 인류의 정신을 담은 책을 읽고 나누는 것임을 기억하라.

요약.
관계 좋은 아이가 되도록 도와주는 책 읽기

◎ 인성의 기초는 사고하는 '인간지능'이다.
  지성과 지능이 훌륭한 인성을 보장하지는 않지만, 지성과 지능은 인성의 바탕이 된다.

◎ 성경을 읽어라.
  성경은 하나님의 감동으로 된 것으로 교훈과 책망과 바르게 함과 의로 교육하기에 유익하다(딤후 3:16). 그 어떤 책도 성경을 대신할 수 없다.

◎ 고전을 읽어라.
  세월의 풍파를 이긴 고전 속에는 인생의 정신이 담겨 있다. 그야말로 상처난 우리 인성을 치유하는 명약이다.

◎ 문학작품을 읽어라.
  다양한 인간 군상을 담고 있기에 진실한 인간 관계가 단절돼가는 세상 속에서 인간다움을 회복하며 살아갈 기회를 제공해 준다.

◎ 위인전기를 읽어라.
  위인들은 모두가 바라지만 대부분의 사람들은 선뜻 선택하지 못한 삶의 자리를 지켜 온 사람들이다. 이야기를 함께 읽고 대화를 나눠라.

◎ '사람 책'을 읽어라.
  좋은 공동체, 신앙 공동체, 사랑의 공동체, 학습의 공동체로서의 가정을 자녀에게 선물하라.

5.

예수 닮은 아이가 되도록 도와주는 책 읽기
_ 영성을 세워주는 책 읽기

"공부하려는 사람은 반드시 어떻게 공부할 것인지 뜻을 먼저 세워야 한다. 반드시 스스로 성인이 되겠다는 목표를 세우고, 한 개의 터럭만큼도 자신의 능력을 낮게 보고 그 목표로부터 물러서거나 다른 일로 미루려는 생각을 지녀서는 안 된다."

율곡 이이 _ 독서의 목적

위의 구절은 율곡 이이의 『격몽요결(擊蒙要訣)』의 첫 번째 장 '입지(立志)'의 첫 소절이다. 바로 공부의 목적을 밝힌 구절이다. 율곡에게 '독서'는 성인(聖人)이 되기 위한 선택이었다. 독서함에 있어 자신을 의심하지 말고 물러서지 말며 미루지 말 것을 강조한다.

율곡은 공부의 4단계를 제시한다. 1단계 입지(立志), 2단계 혁구습(革舊習), 3단계 검신(檢身), 4단계는 독서(讀書)다.

1단계 입지(立志)는 공부의 뜻을 세우는 것이다. 공부 방향을 정하고 목적을 분명히 하는 것이다. 2단계 혁구습(革舊習)은 낡은 옛 습관에서 벗어날 것에 대한 강조다. 율곡은 잘못된 8가지 습관도 정의한다. 목적 없이 시간을 낭비함, 공부를 함에 있어서 다른 사람의 눈치만 살피는 태도, 잘못된 생활 태도를 가지고 살면서도 자신의 행동에 대해 긍정적인 평가를 일삼는 태도 등에 대해 나무란다. 3단계 검신(檢身)은 혁구습(革舊習)의 결과며 보호 장치다. 공부의 목적에 마음을 잡아매고 자신을 돌아보며 바르고 성실한 자세로 나아가라고 말한다. 그가 검신(檢身)의 자세로 제시하는 아홉 가지 사고 습관 '구사(九思)'는 옛 습관을 벗어버리는 혁구습(革舊習)과 검신(檢身)을 위한 구체적인 지침이다.

첫째, 시사명(視思明)은 보기에 세밀(細密)할 것을 말한다.

둘째, 청사총(聽思聰)은 듣기에 있어 중요한 것은 정확(精確)함이라 강조한다.

셋째, 색사온(色思溫)은 표정은 따뜻(溫和)할 것에 대하여,

넷째, 모사공(貌思恭)은 태도가 공손(恭遜)해야 함에 대해서 이야기한다.

다섯째, 언사충(言思忠)은 발언에 있어 충실(忠實)할 것을 당부하고,

여섯째, 사사경(事思敬)에서는 일에 집중(集中)하라 권고한다.

일곱째, 의사문(疑思問)은 의문은 질문(質問)을 통해 해결 할 것에 대해 말하고

여덟째, 염사난(念思亂)은 감정 표현에 신중(愼重)하라 권면한다.

아홉째, 견득사의(見得思義)는 이익 앞에서 정당(正當)해야 할 것을 강조한다.

입지(立志), 혁구습(革舊習), 검신(檢身)에 이어 율곡이 4단계로 강조하는 것은 독서(讀書)다. 앞의 세 개의 단계가 공부의 목적과 태도에 대한 준비 과정이라면 네 번째 단계인 '독서'는 본론에 해당되는 실행 과정이다. 그에게 공부는 책을 읽는 것이며 글을 쓰는 것이었다. 독서장에서는 읽어야 할 책의 단계별 목록과 그 이유도 자세히 소개한다. 율곡은 잡다한 책에 손대기보다는 오서(五書)인 『소학』, 『대학』, 『논어』, 『맹자』, 『중용』과 오경(五經)인 『시경』, 『예경』, 『서경』, 『역경』, 『춘추』를 정성을 다해 읽고 철저히 자신의 것으로 삼아야 함을 강조한다.

크리스천 _ 독서의 목적

율곡을 포함한 옛 선인들의 지혜를 보고 있자면 크리스천으로서 부끄러움을 느끼곤 한다. 공부에 대한 그들의 태도 때문이다. 그들은 임금과 신하, 부모와 자녀, 부부와 형제지간에 마땅히 지켜야 할 인륜과 천륜을 위해 독서에 힘썼다. 부모로 학자로 당연히

해야 할 일이라며 배움에 인생을 바쳤다.

크리스천은 어떠한가? 하나님과의 관계를 이야기하는 크리스천들이 배움에 충실하지 못하다. 독서와 글쓰기는 학교 공부라 규정짓는다. 그나마 영어, 수학 공부에 밀려 학창 시절에 독서를 충분히 누리는 것도 아니다.

독서를 포함한 공부는 한 개인의 문제가 아니다. 개인 이전에 공동체의 문제다. 교회와 가정의 신앙교육 시스템 자체를 혁구습(革舊習) 해내야 한다. 개인이 감당해야 할 몫이 있고 공동체가 제공하고 끌어줘야 하는 일이 있다.

문제의 핵심은 배움에 대한 잘못된 정의다. 오래도록 잘못 정의되어 온 것 중 대표적인 것이 '영성'의 정의다. 영성에 대한 잘못된 인식은 교회공동체의 왜곡된 모습으로 이어졌다. 말씀의 종교인 기독교를 이야기하지만 크리스천들 안에 성경은 상징으로만 남아 있는 듯하다.

율곡이이가 정의한 공부의 목적이 우리에게 있는가? 크리스천은 어떤 존재인가? 여호와를 힘써 알고 그리스도의 복음을 전 세계에 증거하며 가르쳐야 하는 존재다.

이러한 사명을 부여받은 크리스천들의 마음과 삶 가운데 하나님의 말씀이 소중히 여김을 받고 있는가? 이 물음에 나 나름의 열심이 있었으나, 그럼에도 목사로서 자신 있게 답할 수 없다. '하나님이 인정하시는 삶인가'라는 기준으로 바라본다면 나 또한 '혁구습(革舊習)'의 대상이 될 것이다.

율곡이 말하는 독서의 목적은 성인(聖人)이 되는 것이었다. 이는 그리스도의 복음을 알지 못하는 자의 독서에 대한 고백이다. 그의 고백이 크리스천들의 고백이어야 하지 않을까?

하나님의 사람이 되기 위한 삶의 목적을 세우고 그 방향을 향해 나아가는 길을 가로 막는 옛 구습은 무엇인가? 찾아서 벗어버려야 한다. 혁신이 필요하다. 나와 우리의 자녀가 하나님의 사람이 되기 위한 인생의 목적이 재점검되어야 한다. 하나님의 말씀이 내 안에 거하게 하기 위하여 말씀을 읽고 묵상하는 일, 독서를 통해 천지창조의 세계를 알아가고 나를 알아가는 일에 집중해야 한다.

율곡은 공부의 목적을 성인(聖人)이 되는 것이라고 했는데 그것이야말로 독서하는 크리스천들이 기억해야 할 독서의 방향성이다. 크리스천의 독서의 목적은 꿈과 지식, 지능과 인성을 세워주는 것을 넘어 영성을 세워주는 책 읽기여야 한다. 독서가 기독교 영성의 목적은 아니지만 그것을 향한 출발점이며 구체적인 오늘의 노력이어야 한다.

영성을 세워주는 책 읽기
_ 최고의 가치를 가져라

기독교의 영성은 최고의 가치를 갖는 것으로부터 시작되어야 한다. 감사하게도 우리에게는 답이 주어져 있다. 하나님의 말씀, 그분의 뜻을 내 안에 소유하는 것이다.

"너희가 내 안에 거하고 내 말이 너희 안에 거하면 무엇이든지 원하는 대로 구하라 그리하면 이루리라"(요 15:7).

여기서의 포인트는 '무엇이든지 원하는 대로 구하는 것'에 있지 않다. '구함의 응답과 이룸'에도 있지 않다. '우리가 예수님 안에 거하고 그 분의 말씀이 우리 안에 거하는 것'으로 출발해야 한다. 그것이 크리스천 최고의 가치며 영성의 출발이다.

기독교의 영성은 무엇인가? 그것을 정의하는 기준은 무엇인가? 우선, 인성을 정의하는 기준과 구분되어야 한다. 우리의 상식과 기준이 아닌 하나님의 뜻을 기준으로 정의해야 한다. 인간성을 기준으로 하면 영성은 특별성, 은사성으로 정의되곤 한다. 병 고치는 은사를 가진 사람을 탁월한 영성가라 말한다. 남다른 기도자의 모습을 가진 자를 영성이 뛰어난 이들로 받아들인다. 종교적 직분과 역할로 영성을 논하기도 한다. 이러한 것은 매우 인간적인 생각이다. 인간성에 준하는 탁월성과 독특성을 중심으로 영성을 이야기하다보면 기독교는 성경의 종교가 아닌 이교의 모습과 다를 바 없이 변해간다.

예수님의 삶과 그분의 말씀을 기준으로 해야 한다. 기독교의 영성은 말씀에 순종하며 남다른 길을 선택하는 크리스천의 고유성이다. 여기서의 고유성은, 남다른 길, 특별한 길, 탁월한 길과는 그 의미가 다르다. 그의 나라와 그의 의를 구하는 하나님의 길, 예수님이 가신 길이다. 자신의 뜻대로가 아닌 하나님의 말씀과 그분의 뜻에 순종하는 믿음이요 그러한 삶의 자세다. 기독교 영성을 소유한 자들이 가는 길은 많은 이들이 가려는 큰 길이 아니다. 남이 가지 않으려고 하는 십자가의 길이다. 인정받는 큰 길이 아니라 아무도 알아주지 않는 좁은 길이다(마 6:33, 7:13~14). 거짓 선지자들의 선택이 아닌 참 선지자들의 선택이다. 영웅의 길이 아닌, 순교자의 길이다.

 기독교의 영성을 내 삶의 중심으로 삼고 살아갈 수 있는 유일한 출발점은 분명하다. 하나님의 말씀인 성경으로부터 영성을 세워가는 여행을 시작해야 한다는 것이다. 흔히들 고전을 가리켜 '가장 널리 알려져 있지만 가장 읽히지 않는 책'이라고 말한다. 읽지 않는 이유야 여러 가지지만 가장 큰 이유는 읽기 어렵기 때문이다. 많은 이들이 이 시대의 흐름과 맞지 않다며 멀리한다. 독해력의 부족과 변화된 문화에 익숙해진 사람들은 고전의 가치보다는 베스트셀러의 대중성을 선택한다. 베스트셀러 자체가 잘못된 것은 아니다. 다만 오늘의 독서 흐름의 문제 가운데 하나인 점점 낮아지는 독서력과 독해력에 대한 이야기다. 그것으로부터 나온 결과가 한정된 영역의 책만 읽는 모습이다. 안타까운 것은 이 문제가 단순히 교회 밖 독서에 국한된 이야기가 아니라는 사실이다.

 성경은 세계 제일의 고전이며, 고전을 넘어 창조주 하나님의 말씀이다. 그 자체로 복음이고 생명의 언어다. 인생의 목적과 삶의 목표를 우리에게 전해준다. 그런데 현실은 그것을 반영하지 않는다. 가장 고귀한 것으로 고백하면서도 가장 읽히지 않는 책이 되고 있다.

영성을 세워주는 책 읽기의 시작은 성경을 읽는 것으로부터 시작해야 한다. 누군가는 "성경을 많이 읽는다고 모두 영성의 사람이 되는가?"하고 질문할 것이다. 맞다. 성경 읽기가 영성의 구성 요소임에는 분명하나, 그것 자체로 영성의 사람이 되는 것은 아니다.

그러나 기억해야 하는 것은 우리의 태도다. '성경을 읽는다고 영성의 사람이 되는가' 라고 반문하기보다는 성경으로 돌아가 그것을 읽는 일에 성실한 모습을 갖는 것으로부터 우리의 노력이 시작되어야 하고 그러한 태도를 가져야 한다. 성경을 많이 읽는다고 영성의 사람이 되는 것은 아니지만 성경을 사랑하지 않고 성경이 이야기하는 영성의 사람이 될 수 있는 길은 없기 때문이다. 기독교의 영성은 이적과 기적, 탁월함과 엘리트, 직분과 사역이 아닌 하나님의 말씀에 대한 순종이며 예수님을 닮아가는 삶의 걸음이다. 그 중심에 성경이 있다. 성경은 하나님의 말씀, 그분의 뜻이기 때문이다.

크리스천의 삶을 디자인하는
영성 독서의 네 가지 목표

크리스천이 독서에 힘을 쓰는 것은 더 나은 삶을 디자인하기 위해서다. 더 나은 삶이란 '영적인 존재로서 세상의 빛이라는 사명을 감당해 가는 삶'이다. 영성을 세우는 독서라고 하여 세상에 없는 내용과 방법에 대한 것이 아니다. 방향성은 기독교만의 특수성을 반영하나 학문으로서의 독서는 일반성에 준해 실행해야 한다.

중요한 것은 '크리스천 독서의 특별한 목적을 일반적인 독서 방법과 기술로 이룰 수 있느냐' 하는 것이다. 나의 대답은 '가능하다'이다. 도리어, 영성 독서의 목적은 독서 방법과 기술의 일반성에 새로운 의미를 부여할 수도 있다. 영성 독서의 구체적인 목표는 네가지로 정리해 볼 수 있다.

첫째, 사고력을 향상시키는 것이다. 크리스천은 생각하는 사람들이다. 세상을 바라보는 시각이 남다른 사람들이다. 그러기 위해서는 뛰어난 사고력의 사람들이 되어야 한다. 뛰어난 사고는 사물의 이치를 밝혀내고 진리를 분변하는 신앙의 도구다.

아무리 기도하는 자라고 할지라도 훈련된 사고력이 없다면 그의 성경 해석은 자기 소견에 옳은 부분 지식, 오류 지식에 지나지 않는다. 자기 뜻대로, 잘못된 성경 해석이 이루어지는 것은 기도하지 않기 때문만이 아니다. 사고를 훈련하지 않아 제한된 사고력으로 성경을 대하기 때문이다.

크리스천의 독서는 내용 습득의 통로만이 아니다. 하나님의 형상을 회복해 가는 과정 학습이어야 한다. 사고력의 핵심은 트리비움이다. (정보)수용력과 (지식)논리력, (창의)표현력의 프로세스는 하나님의 형상으로 창조된 인간의 특별성이며 고유성이다. 사고력은 정보 수용력과 지식 논리력의 사이를 이어주는 핵심 능력이다.

신앙독서의 사고력은 믿음의 가치를 전제한 능력이다. 믿음이 있어도 사고력이 없으면 하나님의 뜻을 분별할 수 없다. 물론 탁월한 사고력이 있다 할지라도 믿음의 가치를 갖지 못한 자가 하나님의 뜻을 깨달을 수는 없다. 그러나 믿음을 선물로 받은 크리스천들은 하나님의 말씀을 읽고 듣고 이해하기 위해 누구보다 탁월한 사고력을 가져야 한다. 그것을 위해 훈련해야 한다. 가정과 교회의 기독교교육은 이것을 목표로 삼고 노력해야한다.

사고력이 없는 '초월적 신앙'은 신앙의 중심에 하나님의 뜻이 아닌 자기 소견을 세워가게 된다. 그것은 결코 기독교 신앙이 아니다. 하나님의 말씀을 정보와 지식, 우리의 사고 안에 가둘 수 없다. 그러나 하나님은 그것을 통해 일하신다. 그 통로를 통해서 믿게 하시고 순종하게 하시며 가르치도록 명령하셨다. 문자라는 언어를 통해 하나님의 뜻을 전하기로 선택하신 분이 그분 자신임을 잊지 말아야 한다. 사고력을 세워가는 일에 게으르다는 것은 하나님의 이름을 망령되이 일컫는 행위다.

둘째, 다양한 분야의 독서를 통해 교양성의 기초를 다지는 일이다. 성경을 통해 진리를 선물 받은 크리스천들은 세상의 일들에 대하여 성경적인 목소리를 내야한다. 교회 안의 강자(强者)가 아닌 세상 속의 파워 크리스천이 되어야 한다.

크리스천에게 독서는 세상을 사랑하고 변화시키기 위한 앎의 노력이라고 할까! 크리스천들은 자신이 속한 분야를 넘어 세상의 다양한 주제들에 대하여 성경적인 의견과 정의를 내릴 수 있어야 한다. 그러기 위해 다양한 분야의 책을 읽어야 한다. 크리스천의 교양을 갖춰가야 한다.

교양성의 한계는 전문성이 약하다는 것이다. 잊지 말아야 하는 독서를 통한 교양성은 신앙독서의 요소이지 유일한 목표가 아니라는 사실이다. 인문학적 교양은 크리스천들의 초기값일 뿐 목표값이 아니다.

놀라운 것은 하나님은 교양독서를 통해 일해 오셨다는 사실이다. 교양독서를 통해 쌓은 교양이 하나님의 부르심의 목적과 내 삶의 무대를 찾아갈 수 있게 하는 마중물이 되어주기 때문이다. 크리스천에게 책 읽기는 하나님이 뜻하신 사명을 찾는 일이며 믿음의 진로를 디자인하는 일이다.

셋째, 영성 독서는 교양성의 기초 위에 쌓는 전문성을 지향한다. 무엇보다 성경의 전문가가 되어야 한다. 성경 연구는 목회자의 고유한 몫이 아니다. 모든 크리스천들에게 주어진 사명이다. 신앙생활의 연수가 더해감에도 성경적 교양 지식만 쌓여간다면 곤란하다.

오늘 기독교가 안고 있는 문제의 핵심도 크리스천들이 성경에 정통하지 못하다는 것이다. 이 점이 모든 영적인 문제의 출발점이다. 누군가는 '지식은 충분하나 실행하지 않는 것이 문제다'고 말할 것이다. 일면 맞는 말인 듯하나, 그렇지 않다. '지식은 충분하다'고 했지만 실은 지식이 바르지 못한 것이다. 하나님을 안다고 하면서 실행하지 못한다면 문제의 핵심은 실행하지 못함이 아니요, 온전히 알지 못함이다. 이는 성경적 지식의 축적에 대한 이야기가 아니다. 성경적 가치관, 신앙관, 직업관, 이성관, 문화관에 대한 이야기다. 나름대로의 이해가 아닌 하나님, 세상, 인간에 대한 바른 이해에 대한 이야기다.

크리스천은 성경을 읽고 연구하는 일에 힘써야 한다. 이 일은 설교를 1000편 듣는다고 해결되지 않는다. 제대로 성경을 읽어야 한다. 스스로 고민하고 갈등하며 성경 속 하나님의 뜻이 내 삶에 이뤄지고 있는지에 대해 묵상해야 한다.

크리스천의 전문성은 자신이 속한 분야 속에서도 열매 맺어야 한다. 관심주제가 정해지면 책을 읽고 연구하는 일에 힘써야 한다. 해당 분야 전문가와의 만남을 통해 책을 넘어 자신을 평가하고 확장된 세계로 나가야 한다.

무엇보다도 전문가적 태도로 삶을 디자인해야 한다. 계획표를 정하고 순서대로 따른다는 의미와는 다르다. 주어질 삶에 대해 질문을 던져보는 것이다. 나를 향한 하나님의 뜻이 무엇인지 궁구(窮究)하며 기도하는 삶의 태도다.

계획이라는 말에 대해 부정적인 시각을 가진 기독교인들이 있는데 이는 비성경적인 태도다. 하나님의 뜻, 그분의 계획, 작정과 섭리에 대한 교리가 오늘 우리의 무계획, 불성실의 근거나 핑계거리가 되어서는 안 된다. 기독인들의 실수가 바로 이 지점에서 발생한다는 사실을 기억해야 한다.

넷째, 영성 독서의 목표는 '사랑하며 나누는 삶을 살기 위한 것'이라는 사실이다. 위의 세 가지 목표의 자연스러운 지향점이다. '아는 만큼 사랑한다'는 말은 진리다. 하나님을 아는 자에게 약속된 축복이 있다. 그들은 순종으로 열매 맺는 삶의 사명을 부여받는다. 이론이 아닌 신앙의 실제다.

영성독서를 통해 '하나님-세계-인간'을 더 깊이 알아가며 더 깊이 있는 삶의 자리로 나아가게 된다. 영성 독서의 목표는 '크리스천으로서의 삶' 그 자체다. 믿음 안에서 사랑하며 나누는 삶이다. 그러기 위해 배움이 필요하다.

크리스천은 자신의 나약함을 핑계 삼지 말아야 한다. 예수님은 말씀하신다. '만일 형제가 죄를 범하고 일곱 번 네게 돌아와 회개하거든 너는 용서하라'(눅 17:3~4). 사도들은 감당할 수 없다며 '우리에게 믿음을 더하소서'라고 핑계한다. 지금 나의 믿음으로는 도저히 할 수 없는 고차원의 실천이라는 것이다. 예수님은 답하신다. '겨자씨 한 알만한 믿음이 있다면 가능한 일'이라고. '종들이 주인의 명령을 준행했다고 칭찬받고 사례 받는 것이 아니라 명령받은 일을 다 행한 후에 우리는 무익한 종이다, 마땅히 하여야 할 일을 했을 뿐이다'는 고백만이 있을 뿐이라는 것이다. 하워드 헨드릭스 교수는 말한다.

"영적인 성숙은 얼마나 많이 이해하고 있느냐가 아니라 얼마나 많이 사용하고 있느냐에 달려있다."

이 말을 변형해 본다면 "신앙독서의 목표는 얼마나 많은 지식을 채우느냐가 아니라 믿고 알게 된 지식을 삶에 적용하는 데 있다"고 이야기 할 수 있다.

진리를 배우는 구조를 만들고 그 안에 거하라

진리를 구해도 진리를 얻지 못하는 이들이 있는 반면에 진리를 구하지 않았음에도 진리 안에 거하는 자들이 있음을 우리는 주위에서 볼 수 있다. 왜 그러한 일이 일어날까? 그것은 그들이 그 진리를 배울 수 있는 구조 속에 들어와 있었기 때문이다. 인생에 있어 사회적인 환경과 가정환경은 물론 살면서 얻게 되는 만남도 이에 해당된다. 이 기초 위에 삶의 구조를 초월해 역사하시는 하나님의 역사하심이 있을 때 우리는 모든 일을 감당해 낼 수 있다.

크리스천 부모들은 자녀가 생활하는 공동체에 대해 고민해야 한다. 일주일에 한두 번 교회 가서 예배하는 것으로 '영적인 삶을 살았다'라고 이야기해서는 안 된다. 성경을 암송하고 가정예배를 드린 것이 나의 영성의 증거가 아니다. 가정 공동체가 살고 교회도 주일 공동체의 한계를 극복하며 삶의 공동체로서의 모습을 추구하여야 한다.

크리스천의 독서는 사고력을 향상시키며 교양성과 전문성을 세워, 결국에는 삶에서 영향력을 발휘하는 남다른 배움의 과정이어야 한다. 이것이 크리스천의 독서, 영성을 세워가는 독서학습이다. 오늘이라는 시간은 그 목표에 한 걸음 더 나아가는 인생 여정인 것이다.

독서가 영적인 사람을 세워가는 탁월함 도구임을 알고 훈련하는 이들에게 오늘은 자신을 변화시키고 이웃을 사랑하며 하나님의 나라를 이뤄가는 영적 전투의 삶이 될 것이다.

요약. 예수 닮은 아이가 되도록 도와주는 책 읽기

◎ 성경을 사랑하지 않고 '영성의 사람'이 될 수 없다.
기독교에서 말하는 영성은 이적과 기적, 탁월함과 엘리트, 직분과 사역이 아니다. 예수님을 닮아가는 삶의 걸음이다.

◎ 영성 독서의 목표 4가지!
첫째, 사고력의 향상 : 사고력 없는 '초월적 신앙'은 자기 소견을 내세운다. 사고력의 핵심은 하나님이 인간에게만 주신 트리비움이다.

둘째, 교양을 갖추기 : 인문학적 교양은 크리스천의 초기값이다. 하나님이 뜻하신 사명을 찾기 위해 다양한 독서가 이뤄져야 한다.

셋째, 전문성 갖추기 : 모든 크리스천은 성경의 전문가가 돼야 한다. 그것은 사명이다. 또한 자신이 속한 분야에서 전문성을 열매 맺어야 한다.

넷째, 사랑을 나누기 위한 삶 : 영성 독서의 목표는 '크리스천으로서의 삶' 그 자체다. 아는 만큼 사랑한다.

◎ 진리를 배우는 구조 안에 거하라 : 크리스천 부모들은 자녀가 생활할 공동체에 대해 고민하며 일주일에 한두 번 교회 가서 예배하는 것으로 만족해서는 안 된다.

Tip 5. 독서 QT 가이드

Q.T : QUESTION THINKING의 줄임말로,
하나님과 나만의 조용한 시간(Q.T : QUITE TIME) 가운데
질문하며 생각하며 살아가는 크리스천의 태도를 의미합니다.

독서 Q.T	○○년 ○○월 ○○일 ○요일	『왕자와 거지』 마크 트웨인(시공주니어), 813 (KDC)
독서 Q.T. = 책을 통해 얻은 교훈과 느낀 점 + 떠오르는 성경말씀 위의 생각을 연결 지어 믿음의 삶을 세워가는 신앙생활입니다.		
생각 나는 성경말씀	(아이가) 왕자가 된 거지처럼 우리도 죄인이지만, 이제 하나님의 아들 딸이 됐다는 구절	
	(엄마가) 여러분은 다시 두려워해야 할 종의 영을 받은 것이 아니라 하나님의 아들이 되게 하는 성령을 받았습니다. 그래서 우리는 성령님을 통해 하나님을 "나의 아버지"라고 부릅니다. (롬 8:15, 현대인의성경)	
핵심 어휘	신분 변화 옛습관 영향력	
내용(줄거리) 요약	어느 날 거지와 왕자가 만났고 두 사람은 옷을 바꿔 입기로 했다. 그 때 사람들이 들어와 왕자를 거지라고 생각하고 거지 소굴로 끌고 갔다. 그리고 거지는 궁전에 남아서 왕자로 살게 됐다. 두 사람의 신분에 변화가 일어난 것이다. 거지는 왕자와는 어울리지 않는 이상한 행동을 한다. 거지로 살던 옛 습관이 남아 있었기 때문이다. 사람들은 왕자가 정신이 이상해졌다고 생각한다. 거지가 되어 거지 소굴로 끌려간 왕자는 이제 자신이 영향력이 없다는 것을 알게 되고 백성들의 마음을 느끼게 된다. 그 후 왕자는 가지고 있던 옥새를 보여주어 다시 왕자의 자리를 되찾고 백성의 마음을 헤아리는 훌륭한 왕이 된다.	
글쓰기	왕자와 거지의 신분이 하루아침에 뒤바뀐다.	
	재미있는 것은 신분은 바뀌었지만 옛습관과 행동은 여전하다는 것이다.	
	거지는 왕자가 되었어도 행동과 습관은 여전히 거지스러웠다.	
	나는 예수님께서 십자가에 죽으심으로 성령을 통해 하나님의 자녀가 되었다.	
	그에 걸맞은 행동과 습관을 가져야겠다.	
	또한, 왕자는 거지가 되었기에 더 이상 영향력이 없고	
	거지는 왕자가 되었기에 영향력이 생긴 것을 보면서 느끼는 바가 컸다.	
	나도 하나님의 자녀로서 영향력을 끼치는 삶을 살고 싶다.	

4부

우리 아이 맞춤형 독서 기술 디자인
; 동기 세움, 태도 세움, 능력 세움의
　7가지 독서 기술

독서는 눈앞의 변화를 단숨에 이루기 위한 방법은 아니다. 그러나 과정의 진보를 확인하지 못한 채로 그 과정을 지속하기란 쉽지 않다. 자녀가 독서가로서의 길을 갈 때 지치지 않도록 부모인 동시에 친구가 되어주라. 힘들 때 앞에서 끌어주고 뒤에서 밀어주는 교사요, 노력하는 엄마가 되어주라. 이 일을 위한 엄마의 독서 연습은 자신을 변화시키고 자녀의 삶을 디자인하는 마중물이 되어줄 것이다.

1.

"책 좀 읽어라!"는 말 대신
_ 책 읽기가 싫다는 우리 아이 대처법

사람은 누구나 일을 하며 살아간다. 일에 대한 생각과 느낌은 사람에 따라 다르며 그리고 상황에 따라서도 다르다. 일이 많고 바쁜 이들은 일로 인해 지친다. 그럴 때면 일에서 벗어나고 싶어 한다. 쉼을 추구한다. 반면 일이 없는 이들은 일을 찾아 바쁘게 돌아다닌다. '할 일이 없으니 괴롭다' 고 말한다. 일로 바쁠 때는 그렇게 싫어하던 일이 이제는 그들의 바람이 되었다.

또한 일은 그저 일이 아니다. 일로 인해 기뻐하고 슬퍼한다. 즐거워하고 괴로워한다. 일 속에서 나를 발견한다. 정체성을 세워가는 것도 일하는 삶의 여정 속에서다. 살아가며 하는 모든 행위는 일이다. 사랑도 일이다. 배움도 일이며 나눔도 일이다.

인간의 네 가지 일

일은 인간의 의지를 중심으로 크게 네 가지로 분류할 수 있다. '하고 싶은 일', '하기 싫은 일', '해서는 안 되는 일', '해야만 하는 일'이다.

첫째, '하고 싶은 일'이다. 앞에서 강조한 엄마의 꿈도 하고 싶은 일에 대한 이야기다. 인간이 하고 싶은 일만 하면서 살 수는 없지만, 분명한 것은 하고 싶은 일을 하면 행복하다는 사실이다. 문제는 내가 하고 싶은 일이 무엇인지가 중요하다. 학생이 하고 싶어 하는 것 중 하나는 '인터넷 게임'과 '스마트폰을 가지고 노는 것'일 것이다. 동시에 그것이 인생을 살며 추구해야 할 진정한 행복이 아니라는 사실도 안다. 성인(成人)이 되어 직업을 선택할 때도 이 질문은 중요한 과제다. '하고 싶은 일을 선택해야 하는가', '잘 하는 일을 선택해야 하는가?' 하는 질문으로 고민한다. 잘 하는 일을 좋아한다면 큰 문제가 없지만 반대인 경우도 많기 때문이다. 대다수의 인간이 추구하는 행복은 '하고 싶은 일을 하고 있느냐 못하고 있느냐'의 문제 앞에서 결정된다.

둘째, '하기 싫은 일'이다. 자녀에게 공부는 하기 싫은 일일 때가 많다. 부모의 입장은 정 반대다. 이 지점에서 부모와 자녀간의 갈등이 시작된다. 균형을 잡기가 쉽지 않다. 대부분의 경우에 있어서 '해야만 하는 일'은 끝내 하지 않으면 결국 '해결 불가능한 문제'가 되어 삶의 짐이 되곤 한다. 바로 이것이 부모가 피하고 싶은 결과일 것이다.

셋째, '해야 하는 일'이다. 기준은 분명치 않다. 상황과 처지에 따라 입장과 태도는 달라진다. 자녀교육의 입장에서 공부는 '해야 하는 일'이다. 직장에서의 생활도 생존을 위해 '해야 하는 일'이다. 문제는 '해야 하는 일'이 원함이 아닌 의무로 주어질 때다. 의무가 원함이 되면 좋겠지만 많은 이들이 이 문제 앞에서 좌절한다.

'해야 하는 일'은 대부분 '옳은 일', '유익한 일'이다. '나를 위함'을 넘어 '모두에게 기쁨이 되는 일'이다. '하나님과 사람 앞에 사랑 받고 인정받는 것'은 '해야만 하는 일'을 수행했을 때 주어지는 결과다.

문제는 '해야만 하는 일'은 결코 쉬운 일이 아니라는 것이다. '부모가 되는 일'은 축복이지만 '부모로서 감당 해야만 하는 일'은 동시에 어려운 일이다. '기업의 CEO가 되는 일'은 직장인들 대부분의 원함이겠지만 그 자리가 요구하는 능력과 일은 결코 쉬운 일만은 아니다.

'해야만 하는 일을 수행'하고 성공적인 결과를 내는 것은 삶의 중요한 목표 가운데 하나다. 훌륭하다 일컬음을 받는 이들은 해야만 하지만 많은 이들이 선택하지 않은 일을 선택하고 고난을 감수하며 그 일을 지속한 이들이다. 해야만 하는 일은 약속된 결과가 큰 만큼 과정이 요구하는 것도 결코 가볍지 않다.

넷째, '해서는 안 되는 일'이다. 상식의 선에서 금하는 행위들이다. 하나님의 말씀도 '해야 할 일'과 '하지 말아야 할 일'에 관해 분명한 기준을 제시한다. 인간 역사를 살며 자연스럽게 마련된 기준들이기도 하다. '해서는 안 되는 것'을 하고 싶어 하는 이들이 있다. 그것은 부정적인 이기주의며 한 사람의 유익을 위해 수많은 이들의 불행을 담보한 선택이다. '해서는 안 되는 일'에 대한 규정은 우리가 관계 속에서 살아감을 전제한다. '해서는 안 되는 일'이 많이 행해질수록 관계 속에서 사람들은 아픔을 겪고, 그런 일들이 적을 수록 평화를 누린다.

'해야만 하는 일'이 자녀에게 '하고 싶은 일'이 되게 하는 법

자녀교육의 큰 방향성은 명확하다. '해야만 하는 일'을 수행할 수 있는 자녀로 키우는 것이다. 그러기 위해 필요한 것이 동기부여다. '동기부여'는 '해야만 하는 일'을 '하고 싶은 일로 바꾸어 가는 과정'이다. 이것은 교육의 중요한 방향성인데 그럼 어떻게 그 일을 이룰 수 있을까?

첫째, 독서를 통해서다. 인류의 스승들의 전기를 읽게 하라. 자녀가 관심을 가지고 있는 분야의 전문가들의 자서전이나 전기도 좋다. 책 읽기를 통해 인류의 스승은 자녀의 스승이 된다. 글이 된 그들의 인생은 한 사람을 변화시키기에 부족함이 없는 강력한 도구가 된다.

이때 부모가 해야 할 일은 때를 기다리는 것이다. '책 읽기가 아무리 유익하다' 한들 원하지 않는 이들에게는 불필요한 대상이며 과정이다. 부모가 원하는 시기를 앞당기기 위해 자녀와의 관계의 골을 깊게 만드는 어리석은 선택을 피하라.

그러나 항상 자녀를 책으로 인도하려는 시도는 지속되어야 한다. 책이 자녀의 손에 들리고 독서가 진행되면 생각보다 쉽게 자녀의 마음에 변화가 일어날 수도 있다. 독서의 신비는 사람을 변화시킨다는 것이다. 가벼운 마음으로 집어든 책의 구절들은 독자의 의지와 관계없이 마음을 움직이는 힘이 있다. 기회가 다가와 자녀의 손에 책이 들려지게 된다면 부모는 큰 지원군을 얻게 된다. 부모가 그토록 강조해도 알아듣지 못하던 이야기들을 깨닫는 일들이 일어나는 것은 불가능한 일이 아니다.

둘째, 관계를 활용하라. 사랑의 관계는 사람을 변화시키는 기회다. 사람은 누구나 사랑하는 사람의 말에 귀를 기울인다. 그러나 미성숙한 자녀의 경우 부모는 예외다. 부모에게 순종하는 자녀만 있다면 얼마나 좋겠는가? 실상은 그렇지 못하다.

결코 그들이 부모를 사랑하지 않아서가 아니다. 부모와 자녀의 관계는 특별함이 전제되어 있기에 다른 이들과는 비교할 수 없는 복잡성을 띠고 있다. 이 부분을 인정하고 문제를 풀어가야 한다. 자녀의 관계 속에서 그에게 영향을 미칠 만한 관계의 사람을 찾아라. 부모가 원하는 내용을 공유하고 도움을 받아라. 많은 경우 이 방법은 즉각적인 효과로 나타나곤 한다. 백번 천 번 이야기해도 듣지 않던 이야기를 사랑하고 존경하는 사람의 입에서 듣게 될 때 순종하는 경우를 보게 된다. 아이러니한 순간이지만 이것이 인생이다. 독서가 간접 만남이라면 직접 경험으로서의 만남을 활용할 것을 권한다.

2002년도로 기억된다. 여고 1학년 자녀를 둔 어머니가 찾아왔다.

딸이 영어, 수학 공부는 하지 않고 판타지 웹 소설만 쓴다며 걱정을 토로했다. 무한 요금제가 없던 당시, 외국 사이트에 전화 인터넷으로 접속하여 쓰는 비용이 매월 100만원을 넘어서는 상태였다. 부모는 통제할 수 없는 상황이라고 했다. 그래서 문제 해결을 위해 아이의 관심을 인정하기로 하셨다. 독서스쿨에서 제대로 책을 읽고 글쓰기를 진행해 간다면 태도의 변화가 있지 않을까하는 기대에서였다.

다행히 책을 읽고 글을 쓰는 것에는 익숙한 아이였다. 그러나 중요한 것은 읽기와 쓰기가 아니었다. 더 큰 문제는 부모와의 관계의 문제와 무너진 일상의 태도였다.

먼저 무너진 학교와 가정에서의 일상, 부모의 권위를 인정하지 않는 태도를 어떻게 풀어갈지에 대해 고민했다. 다행스럽게 그 아이와의 첫 만남을 통해 관계를 풀어 갈 공감대를 발견할 수 있었다. 그 아이가 가장 좋아하는 작가가 있었는데 기독교 작가인 김성일 장로였다. 마침, 이전에 연락을 취할 수 있는 계기가 있었기에 장로님께 연락을 드렸고 만남이 성사되었다. 사전에 그 아이의 전후 상황을 정보로 전달해 드렸다. 대화가 이어지고 시간이 얼마 지났을 때 장로님이 그 아이에게 말씀하셨다.

"○○야! 네가 장로님 작품을 좋아해서 수십 권을 한권도 빼놓지 않고 읽었다면서?", "네. 다 읽었어요!" "그럼『홍수 이후』라는 작품도 보았겠네?", "그럼요. 다 읽었지요.", "장로님이 그 작품을 어떻게 쓸 수 있었는지 알아? 그건 내가 공대출신의 작가였기 때문이야. 내가 듣기로는 너는 작가가 된다는 목표가 아주 명확하다고 들었어. 그런데 그것 때문에 영어와 수학을 아예 공부하지 않는다며? 그건 너의 미래, 작가로서의 활동 영역 중 하나 이상을 포기하겠다는 것과 다름없어. 너에게 주어진 일상에 최선을 다하면 작품을 구상할 때 좋은 글감이 되기도 한단다. 장로님이 생각할 때는 네가 학창 시절의 학교 교과목에도 어느 정도는 신경을 쓴다면 더 멋진 작가가 되지 않을까 생각이 든단다. 무슨 이야기인 줄 알지?"

아이는 연신 고개를 끄덕이며 스펀지처럼 장로님의 말씀을 귀담아 들었다. 이 한 번의 만남과 그분의 메시지는 이 아이의 태도를 180도 바꾸어 놓았다. 예전과는 달리 학교 공부에도 더욱 관심을 갖고 참여하게 되었다. 고3이 될 때까지 내가 지도하는 독서 모임에서 읽기와 쓰기도 함께 익히는 시간을 가졌다. 학교에서 최 하위권에 머물던 그 아이는 미국에 있는 대학에 진학했고 이스라엘 히브리대학원에 진학하기까지 학업을 이어갔다. 대학 시절에는 자신이 쓴 소설 세 권을 들고 찾아오기도 했다.

그 아이를 바꾼 것은 책과 글쓰기만이 아니었다. 사랑과 존경의 관계가 변화의 기회로 작용했다. 사랑하는 사람에게서 나오는 정보는 상대의 마음을 울리고 변화시킨다. 당신의 자녀에게 사랑과 존경의 대상이 있는가? 그는 누구인가? 가까운 지인일 수도 있고 공인 일수도 있다. 그들과의 만남, 교제의 시간을 만들어라. 이 일의 중요성을 알고 준비하여 활용하라. 그들에게 아이에게 들려줘야 할 내용을 공유하고 진심을 담아 부모의 지원군이 되어 줄 것을 부탁하라. 이 작은 관계가 사람을 바꿀 수 있다는 사실을 안다면 그 과정의 어려움과 난관은 감당할 가치가 있다.

존경의 대상이 없는가? 그 아이에게 존경의 대상을 만들어 가는 것도 부모가 감당해야 할 일 중 하나다. 자녀의 마음을 마음대로 할 수 없지만 그러한 기회를 만드는 것은 부모의 노력 여하에 달려있다. 또래 친구들을 넘어 자녀를 사랑하고 부모의 마음으로 권면할 수 있는 어른 친구를 두어라. 그들과의 관계가 책 읽기 싫어하는 아이의 문제뿐만 아니라 질풍노도의 시기를 걷는 자녀의 삶의 균형을 잡아주는 계기가 될 것이다.

셋째, 결과를 보여주라. 그들에게 다가 올 미래의 현실을 보여주는 것이다. 먼저, '하고 싶은 일'만을 했을 때의 결과를 보여주라. 백문이 불여일견이라는 말은 이때를 위함이다. 한 번의 시도로 자녀의 마음을 다잡게 할 수는 없겠지만 교육의 과정 속에서 시도해야 할 매우 중요한 부분이다. 해야만 하는 일을 했을 때의 결과도 보여주라. 힘들지만 성실하게 주어진 일, 감당해야 하는 일을 인내하며 수행한 사람들의 삶의 결과를 보여주라.

자신이 가야 할 목표에 다가선 사람들의 모습은 동기를 부여해준다. 외부의 자극을 통해 내면의 동기를 세워가는 일은 교육에 있어서도 중요하다. 모든 일의 시작은 동기로부터 시작되기 때문이다. 어떤 방법을 통해서든 해당 분야의 전문가가 쓴 자서전을 읽게 하라. 그것조차 하기 싫어한다면 유튜브의 다양한 콘텐츠 가운데 해당 영상을 찾아 함께 보고 대화를 나누는 일로 시작하라. 한 분야 전문가의 강연회를 직접 찾는 것도 방법이다. 아이의 목표와 관련하여 결과를 보여주는 것은 두 번째로 말한 '관계 활용'과의 유사점이 있다. 좋아하는 이들과의 관계를 통해 정보를 전달하고 동기를 부여한다는 점이다.

동기란 이유를 갖는 것이다. 무엇을 해야만 하는 이유를 자신 안에 소유하는 것이다. 방법과 기술은 그 다음 문제다. 자신이 가고자 하는 길을 먼저 간 사람들의 이야기를 듣다보면 자신의 오늘을 돌아보게 된다. 내일을 꿈꾸게 된다. 해야 함에도 하기 싫어했던 일들을 스스로 선택하는 것, 쉬운 일은 아니지만 불가능한 일만은 아님을 기억하라.

넷째, 자녀와 대화하라. 자녀에게 존경받는 부모가 된다는 것, 너무 당연하면서도 가장 힘든 일이다. 아이들에게 부모의 이야기는 잔소리일 수 있다. 어쩔 수 없는 사실이다. 그렇다고 포기해서는 안 된다. 부모가 살며 세워 온 가치를 자녀에게 전달해야한다. 그 어떤 것보다 물려 줄 가치 있는 무형의 상속 재산이다. 물질은 없어져도 가르침의 내용은 자녀의 삶을 지탱하는 뿌리가 되어 준다.

자녀의 인격을 존중하며 대화를 이어나가라. 다만, 사랑의 권면과 분노의 폭발이 같을 수는 없다. 부모의 권위로 자녀의 자존심에 상처를 주지 말아야 한다. 부모의 바람만을 생각하다 자녀의 형편, 준비되지 않은 아이들의 부족한 초기값을 외면하는 실수를 피하라. 인내가 요구되는 순간이다. 당장은 아니어도 자신이 존중받고 있음을 알면 아이들도 마음을 열기 시작한다. 그때 부모의 말은 잔소리가 아니다. 예전에도 듣던 같은 말이지만 자녀의 변화를 이루는 중요한 정보가 되어 자녀의 진보를 이룬다. 그때 자녀에게 이야기하라.

하나, 사람들과 더불어 살며 사랑받고 인정받는 것의 즐거움과 행복을 이야기하라.
둘, 책 읽기가 나를 사랑하며 이웃을 사랑하는 행위요, 인정받는 사람으로 살아갈 수 있는 최선의 기회를 제공함을 이야기 하라.
셋, 부모의 책 읽기 실패와 성공사례를 나누며 나이 들어가며 자신이 책 읽는 삶을 살아가는 이유에 대해 이야기 하라.
넷, 책 읽기를 통해서 이룬 진보, 인정받았던 경험을 이야기하라.
다섯, 자녀에게 이야기한 책 읽기의 결과인 인정받는 작은 경험을 자녀에게도 경험하게 해줘야 한다.

독서를 통한 변화는 눈앞의 결과를 단숨에 이루기 위한 시도는 아니다. 그러나 과정의 진보를 확인하지 못한 채로 지속하기란 쉽지 않다. 자녀가 독서가로서의 길을 갈 때 지치지 않도록 부모인 동시에 친구가 되어주라. 힘들 때 앞에서 끌어주고 뒤에서 밀어주는 교사요, 노력하는 엄마가 되어주라. 이 일을 위한 엄마의 독서 연습은 자신을 변화시키고 자녀의 삶을 디자인하는 마중물이 되어줄 것이다.

요약.
"책 좀 읽어라!"는 말 대신

◎ '하고 싶은 일', '하기 싫은 일', '해야 하는 일', '해서는 안 되는 일' 의 사이에서 인간은 살아간다.

◎ '해야만 하는 일'이 자녀에게 '하고 싶은 일'이 되게 하는 법.
첫째, 인류 스승들의 전기를 읽게 하라.
둘째, 사랑과 존경의 관계를 활용하라.
셋째, 결과를 보여주라.
넷째, 자녀와 대화하라.

◎ 자녀와의 나눠야 할 대화의 주제
첫째, 부모의 책 읽기 실패와 성공사례를 나눠라
둘째, 부모가 책 읽는 삶을 살려고 하는 이유를 말해주라.
셋째, 책 읽기가 나와 이웃을 사랑하는 행위이며 인정받는 사람으로 사는 최선의 기회를 제공한다는 것을 이야기 하라.
넷째, 책 읽기를 통해 진보를 경험했거나 인정을 받았던 것을 말해주라.
다섯째, 자녀도 책 읽기의 결과로서 일상에서의 작은 진보와 인정 받음을 경험할 수 있도록 도우라.

◎ 이를 위한 최선의 방법은 엄마 스스로의 독서 연습이다.

2.

"만화책 그만 봐"라는 말 대신
_ 아이가 좋아하는 책으로 시작하는 마중물 독서

누구나 어릴 적에는 만화로 바다를 탐험했고 우주를 넘나들었다. 만화 속 주인공을 보며 미래의 모습을 꿈꾸기도 했다. 현실의 불가능이 만화에서는 모두 가능했다. 성인이 돼서 어릴 적 읽던 만화를 찾는 것도 이러한 향수 때문이다.

위인들 중 도서관 책장의 모든 책을 섭렵했다는 이들이 있다. 나도 그랬다. 다만 그것이 만화 책방의 서고였다는 점이 다르다. 좋아하는 모든 작가의 책을 섭렵했다. 이현세, 박봉성, 허영만, 고행석, 황미나의 작품을 좋아했다. 신간 나오는 날만 목이 빠져라 기다렸다. 신문의 네 칸 만화도 빼 놓지 않고 읽었다. 스포츠 신문의 일간, 주간 연재되는 만화는 일상의 빼 놓을 수 없는 즐거움이었다.

요즘은 학습만화가 대세다. 어느새 출판시장의 큰 흐름이 되었다. 학습만화는 예전에도 있었다. 그러나 지금은 예전과는 사뭇 다른 분위기다. 만화방을 가야 볼 수 있던 만화가 가정의 책장을 가득 메우기 시작했다. 베스트셀러 목록에 빠지지 않고 이름을 올리는 것도 학습만화다. 영어, 수학, 한자, 과학, 역사, 인물 등 만화로 그려지지 않은 주제는 찾아보기 힘들다. 성경도 예외는 아니다. 다양한 형태의 만화책으로 그려진다. 성경을 읽지 않는 자녀가 만화로 나마 진리를 마주하기를 바라는 마음에서 일 것이다. 부모들이 학습만화를 구입하는 이유도 다르지 않다.

만화를 반대하는 두 가지 이유

대부분의 부모들은 자녀의 만화 독서를 탐탁지 않게 여긴다. 여러 가지 이유로 반대하지만 크게 두 가지로 정리할 수 있다.

첫 번째, 만화의 중독성 때문이다. 이미지는 자극적이며 스토리에 재미까지 담아낸다. 만화의 이러한 요인들이 자녀로 글 밥이 많은 글 책 보기를 꺼리게 만든 다는 것이다.

두 번째, 내용의 왜곡이 일어난다는 것이다. 재미를 강조하고 이미지 중심으로 가다보니 내용도 부실하고 사실이 왜곡될 우려가 있다고 걱정한다. 학습만화 자체를 나쁘다고 말할 수는 없다. 그러나 내용이 부실하고 유해한 만화책이 많이 양산되고 있는 것 또한 부정할 수 없는 사실이다.

내가 저술한 독서법 책을 학습만화로 출간하는 문제로 출판사 관계자와 이야기 나눈 적이 있다. 학습만화 편집자는 말한다. "학습만화는 주된 콘텐츠의 내용 20%에 80%의 스토리를 입혀 탄생하게 됩니다." 한마디로 본 내용은 20%고 나머지는 재미를 위한 구성이라는 것이다. 이러한 우려되는 만화독서의 요소들 앞에서 부모는 어떤 선택을 해야 하는가? 모든 만화를 금지할 수도 허용하기도 어려운 상황 속에서 가장 지혜로운 선택은 무엇일까?

만화독서의 문제점은
만화를 본다는 데 있지 않다

어떤 문제가 있다고 하자. 영역을 불문하고 문제를 해결하기 위해서는 문제에 집중해서는 안 된다. 문제가 아닌 문제점을 해결해야 한다. 병에 걸려 병원을 찾으면 의사는 병의 원인을 찾는다. 문제점이 해결되면 문제는 사라진다.

독서를 하지 않는 자녀, 만화책만 읽는 자녀의 문제도 마찬가지다. 문제에 집중한다고 해결되지 않는다. 만화를 본다는 행위 자체를 해결하려 할 때 선택지는 많지 않다. 금지하거나, 시간을 조절하는 것 외에는 없다. 그것조차 임시 처방이다. 진정한 문제 해결을 위해서는 문제점을 찾아야 한다. 그 문제점에 해결을 위한 조치를 취해야 한다.

모든 문제가 그렇지만 문제점은 관심과 동기로부터 찾아야 한다. 사람은 누구나 동기를 따라 움직이기 때문이다. 동기가 부여되면 고난도 마다하지 않는다. 인간에게 동기를 부여하는 요인은 크게 세 가지다. 첫째는 과정의 즐거움이며 둘째는 결과로서의 성취다. 마지막 세 번째는 그 일이 갖고 있는 가치와 의미다.

아이들이 책을 보지 않는 이유는 단순하다. 재미없기 때문이다. 즐겁지 않는데 그 행위를 할 이유가 없다. 어쩌면 재미없을 것이라고 미루어 짐작한 결과일 수도 있다. 책을 읽는다고 성적이 오르거나 당장 돈이 되는 것도 아니다. 게다가 그들은 독서의 의미도 제대로 알지 못한 상태인 경우가 대부분이다. 만화를 좋아하는 이유 또한 마찬가지다. 재미있기 때문이다. 그들에게는 독서가 가져다주는 결과로서의 성취나 의미보다 당장의 재미가 더 중요하다.

부모의 입장은 다르다. 독서가 가진 가치와 의미를 더 중요하게 여긴다. 이 지점에서 자녀의 만화책 읽기는 문제가 되어 버린다. 재미를 좇아 독서하려는 자녀와 독서의 가치와 의미를 추구하는 부모 사이의 불협화음이다. 이때 부모가 잊지 말아야 하는 것은 만화 책 읽는 것 자체를 문제로 보아서는 안 된다는 사실이다. 부모의 생각은 옳고 아이들의 선택은 잘못되었다는 생각 자체가 더 문제일 수 있다. 다만, 어느 한편으로 치우치지 않도록 균형을 잡아주는 역할을 해야 한다.

앞서 소개한 홈스쿨링 중인 나의 두 딸 중 첫째는 흔히 말하는 FM(Field Manual)이다. 아빠의 지도에 따라 읽고, 쓰고 생각하며 학습에 임했다. 때로는 하나를 가르치면 둘 셋을 소화하며 주변 사람들에게도 모범을 보여 왔다. 한마디로 모범생으로서 우여곡절 없는 청소년 시절을 보내고 있다.

둘째는 다르다. 11살인 지금도 쓰기는 고사하고 읽기에도 관심을 보이지 않고 있다. 시간을 내어 읽는다 싶으면 열이면 열 만화책이 손에 들려있다. 다행스러운 것은 둘째와 첫째를 바라보는 시선, 학습에 대한 부모로서의 플랜(plan)이 달랐다는 것이다. 둘째의 오늘을 첫째 딸이나 다른 친구들과 비교하며 판단하지 않았다. 있는 모습 그대로 받아들였다. 지금의 상태를 영점으로 삼아 다음을 준비 중이다. 책을 많이 읽지 않아도, 만화책만 본다고 해도 큰 문제 없다.

다만 신경 쓰는 두 가지 부분이 있다. 먼저는 삶의 방향성으로서의 신앙과 인생의 가치, 목적적인 지식을 아이에게 세워주는 것이다. 책을 통해 그 가치를 세워 줄 수 있다면 좋겠지만 읽기가 준비되지 않았다면 말하기와 듣기, 대화를 통해 시작하면 된다. 다행스럽게 둘째 딸은 부모와의 대화를 좋아한다. 구원, 믿음, 죽음, 사랑과 우정, 연애 등에 대해서도 깊이 있는 대화를 나누곤 한다. 때 이른 주제일 수 있는 키워드들도 밖에서 주워듣고는 묻곤 한다. 놀라기 보다는 아이의 눈높이에서 그 주제를 충분히 다루려고 한다.

신경 쓰는 두 번째 부분은 앞 장에서 다룬 바 있는 트리비움의 능력을 세워가는 것이다. 삶의 신앙관, 가치관을 세워가는 것과 마찬가지로 트리비움의 역량을 세워가는 것은 하루아침에 이룰 수 없다. 트리비움의 역량은 수용과 논리, 표현의 수없는 반복과 수정, 보완을 통해 향상되어 간다. 비록, 책 읽기를 좋아하지 않고 쓰기를 멀리하더라도, 현재의 읽기가 만화책에 머물러 있더라도 이 두 가지만큼은 양보하지 않는다. 일상의 대화를 통해, 주고받는 대화의 질을 높여가며 그 역량을 훈련하고 준비시키는 일에 최선을 다하고 있다.

그래서인지 어려서부터 읽기와 쓰기를 했던 첫째의 그 시절보다 지능이 부족하다고 여겨지지는 않는다. 도리어 표현력은 언니보다 더 뛰어날 정도다. 표현 속에 세워져 있는 논리도 책 읽기를 좋아하지 않고 뛰어 놀기를 좋아하는 11세 아이라고는 생각되지 않을 정도로 질서 있고 구조적인 사고체계를 갖추고 있다. 그렇다고 읽기와 쓰기에 대해 손을 놓고 있는 것은 아니다. 둘째에게 읽기와 쓰기의 중요성에 대해서는 분위기를 보아가며 항상 강조한다. 부모로서 때와 기회를 잡기 위해 안테나를 높이 세웠다고나 할까!

동기를 부여하는 책 읽기, 이렇게 시작하라

자녀에게 책을 읽게 하기 위한 첫 번째 단계는 책을 읽어야만 하는 이유를 선물해 주는 것이다. 다시 말해, 동기부여가 필요하다. 내적 동기부여가 되어 있지 않은 자녀에게 강한 외적 동기부여가 필요하다. 독서가 가져다주는 놀라운 변화와 그 진정한 가치를 깨닫게 해줘야 한다. 독서의 진정한 의미를 깨달은 사람에게 독서는 전혀 새로운 차원으로 느껴진다. 그렇게 재미없던 독서에서 다른 차원의 재미와 즐거움을 발견하게 된다.

자녀가 책 읽는 사람이 되기를 바라는가? 동기를 부여하라. 동기에 있어 가장 중요한 요소는 재미와 즐거움이다. 그들이 알지 못하는 독서의 즐거움을 깨달을 수 있는 기회를 만들어라. 읽어야 할 이유가 없는 이들에게 부모가 '외적 동기부여자'가 되어야 한다. 동기라는 문제점이 해결되면 고민하던 문제는 어느 샌가 사라진다.

책 읽기 싫어하는 아이, 만화책만 보려는 아이들의 독서지도는 어떻게 접근해야 하는가?

첫째, 아이들의 관심사를 중심으로 책을 선정하라. 비윤리적, 비도덕적, 신앙적으로 '엄청난' 문제가 없다면 어떤 주제도 가능하다. 만화책도 마찬가지다. 큰 문제가 없다면 허용하라. 마음에 들지 않는 부분이 없을 수는 없겠지만 잠시 기다리자. 책 읽기가 동기 없이, 즐거움 없이는 진행될 수 없는 과정임을 기억하자. 그런 상황에서 만화책이라도 관심을 갖는다면 얼마나 감사한 일인가! 그 상태가 만족스럽다는 것이 결코 아니다. 출발점이라는 사실을 기억하자는 것이다. 그리고 지도하라. 지도란 아이들 스스로 감당하기 조금 어려운 과제를 수행함에 있어 그 '조금'을 도와주는 것이다. 만화독서를 통해 효과적인 사고력 향상은 어렵지만 정보력을 키우는 독서로 만화는 매우 효과적이다. 정보력과 사고력을 키우는 독서에 대해서는 이후 자세하게 다룰 것이다(p.210 이후 내용을 참고하라).

둘째, 변화를 위한 징검다리를 아이들 앞에 놓아두자. 중요한 것은 그들이 관심을 갖는 주제다. 그 주제를 알아가는 도구로 만화가 선택될 수도 있다. 아이의 오늘의 초기값을 인정하자. 그곳으로부터 아이들의 관심 영역을 조금씩 확대해 나가자. 아이의 관심주제로 그려진 만화책 옆에 그와 같은 주제의 글 책을 가져다 놓아라. 연관되는 주제의 책도 가능하다. 시간이 지나며 아이들이 좋아했던 것이 만화만이 아니었음을 알게 될 것이다. 자신이 관심가진 주제의 책을 수준에 맞추어 단계별로 제시하는 것이 중요하다.

지혜는 '좋은 것과 중요한 것과 먼저 할 것을 알고 준비하며 실행하는 것'이라 정의할 수 있다. 아이들이 책을 읽는 일에 있어서 당장은 지혜롭지 못할 수 있다. 부모가 생각하기에 좋은 책, 중요한 책, 먼저 읽어야 할 책을 멀리할 수도 있을 것이다. 다시 말하지만 기다리자. 그래서 지도가 요구된다. 필요한 것은 부모의 지혜다. '좋은 것'과 '중요한 것'을 강요하지 말자. 동기부여 되지 않은 이들에게는 진리도 소용없다. 오늘의 현실을 인정하며 그들 스스로 '좋은 것'과 '중요한 것'을 볼 수 있도록 지도하자. 그들이 오늘 선택한 책의 형태가 만화여도 좋다. 그 내용이 부모 마음에 들지 않아도 상관없다. 오늘이 아닌 다음을 위한 계획 속에 아이들이 딛고 건너갈 징검다리를 놓아주자. 부모의 기다림과 지도 가운데 시간은 아이들의 변화를 가져다 줄 것이다. 과정의 진보를 통해 아이들의 관심사도 확장 될 것이다. 독서에 있어 중요한 것은 아이들이 만화를 보지 않도록 하는 것이 아니다. 좋은 책을 읽게 하는 것이다. 책 자체를 보게 하는 것이 목표는 아니다. 책을 잘 읽어 낼 수 있는 자녀로 세워가는 것이다.

셋째, 만화 없는 환경을 디자인하라. 만화가 나쁘다는 것이 아니다. 만화의 특성을 이해하자는 것이다. 만화는 생각 없이 독서하는 태도를 갖게 하곤 한다. 어른도 예외는 아니지만 아이들의 경우는 더욱 심하다.

집에 만화 전집을 잔뜩 쌓아놓고 만화독서의 위험에 대해 이야기해서는 안 된다. 자녀의 독서습관을 들이는 과정에서는 환경조성은 더욱 중요하다. 내적 동기도 외부적 환경의 영향을 받기 마련이다. 만화를 금지하는 것이 아니다. 독서의 불문율을 세워가자는 것이다. 말하지 않아도 지켜야 하는 독서의 선, 질서를 세우자는 것이다. 독서에 있어 중요한 것은 균형의 유지다.

현실을 인정하자. 자녀가 나아갈 방향을 분명히 하자. 그리고 그들이 딛고 건너갈 징검다리를 그들 앞에 놓아두자. 지금 당장은 부모의 도움 없이 이 모든 일을 스스로 해내기 힘들 것이다. 그러나 이 과정을 거친다면 얼마 지나지 않아 외부적인 동기부여가 아니라 내적 동기부여와 결단에 의해 좋은 것과 중요한 것을 선택하는 변화와 성숙으로 나아갈 것이다. '만화책 그만 봐'라는 말 대신 그들의 나아갈 방향을 함께 찾고 징검다리가 되어주며 함께 나아가는 부모가 되는 것이 주어진 문제 앞에서 우리의 최선이다.

요약. "만화책 그만 봐!"라는 말 대신

◎ 만화 독서의 문제점은 '만화책을 읽는 것' 자체에 있지 않다. 오히려 '부모의 생각은 옳고 자녀의 생각은 잘못됐다'고 여기며 접근한다면 그것이 더 큰 문제다.

◎ 균형을 잡도록 도와주고, '트리비움'의 능력을 기르도록 돕는 것에 집중하라. 말하기와 듣기, 즉 대화를 통해서도 어느 정도 가능하다.

◎ '엄청난' 문제(폭력성, 선정성 등)가 없다면 만화책도 허용하라. 부모 마음에 들지 않아도 허용하라. 기다려라. 즐거움이 없다면 책 읽기는 시작될 수 없다. 만화책 옆에 관련된 주제의 줄글로 된 책을 놓아두라.

◎ 중요한 것은 자녀의 관심사이다. 부모의 기다림과 지도와 사랑 속에서 관심사를 확장해 가도록 지도하라.

◎ 만화책 없는 환경을 점차적으로 디자인하라. 만화가 나쁜 것만은 아니지만 깊이 생각하는 독서로 성장하기 위해서는 만화책이 없는 주변 환경을 만들어야 한다.

Tip 6. 책 읽기 징검다리 놓기 - 게발선인장 꽃 피우기 프로젝트!

※ '게발선인장' 이름도 재밌지만, 전혀 꽃이 피지 않을 것 같은 비주얼에서 붉은 꽃이 피어요!

STEP 1. 게발선인장 사진을 포털사이트를 이용해 찾아본다. 프로젝트에 대해 가족회의를 한다.
자녀의 성향에 따라 '자신의 화분에 먼저 꽃피우기 시합'을 해도 좋고, '협력하여 함께 꽃피우기 프로젝트'를 해도 좋습니다.

STEP 2. 서점이나 도서관에 가서 식물도감 혹은 선인장 관련 전문 서적을 찾아 구입 혹은 빌린다.
가능한 오프라인으로 함께 갈 것을 권합니다. 사람은 실제 경험하는 것을 더 생생하게 오래 기억해요. '책 읽기를 위한 징검다리'인 것을 잊지 말고, 다른 것을 함께 이용하더라도, 반드시 책을 포함해 정보를 찾게 합니다.

STEP 3. 책을 통해 게발선인장에 관한 정보들을 찾아 메모를 해보거나 표를 만들어 보는 등 학습하는 시간을 갖는다.

STEP 4. 프로젝트를 위한 행동지침을 세워서, 종이에 쓴 후 집 안에 붙인다. 반드시 생활할 때 잘 보이는 곳에 붙여야 한다.

STEP 5. 실천한다! 프로젝트는 성공해도 실패해도 과정 가운데 배움과 성장을 경험하고 추억을 얻는다.

※ '엄청난' 문제의 콘텐츠가 아니라면 어떠한 관심사로도 프로젝트는 가능해요. 사춘기 자녀도 부모의 진심어린 권유에 반응하기 마련입니다.

3.

"그것도 못 읽니?"라는 말 대신
_ 아이를 탓하기 전에 알려줘야 할 독서 지침

현장에서 오랜 기간 목회자와 교육자로 살았다. 그 시간 속에 절감하는 사실은 교육의 한계다. 교육의 영향을 부정함이 아니다. 개인과 집단, 사회와 국가를 변화시키는 핵심 요인은 교육이다. 그러나 그 한계를 인정하게 되는 때가 있다.

교육의 한계를 느끼다

첫째, '타고남'을 접할 때다.

교육의 결과로 이룬 능력이 아닌 '저절로' 주어진 능력의 소유자들을 만날 때다. 독서의 영역에서도 마찬가지다. 20년 넘는 기간 독서법을 학습하고 연구해왔다. 결과로서의 독창적인 독서법에 대한 자부심도 적지 않다. 현장에 적용하며 많은 변화 사례를 경험하며 얻은 결과다. 그러나 나에게 2~3년 배운 제자보다, 새로 들어 온 한 달 된 제자의 능력이 더 뛰어난 순간을 직면할 때가 있다. 정식으로 독서교육을 받지 않았지만 즐겨 책을 읽고 독해력까지 갖춘 아이들을 만나는 것은 어렵지 않은 일이다. 오랫동안 독서훈련을 받았지만 눈에 띄는 결과가 나타나지 않는 아이들도 있다. 교사와 학생, 부모가 흔들릴 수 있는 순간이다. 내 자녀가 그 '타고난' 아이라면 기쁘겠지만 반대라면 즐거워 할 부모는 없다. 교육의 현장에서 직면하게 되는 이 상황에 대해 질문을 던져본다. '교육의 한계처럼 보이는 이러한 모습 속에서 교육의 의미는 퇴색 되는가?' 그 질문의 답은 '아니다.'이다.

교육의 한계라 말한 것은 교육자로서의 실망감 때문이 아니다. 교육자로서 교육을 바라보는 나의 견해다. 교육이 감당할 수 있는 것과 감당할 수 없는 것에 대한 분명한 인지라고나 할까. 기독교 신앙 안에서 이 개념은 더 분명하다.

크리스천에게는 각 사람을 향해 세우신 하나님의 뜻에 대한 믿음이 있다. 우리를 부르시되 각기 다른 모습으로 세우셨다는 '지체(肢體) 의식'을 갖고 있다. 그러하기에 타고난 성실함, 이해력, 창의력을 가진 이들을 만날 때면 있는 모습 그대로 그들을 받아들이려 한다. 속도가 더딘 아이들을 만날 때도 마찬가지다. 그들의 초기값을 인정하며 더욱 그들에게 주의를 기울인다. 사람은 한두 가지 평가 기준만으로 평가할 수 없는 존재이기 때문이다. 또 다른 기준으로 드러나지 않은 아이들의 모습을 찾고 바라보려 노력한다. 성장이 더딘 자녀의 부모에게도 조급해하지 않을 것을 당부한다. 아이들 모두가 같을 수 없음을 이야기한다. 아이들의 또 다른 탁월함을 보기 위한 노력에 함께할 것을 권한다.

모든 부분에서 다른 나의 두 자녀의 경우에도 한 명, 한 명 있는 그대로 바라보게 되었다. 두 자녀를 향한 각각의 기대가 있다. 하나님 형상으로서의 능력을 세우기 위한 부모의 노력도 최선을 다한다. 그 순간에도 교육으로 할 수 없는 부분이 있음을 항상 되뇐다. 미루어 짐작하고 시도하지 않은 채 포기하는 것이 아니다. 지적, 영적 민감성을 유지하려고 애쓴다. 나무만 보고 숲을 보지 못하는 실수를 범하지 않기 위해 이상과 현실의 균형을 잡는 일에 힘쓰고 있다.

둘째, '타고남'의 한계다.

첫 번째 '타고남'은 교육 이전에 하나님이 주신 뛰어남과 차별성에 관한 것이라면 두 번째 '타고남'의 한계는 '특별한 타고남'이 갖는 그 자체의 한계다. 교육의 초기, 어린 시절에는 훈련을 뛰어넘는 '타고남'을 자주 발견하곤 한다. 그런데 시간이 지나면 지날수록 특별한 '타고남'을 잃고 평범해지는 많은 이들을 접하게 된다. 도리어 특별하지 않던 이들에게서 교육과 훈련의 탁월한 성취와 결과를 목도하게 된다. 단거리 경주에서는 '타고남'이 승리한 듯 보인다. 경쟁 자체가 되지 않는 것처럼 보이기까지 한다.

그러나 시간의 흐름 속에서는 전혀 다른 결과를 마주하게 된다. '타고남'은 부족했지만 동기를 통해 지속성을 유지해 온 이들이 일궈 온 결과는 놀랍기까지 하다. 분명한 동기를 갖고 방법과 기술을 적용해 가며 변화와 성숙을 이뤄가는 평범했던 많은 이들을 마주하게 된다. 둔재라고 까지 여겨졌던 이들의 놀라운 변화와 성장도 역사는 증언한다. 멀리 있지 않다. 나의 제자들 가운데서도 수없이 보아왔다. 타고난 탁월함이 한 인간의 미래를 결정짓는 유일한 요소가 아님을 깨닫는 순간들이다.

사람마다 하나님이 주신 재능이 다르고 발현의 시기가 각기 다르기에 섣부른 판단을 피해야 한다. 이것이 교육이 필요한 이유다. 교육으로 모든 것을 할 수 있는 것은 아니다. 한계가 분명한 교육이지만 하나님이 주신 탁월함을 발견할 뿐 아니라 부족함을 보완해 가며 나만의 정체성을 세워가는 일에 있어 최선의 길이 되어준다는 사실은 변함없다.

교육에서 길을 찾다

배움의 과정 속에서 어려움에 직면한 아이들을 만나게 된다. 그중에서도 독서의 문제 앞에 작아지는 아이들이 많다. 이때 필요한 것은 지침이다. 지시에 가까운 구체적인 지침이 필요할 때도 있다. "왜 그것도 못하니?", "열심히 해봐!"와 같은 말로는 넘어서지 못하는 난관일 때가 많다. 지침은 단순한 지시가 아니다. 지침은 해야 할 일에 대해 단계를 나눠주는 기술로서, 대상과 시기, 절차와 방식에 따라 다양한 형태로 제공되어야 한다.

첫째, 동기부여다. 독서 과정에서 좌절감을 느낀 아이들에게 제일 필요한 것은 동기를 찾는 것이다. 방법과 기술 이전에 독서의 이유와 자신의 상태에 대한 긍정의 눈이 필요하다. 이 책에서 강조하는 독서 학습은 일반 취미독서와 난이도와 강도에 있어 많은 차이가 있다. 재미로만 할 수 없는 과정이기에 대상에 맞는 배려가 뒤따라야 한다. 부모는 자녀를 다그치기보다 인내와 격려, 관심과 사랑으로 동기부여해야 한다. 동기부여는 모든 교육과 학습의 시작이기 때문이다. 의무를 넘어 내적 동기를 갖고 스스로 하게 만드는 힘이다. 그 때까지 격려하고 기다려 주어야 한다. 동기가 있느냐 없느냐 하는 한 가지 이유만으로도 학습 효과는 큰 차이를 보인다는 사실을 기억하라.

둘째, 개별학습의 진행이다. 자녀의 단계에 맞는 난이도를 설정해야 한다. 사람마다 이해력, 분석력, 종합력의 정도는 다르다. 내용의 수준을 고려한 단계별 지도가 필요하다. 학교 교육의 경우 진도는 공통 학습과정으로 진행되기에 개별학습 자체가 불가능하다. 공교육이 해결해야 할 가장 큰 과제 중 하나다. 그렇다고 마냥 기다려서는 안 된다. 아이를 돕는 구체적인 결단이 필요하다. 그 중 한 가지가 개별학습을 통한 부족한 지식을 채우고 지능을 세워가는 과정이다.

개별학습의 장점은 자녀의 학습 스타일에 맞춰 진행할 수 있다는 것이다. 이순신 장군의 인물 책을 읽는다고 하자. 내 자녀가 초등 6학년인데 독해력이 떨어지고 이해력이 부족한가? 그렇다면 책의 난이도를 조절해보자. 초등 1학년 수준의 책을 읽는 것은 부끄러운 일이 아니다. 정보도 많지 않고 어려운 논리로 전개되지 않기에 이해하기에 무난할 것이다. 독후 활동도 부담 없는 수준에서 진행하는 것이 좋다.

다음의 워크시트는 호도애도서관에서 활용 중인 독서 워크시트 중 하나다. 70권 전집 『지인지기 인물이야기』(그레이트북스)를 활용한 초등 저학년용 워크시트인데 초등 고학년, 중학생들의 독서 스트레칭 학습용으로 활용하기도 한다.

지인지기의 책들은 대부분 50여 페이지에 적당한 분량의 글 밥이 있는 그림책이다. 부담 없는 책을 읽고 부담 없는 워크시트에 자신의 생각을 표현하는 것을 힘들어 하는 아이들은 없다. 여기서 제공한 워크시트지에는 한 권의 책을 읽고 '책에서 가장 중요하다' 여기는 핵심 키워드 3가지와 한 문장으로 정리하는 인물평이 요구하는 독후 활동의 전부다. 짧은 독후 활동이지만 아이들의 독서력을 평가하는 데에 부족함이 없는 자료다.

이런 종류의 독서 및 독후 활동을 위한 핵심 팁은 '시간을 정하여 빠른 속도로 진행하라'는 것이다. 호도애도서관의 예를 든다면 독서스쿨 전체 학습 시간에 중에 지인지기 학습은 '독서시간 12분', '워크시트 정리하는 시간 3분' 안에 진행된다. 타이머로 체크하며 문장을 마무리하지 못했어도 다음 책 읽기로 넘어간다.

다시 말하지만, 이때 중요한 것은 시간을 지키는 것이다. 몇 번 진행하다보면 아이들은 짧은 시간에 주어진 과제를 마무리하기 위해 자신이 할 수 있는 최고의 집중력을 발휘하려는 태도를 보이곤 한다. 때로는 경쟁심에 책을 대충 읽고 빠른 시간 내에 과제를 수행하여 자신의 뛰어남을 뽐내려는 아이들도 있다.

기억해야 할 것은 지인지기 학습과 같은 독서학습은 본격적인 독서학습에 들어가기 전, 독서 스트레칭, 생각 훈련 차원에서 진행하는 학습인 동시에 읽기 훈련이 부족한 아이들을 동기부여 하기 위한 학습이라는 사실이다. 이 과정을 통해 과제를 완수하는 기쁨을 반복적으로 느끼게 하며 좀 더 높은 수준의 읽기와 쓰기 과정으로 이끄는 지혜가 요구된다.

지인지기 전집   **990 인물학습**

18권	인물	책 제목		독서 일자
	링컨	정직한 에이브		00년 00월 00일
		핵심 키워드		
		① 정직	② 이웃	③ 노예제도 폐지
		은 　정직하고 약하고 도움이 필요한 이웃을 위해		
		공부하고 노력하여 도울 줄 아는 착하고 성실한 　사람이다.		

어려운 난이도의 책은 질문 학습지를 활용한 지도를 통해 보완 가능하다. 독서하는 자녀에게 부족한 점이 무엇인지에 따라 적절한 질문

을 만들어 도움을 줄 수 있다. 예를 들어 '책의 내용에 대한 이해가 부족한지', '비교 분석하는 사고력이 부족한지', '책의 내용과 현실에 적용하는 관계-적용력이 부족한지'에 따라 적절한 질문을 만들어 줄 수 있는 것이다. 독서학습 질문의 활용은 질문에 대한 이해와 적용의 기술이 필요한 영역이기에 후반부의 적용 장(p.231의 5. "오늘 무엇을 배웠니"라는 말 대신)에서 좀 더 자세히 다루고자 한다.

큰 성공은 단번에 이루어지는 것이 아니라, 작은 성공이 여러 차례 모여 이뤄진 결과다. 자녀가 겪는 과정의 실패를 성장의 기회로 삼아라. 독서의 작은 성공을 경험하도록 지도하라. 개별학습의 성공이 동기를 갖게 할 뿐 아니라 생각지도 못한 변화로 이어지는 계기가 되어 줄 것이다.

요약. "그것도 못 읽니?"라는 말 대신

◎ 2~3년 함께 노력하며 공부한 제자보다 더 뛰어난 한 달 된 제자를 만날 때가 있다. '느린 아이'와 '타고난 아이'는 존재한다. 그러나 그럼에도 교육은 유의미하다.

◎ 하나님께서 각 사람을 '지체(肢體)'로 만드셨음을 기억하라. 한두 가지 항목으로 사람을 평가할 수 없다. 모든 아이는 '특별'하다.

◎ 사람마다 재능이 다르고 발현의 시기가 다르다.

◎ 탁월함을 발견하고 부족함을 보완하며 하나님 주신 정체성을 세워가는 일에 있어 최선의 길은 교육이다.

◎ "왜 그것도 못하니?", "열심히 해 봐!"라는 말로는 넘어서지 못하는 어려움이 있다.

◎ 독서에서 좌절을 맛 본 아이들에게 가장 필요한 것은 동기부여이다. 배려, 격려, 관심, 사랑, 기다림, 성실한 지도가 동기를 부여해 줄 수 있다. 동기를 가지면 큰 변화를 가져온다.

◎ 개별학습이 필요하다. 자녀의 능력과 학습 스타일에 맞춰 진행해야 한다.

Tip 7. 우리 아이 기질별 독서 시작 가이드

※ 글 읽기의 흥미를 경험하게 하기 위한, 첫 걸음 떼기 가이드입니다.

◎ 성격이 급한 아이

※ 속독을 하면 글의 내용 파악은 할지라도 사고력이 성장하지 못하는 경우가 많습니다. 또한 문장의 첫 부분만 읽고 뒤의 서술어는 제대로 읽지 않는 경우가 종종 있는데 그럴 경우는 내용조차 바르게 파악하기 어렵습니다.

- 아나운서 놀이! 발음도 정확하게, 호흡도 적당하게! 아나운서처럼 읽어보기.
- 소리 내어 읽으며 '틀리지 않고 누가 오래 읽나' 시합!

◎ 한 곳에 오래 앉아 있기 힘들어하는 아이

※ '엉덩이 싸움' 들어보셨지요? 깊이 있는 독서와 학습을 위해서는 오래 앉아서 집중하는 습관과 체력이 필요합니다. 그러기에 앞서 책의 즐거움과 앎의 즐거움을 맛보게 할 수 있는 방법을 제안합니다.

- 단편 동화를 한 페이지씩 출력하여 방과 거실 벽마다 붙여 놓고 이동하며 읽기! 마지막 코스는 줄거리 적기.

◎ 글의 전체 구성 파악을 어려워하는 아이

- 설명문 혹은 논설문 하나를 선택해 문단마다 번호 적기.
- 같은 주제 혹은 소재가 쓰인 문단을 찾아 번호에 같은 색 칠하기.
- 같은 색 문단끼리의 관계를 적어보기.

  예) ① 빨강 ② 파랑 ③ 초록 ④ 파랑 ⑤ 초록 ⑥ 보라

  ① 빨강 : 서론 // ② 파랑 : 주장 ④ 파랑 : 근거
  ③ 초록 : 주장 ⑤ 초록 : 근거 // ⑥ 보라 : 결론

3. "그것도 못 읽니?"라는 말 대신

4.

"추천 도서 목록 있나요?"라는 말 대신
_ 자녀와 함께 만드는 맞춤형 평생 도서 목록

독서 전문가로, 도서관장으로 사역하며 가장 많이 받는 질문은 "어떤 책을 읽어야 하나요?"이다. 자녀교육에 있어서도 마찬가지다. "자녀에게 어떤 책을 읽도록 해야 하는지요?", "책을 읽지 않는 아이에게 어떻게 책과 가까워 질 수 있도록 할 수 있나요?"

어떤 책을 읽어야 하는가는 독서에 있어서 중요한 과제 중 하나이나, 답은 간단하다. 좋은 책을 읽으면 된다. 그렇다면 어떤 책이 좋은 책인가! 좋은 책은 '과정 학습'과 '내용 학습' 두 가지 측면에서 이야기 할 수 있다. 독서 방법 디자인 5단계에서 소개한 독서의 큰 그림 다섯 가지는 '과정 학습' 측면에서 살펴 본 좋은 책에 대한 이야기다. 독서하는 가운데 비전, 지식, 지능, 인성, 영성을 향상 시켜가도록 도와주는 책이 좋은 책이라는 것이다. '내용 학습' 차원에서 좋은 책은 말 그대로 내용 자체가 좋은 책이다.

　누군가에게 좋은 책을 추천하는 것은 결코 쉽지 않다. 분야도 다양하고 책들도 그 수를 셀 수 없다. 여기서 중요한 것은 사람마다 관심 분야가 다르다는 것이다. 독서와 관련하여 아이들에게 좋은 책을 추천해 주는 것도 쉬운 일만은 아니다. 관심도 수준도 고려되어야 하기 때문이다.

　이보다 중요한 것은 지속성과 연결성이다. 매번 독서 전문가나 타인의 추천을 받아 읽힐 수는 없다. 책을 읽지 않은 사람이야 어느 책이든 한두 권 읽는 것으로부터 시작하며 된다. 그들에게 시작은 반이다. 자녀교육 차원의 독서는 그러한 차원을 넘어서야 한다. 독서에 있어 계획이 중요한데 읽을 책을 정하는 것도 그 중 하나에 속한다.

어떤 책을 읽을 것인가

　　　어떤 책을 읽을 것인가 하는 문제의 대안으로 한국십진분류법(KDC)을 소개하고자 한다. 소개를 넘어 자녀교육을 위한 평생 독서 계획을 위한 구체적인 지침을 제공 받게 될 것이다.

　'KDC(Korean Decimal Classification), 한국십진분류'란 무엇인가? KDC는 문헌정보학자들이 세상의 책들을 체계적으로 분류하기 위해 만든 분류법이다. 도서관의 책 분류법을 소개하는 것은 더이상 누군가가 골라주는 추천 도서에 의존하지 않고 주도적으로 독서 활동을 하게 하기 위함이다. KDC를 적용하면 부모와 자녀가 함께 책 읽기 커리큘럼을 균형있게 세워 나갈 수 있다. 나는 함께하는 부모와 학생들에게 평생의 독서 계획을 세울 것을 도전하고 함께 해가고 있다.

책의 분류체계를 넘어 세상의 모든 지식을 바라보는 창문으로 삼기에 KDC만큼 좋은 도구는 없다. 나는 이 분류체계를 '천지창조의 세계'라고 부른다. 하나님이 창조하신 세계를 살아간 인류의 역사와 기록을 문헌 정보학자들의 시각에서 분류해 놓았기 때문이다. 그들이 의도한 것은 아니지만 하나님이 창조하신 이 땅을 들여다보며 연구해 가는 일은 크리스천들에게 있어 매우 소중한 과제다.

시작은 개인의 관심사로부터 시작하며 된다. 균형 잡힌 독서습관을 세우고 지식을 수용하는 통로로 KDC를 활용하기 위해서는 본문에서 제시하는 사례들을 자세히 살펴보면 유익하다. 한국십진분류법을 활용한다면 자녀의 균형 잡힌 독서습관, 좋은 책을 선별하는 능력을 동시에 세워 갈 수 있을 것이다.

한국십진분류법(KDC)을 활용하여 관심주제 정하기

문헌정보학자들은 세상의 모든 지식을 10개의 분류체계로 나누고 '주류'로 명명한다(한국십진분류법 주류와 요목표를 알고 싶다면 p.294, 부록 4를 참고).

주류

000 총류
100 철학
200 종교
300 사회과학
400 자연과학
...
800 문학
900 역사

각각의 주류는 다시 하부로 9개씩의 '강목'으로 재분류된다. 예를 들어 아이들이 많이 보는 주류 400 자연과학은 다음과 같은 9개의 하부 강목으로 나뉜다.

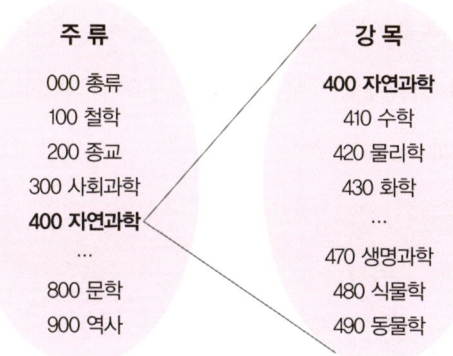

주류와 하부 강목 9가지를 포함한 10가지는 또 다시 하부 요목 9가지로 분류된다. 주류 400 자연과학의 강목 490은 동물학이며 그것의 하부 요목 9가지는 다음과 같다.

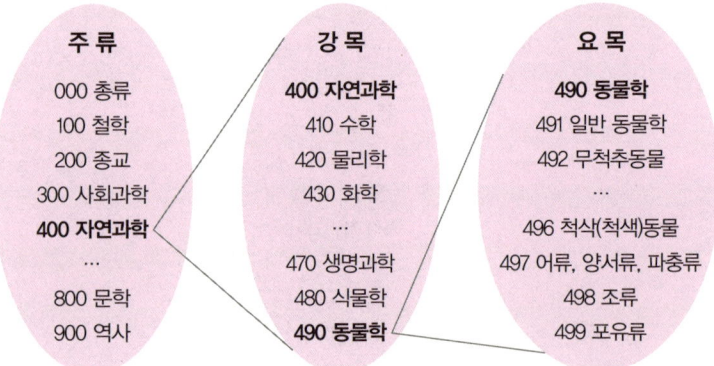

　　전체 주류 10가지 주제, 강목 100가지 주제, 요목 1,000가지 주제로 확장되는 십진분류법은 이후로도 무한 확장 분류된다. 1,000개의 주제로 분류된 요목은 또 다시 각각의 9가지 세목으로 분류되어 10,000개의 세목을 이루고, 10,000개의 세목은 다시 하부 세목으로 계속 확장되어 10만개의 세목, 100만계의 하부 세목들로 세부적으로 확장 분류된다(분류표 참조).

나와 자녀의 평생 독서목록 만들기

　　호도애도서관과 호도애아카데미에서는 한국십진분류를 활용하여 부모와 자녀의 '평생 독서목록' 만들어 독서 실천 중이다. 우리 가정도 마찬가지로 아이들과 함께 '평생 독서목록'을 만들어 실천 중에 있다. '한 두 권의 책을 읽는 것도 쉬운 일이 아닌데 평생 독서 계획을 세우는 것이 가능한가?' 하고 너무 어렵게만 느껴질 수도 있을 것이다. 그러나 KDC를 활용하면 그리 어렵지 않다. 오히려 체계적인 독서를 진행할 수 있기에 자녀의 관심, 재능을 찾아갈 수 있다. 그렇기에 평생의 독서목록을 디자인 하는 과정은 단순히 읽을 책을 선정하는 것을 넘어 내 인생을 디자인 하는 과정이라고 할 수 있다.

 십진분류법의 분류 체계로 디자인하는 평생 도서 목록 선정이 갖는 의미는 크게 두 가지로 정리할 수 있다. 첫째, 독서 주제의 균형성이다. 십진분류가 가지고 있는 분류의 완전성, 균형성은 어떤 분류 방법보다 완벽하기에 독서 이전 자녀교육의 큰 그림을 그릴 때 도움이 된다. 둘째, 주제의 확장성이다.

 그밖에 평생 독서 목록, 독서 커리큘럼이 주는 유익은 여러 가지다. 먼저, 공부할 주제 영역과 그 흐름을 한 눈에 파악할 수 있다. '어떤 책을 읽을까' 고민을 할 필요가 없다. 주제를 정하는 것만으로도 책 선택에 대한 부담은 줄어든다. 독서 진행에 대한 평가를 쉽게 할 수 있다. 계획대로 진행될 때 느끼는 만족감도 크지만 계획대로 진행되지 않을 때는 되돌아 보며 반성적인 사고를 할 수 있다는 점에서도 유익하다. 계획이 있기 때문에 시간 관리도 유용하다. 자신의 업무시간과 여가시간, 자녀의 학교 활동과 방과 후 활동에 맞추어 계획을 세우고 진행할 수 있다. 체계적으로 정리된 십진분류 덕분에 교양지식을 넘어 전문성으로 나아가는 독서학습의 기회를 얻게 된다.

 다시 강조하지만 책 제목보다 중요한 것은 관심주제를 찾는 것이다.

한 두 개의 주제를 넘어 1년, 나아가 평생계획을 세우는 작업은 이후 진행되는 독서학습에 큰 힘이 되어준다.

미리부터 관련 책 제목을 특정할 필요는 없다. 주류, 강목, 요목, 세목의 1만개 이상의 분류체계를 중심으로 큰 주제에서 세부 주제를 살펴가며 관심주제를 정하는 것으로부터 시작하라. 나이, 관심사에 따라 일별 주제, 주별 주제, 월별 주제, 분기별 주제, 학기 주제, 년 단위 심화 주제 등으로 나눌 수 있다. 주제가 정해지고 해당 주제를 학습할 주간이 다가올 때 해당 주제의 책을 선정하면 된다. 물론, 미리 책을 선정해 놓는다면 더할 나위 없이 좋다. 우선 호도애도서관에서 활용 중인 독서학습 커리큘럼의 구체적인 예를 살펴보자.

호도애 커리큘럼 _ 192 박이정(博而精)독서 학습

호도애도서관에는 KDC 10,000여개의 세목 주제 중에서 192가지의 특정 주제를 선별하여 관리 중이다. 이것을 '박이정 연구주제'라 부르고 있다. '박이정 연구 주제'는 박독서와 정독서로 나뉘어 진행된다. 박독서는 '넓을 박'(博) 자를 썼는데, 교양독서를 의미하고 정독서는 '정할 정'(精) 자를 사용하여 연구독서를 의미한다. 박 독서는 일 단위로 읽거나 또는 마음의 가는 주제를 따라 한두 권의 책을 읽는 교양독서다. 정독서는 주 단위, 월 단위, 그 이상의 기간 동안 진행되는 학습독서, 연구독서다. 호도애도서관에 속한 아이들과 어른들은 192가지 주제를 중심으로 자신들의 평생 독서 계획을 세우고 독서를 진행시킨다.

  192가지 주제로 한정한 것은 시간의 한계, 가르칠 수 있는 전문성의 한계 때문이다. 솔직히 192가지 주제도 적지 않은 주제다. 처음에는 13가지 주제로 시작했다. 이어 30가지, 이후로 관심주제는 점점 늘어가게 되었다. 호도애도서관과 호도애아카데미의 교사와 부모, 아이들의 추천을 받고 현재의 시점에서 중요하고 변화되어 가는 미래를 반영해 가는 주제들을 함께 정리하기 시작한 것이 192가지 주제로 확장되었다(구체적인 호도애도서관 박이정 커리큘럼 192는 p.289 부록 2에 실었다).

  호도애도서관에는 현재 13,000여권의 책이 소장되어 있다. 1년에 800~1,000만 원 정도 비용의 책을 구입하는데 이때도 192가지 주제와 관련된 책을 구입하는 데 비중을 크게 둔다.

  두 가지 목표를 갖고 책을 구입 중이다. 첫 번째 목표는 192가지 주제만큼은 국내 어느 도서관보다 다양한 책을 구비해 놓겠다는 것이다. 두 번째 목표는 첫 번째 목표가 해결되어야 가능한 목표인데, 해당 주제에 대하여 연구하고자 하는 아이들에게 가장 좋은 자료, 최신의 자료를 공급하기 위함이다. 취미독서야 책 한 권 읽는 것으로도 끝나겠지만 연구독서는 그렇지 않다. 주제별로 적게는 20여권, 많게는 300여권의 책이 구비되어 있다.

  예를 들어 우리나라와 일본 사이의 영토 분쟁의 중심에 있는 '독도와 영토분쟁'은 호도애 박이정 187번째 주제로 30권의 관련도서를 소장하고 있다. '독도와 영토분쟁'을 박이정 주제로 선정하기 전에는 그와 관련 관련 책은 3권이었다.

'독도는 우리나라의 역사 문제요 영토문제로 연결되는 미해결과제다. 아이들에게 그것에 대한 내용을 나누는 것은 내용 학습적인 면에서도 의미 있고 학습양도 다른 주제들에 비해 적은 편이니 과정 학습을 통해 트리비움의 역량을 강화시켜 가기에 적합한 주제다.' 라고 생각하고 책을 사 모으기 시작했다. 관련된 책의 종류는 23종, 총 30권을 모았다. '독도와 영토분쟁'은 호도애도서관의 여러 프로그램 중 가장 인기 있는 콘텐츠가 되었다. 실제로 지난 3년간 독도를 주제로 소논문을 쓴 초·중고생만 10여명이 넘는데, 모두 독도를 주제로 110여 시간 이상 연구하며 소논문을 썼다. 같은 주제의 책들을 한 자리에서 읽고 정리할 수 있는 환경을 조성하니 교양지식 너머 전문지식을 향해가는 독서학습이 가능해졌다. 참고로 호도애도서관의 '독도와 영토분쟁' 관련 도서 목록을 싣는다.

박이정 187 독도와 영토분쟁 : 23종, 30권

	제목	저자	출판사	출판일	권수
1	나는 독도에서 태어났어요	한정아 글, 김세진 그림	마루벌	2004	1
2	독도는 외롭지 않아	이은정 글, 이유정 그림	키즈엠	2016	1
3	독도를 지키는 사람들	김병렬 글, 신혜원 그림	사계절	2000	1
4	대한민국 독도 교과서	호사카 유지 글, 허현경 그림	휴이넘	2012	3
5	찾아야 할 동해 지켜야 할 독도	홍일송	느낌이 있는 책	2016	1

6	일곱 빛깔 독도이야기	황선미 글, 우지현 그림	조선 북스	2018	2
7	독도의 진실	강준식	소담출판사	2012	1
8	독도 백과사전	마술연필 글, 이영림 그림	보물창고	2013	2
9	반크 역사 바로찾기 4	이다 글, 반크 & 키네마인 기획	키네마인	2013	1
10	청소년 독도교과서	이두현	푸른길	2015	2
11	독도를 지키는 우리들	김병렬 글, 최덕규 그림	사계절	2016	1
12	우리땅 독도를 지킨 안용복	권오단 글, 강화경 그림	산수야	2010	1
13	아름다운 독도와 우리 섬	우리누리 글, 이순표 그림	어린이 중앙	2005	1
14	한결아, 독도를 지켜줘	아리솔 글, 최상훈 그림	꿈소담이	2013	2
15	울릉도 여행 : 한번 가면 평생 잊지 못할	양영훈 글/사진	예담	2011	1
16	독도야 괜찮아	김선희 글, 강소영 그림	베이비북스	2011	1
17	우리 땅 독도 : Why 한국사	류선희 글, 문성기 그림	예림당	2019	1
18	강치야 독도야 동해바다야	주강현	한겨레아이들	2006	1
19	내 이름은 독도	이규희 글, 최정인 그림	밝은미래	2013	1
20	독도와 역사분쟁이야기	양대승, 신재일	가나출판사	2014	1
21	강치가 들려주는 우리 땅 독도이야기	신현배 글, 홍정혜 그림	가문비어린이	2012	1
22	신통방통 독도	박현숙	좋은책 어린이	2011	1
23	독도를 지켜라	고정욱 글, 강현정 그림	연인	2011	2

다른 주제들도 마찬가지다. 독서법에 관해서는 300여 권, 글쓰기 관련 200여 권, 토론 관련 50여 권, 질문법 관련 도서 60여 권 등, 도서관과 아카데미 사역과 관련한 책들을 분류하여 관리 중이다.

192 주제 중 특별히 소개하고 싶은 주제가 있다. 바로, 박이정커리큘럼 188번째 주제인 위안부 이야기다. 2018년 당시에는 90여 개의 주제가 정리되어 있던 2018년, 위안부 이야기는 박이정커리큘럼 안에 포함되어 있지 않았다. 그러던 어느 날 캠프에 참여해 책을 읽던 한

중학생이 물었다.

"목사님! '위안부'는 십진분류법에서 어디로 분류되나요?"

"900 역사 중에 한국 역사나 300 사회과학 중의 인권 영역에 분류되어 있지 않을까?"

나는 답하고 나서 1,000여 페이지가 넘는 십진분류 백과사전을 찾기 시작했다. 놀랍게도 문헌정보학자들이 활용하는 그 두꺼운 십진분류 백과사전에 '위안부'라고 하는 키워드는 등재되어 있지 않았다. 주류 10주제, 강목 100주제, 요목 1,000가지, 세목과 세세목 100,000 키워드 어디에도 '위안부'라는 단어가 포함되어 있지 않았다.

내가 역사 의식이 투철하다고는 할 수 없는 사람이지만 위안부 문제에 대한 의식은 가지고 있었다. 우리나라 사람들에게는 여전히 해결되지 않는 문제, 일본과의 역사분쟁의 핵심에 놓인 주제가 아닌가. 중앙도서관, 국립도서관, 한국도서관학회 등에 연락을 취했다.

"문의할 것이 있습니다. 왜 '위안부'라는 키워드가 문헌정보학에서는 다루어지고 있지 않은가요?"

시원한 답변을 들을 수 없었다. 청와대 신문고에 문의를 넣어 문화체육관광부의 담당자에게 답변을 받기도 했다. 물론 그 또한 시원한 답변은 아니었다. 그때의 심정을 SNS에 기록해 놓았다.

"지난주 청와대 국민신문고를 통해 문광부에 질의한 내용에 대해 오늘 답장이 왔다. 하나의 사건과 사고를 바라볼 때도 다양한 입장에서 그것에 대한 견해를 가질 수 있다. 각 국가의 십진분류도 세상을 바라보는 하나의 시각으로 그 나라 문헌정보학자들의 세상을 바라보는 일반적인 인식과 사고, 개념을 살펴볼 수 있다. 이번의 질문은 이 나라 국민의 한 사람이요 작은 도서관 종사자며 평생 학습자로서 가져보는 의문을 담당 행정가나 문헌정보 담당자에게 던져본 것이다.

바라기는 위안부의 문제를 문헌정보학자들도 그들의 입장에서 좀 더 역사적인 인식을 갖고 이 역사의 아픔을 바라보고 조명해 갈 수 있었으면 한다. 물론 나와 같은 종교인도 기독교 신앙인의 입장에서 사회 역사적인 인식을 바로 세워가는 노력이 필요하다. 일상의 작은 관심으로부터 시작하면 된다. 그렇게 될 때 위안부 이야기는 멀리 있는 역사, 정치, 사회 문제가 아니라 우리 문제, 내 문제가 되리라 믿는다. 이러한 작은 관심이 국격을 세워가고 국가의 정체성을 살려가는 데 있어 필요한 오늘, 우리의 몫이리라.

도서관교회, 호도애도서관의 입장에서도 아직 미해결과제인 위안부 문제에 대한 관심을 어떻게 출발해야 할까. 지속가능한 관심, 호도애 가족들과 함께 나누며 보탤 수 있는 것이 무엇인지에 대해 구체적으로 고민하며 행동해보련다."

- 2017년 11월 어느날 -

며칠 뒤 행동 실천의 일환으로 '호도애 박이정 주제'에 위안부 이야기를 포함시켰다. 그 후 관련된 책들을 구입하기 시작했다. 그렇게 마련한 책이 아래와 같다.

부끄러운 이야기지만 나 또한 우리나라 역사의 미해결과제들에 대한 특별한 의식을 갖지 못했다. 위안부, 독도 등의 주제는 잠시 잠깐 매스컴에서 주제를 다룰 때면 감정적으로 동의할 뿐 이것을 위해 적극적인 행동을 한 적도 없다. 작은 행동을 했다면 책을 읽는 것으로부터 시작했다. 그와 관련된 책들이 한 권 두 권 쌓여가고 관심을 갖고 동참하는 아이들도 늘어갔다. 호도애도서관의 위안부 이야기 도서 목록도 함께 싣는다.

박이정 188 위안부 이야기 : 17종, 19권

	제목	저자	출판사	출판일	권수
1	할머니 군 위안부가 뭐예요	한국정신대연구소	한겨레신문사	2000	2
2	일본군 위안부 그 역사의 진실	요시미 요시아키	역사공간	2013	1
3	위안부 합의 이대로는 안된다	김창록 외 3인	경인문화사	2016	1
4	일본군 위안부 문제 : 일본여대생은 어떻게 공부하고 느꼈는가	이시카와 야스히로	동문선	2008	1
5	일본군 위안부가 된 소녀들	이시카와 이쓰코	삼천리	2014	1
6	바다를 건너간 위안부	야마구치 도모미 외 3인	어문학사	2017	1
7	모래시계가 된 위안부 할머니	이규희	네버앤딩	2017	2
8	일본의 위안부문제 증거자료집 1	호사카 유지	황금알	2018	1
9	한일 위안부 합의의 민낯	마에다 아키라	창해	2016	1
10	기억하겠습니다	이토 다카시	알마	2017	1
11	나는 일본군 성노예였다 – 네덜란드 여성이 증언하는 일본군 위안소	얀 루프-오헤른	삼천리	2018	1
12	일본군 위안부 1	정현웅	신원문화사	2015	1

13	일본군 위안부 2	정현웅	신원문화사	2015	1
14	일본군 위안부 3	정현웅	신원문화사	2015	1
15	나는 날조 기자가 아니다	우에무라 다카시	푸른역사	2016	1
16	낮은 목소리 : 숨결	변영주 감독	영화DVD	2007	1
17	일본군 위안부 문제의 책임을 묻는다	한국정신대문제대책협의회	풀빛	2011	1

지난 3년 간 '위안부'를 연구한 중·고등학생도 다섯 명이나 된다. 그 친구들 또한 110여 이상의 시간을 투자해 책을 읽고 연구하여 소논문을 결과물로 만들어냈다. 그 소논문들은 호도애아카데미의 소중한 자료로 보관 중이다. 아이의 작은 질문 속에서 문제를 보았고 나의 사역 속에서 그 문제를 끌어 들였던 한 사례이다.

"아이들의 관심으로부터 시작하십시오."

"아이들의 질문에 관심을 가지면 됩니다."

'자녀에게 어떤 책을 읽혀야 하느냐' 묻는 부모에게 늘 하는 이야기이다. 그리고 집에 그와 관련된 주제의 책들을 채워 가면 된다. 자녀와 나누는 일상의 대화 속에 답이 있다.

십진분류의 방대한 체계, 그 수가 부담된다면 192개로 정리한 박이정 독서 주제를 참조하면 된다. 독서학습에 있어서 중요한 것은 도서 목록 자체보다 어떤 분야, 주제를 다룰 것인가에 대한 것이다. 책 이전에 주제가 정해져야 한다.

한두 가지 주제라면 주제를 잡는 것과 동시에 책을 정하는 일이 진행될 수 있다. 그러나 우리가 이야기하는 독서학습은 전제가 다르기에 그렇게 다가서면 안 된다. 지금 이야기하는 것은 자녀교육의 전체상이다. 그들은 하나님의 사람들이다. 생각의 흐름대로 책을 집어 드는 것이 아닌 평생의 독서 계획을 큰 틀을 잡고 진행해 가야 한다. 그러기 위해 주제를 월 단위, 년 단위로 정하는 것은 우선되어야 한다.

1년 단위 독서 커리큘럼 디자인

지금은 '독서 프로그램'이 아니라 '커리큘럼'이 필요할 때다. 주제가 정해지면 천천히 관련 주제의 마스터 북 한 두 권을 정하고 참고 할 도서 목록 몇 권을 선정해 가면 된다.

나는 한 주제를 1주일간 다룬다는 전제에서 1년 52주제, 3년 156주제를 다루는 것으로 커리큘럼을 세워 진행한다. 구체적인 3년에 걸친 탐구교과 커리큘럼의 예시는 부록의 p.292를 참고하기 바란다. 구체적인 예시를 참고하여 이 작업을 자녀와 함께 진행해 보라. 1년, 3년으로 계획을 세우기를 추천한다. 계획을 세워가는 과정 자체의 즐거움이 있다. 계획 세우기부터 기대감에 부풀게 된다. 주제를 정했더라도 상황에 따라 유동적으로 바꿔갈 수 있다. 주별 주제라고 하여 일주일간 하루 종일 관련 주제 책만 읽으라는 것이 아니다. 하루에 한 시간씩만 관련 주제의 책을 읽는 것이다. 일주일에 7시간, 하루에 두 시간씩 읽는다면 14시간이다. 시간 배정에 따라 주제 관련 책의 권수가 결정된다. 남은 시간은 얼마든지 원하는 주제의 책을 읽을 수 있다.

신앙생활 평생학습 계획 디자인

신앙생활과 관련한 독서 계획도 마찬가지다. 지금까지 신앙교육은 교회에 위임해 왔다. 아니, 그것을 핑계로 방치해 왔다는 것이 솔직한 평가다. 신앙교육에 있어 부모의 자리를 되찾아야 한다. 주일과 주중, 교회가 준비한 영역에서 교회와 목회자의 도움을 받으라. 기억해야 할 것은 그것으로 신앙교육의 모든 의무를 다했다고 생각해서는 안 된다는 것이다. 가정의 신앙교육 계획서를 작성하라. 아이들을 앉혀놓고 가르치라는 것이 아니다. 이 책에서 강조하는 독서학습으로부터 시작하면 된다. 1년 하고 말 것이 아니기에 매일 조금씩, 한 해의 계획을 수행하고 다가올 다음 1년, 또 다른 과제를 수행해 가면된다. 다만 전체상은 가지고 있어야 한다. 초등 고학년부터 중·고등 학생을 생각하며 짠 커리큘럼이 있다. 다음 내용은 그 커리큘럼을 자세히 설명한 것이다.

아이들에게 성경 신학을 가르쳐라

먼저 성경학습이다. 자녀에게 성경을 가르쳐라.

매 월 1, 2주는 성경 주간이다. 한 주에 한 권씩 성경을 읽고 그것에 관한 책을 읽는 형태로 진행하면 된다. 하루에 30분의 시간만 투자해도 통독이 가능하다. 강의가 추가될 수 있다면 좋겠지만 그렇지 못해도 상관없다.

첫 주, 창세기 주간의 예를 든다면 매일 조금씩 읽으며 일주일간 성경 통독 계획을 세운다. 성경 개론서나 관련 책자를 준비하여 그 주간에는 창세기에 관한 책을 읽는 것이다. 강해설교 자료처럼 몇 구절을 한 권의 책으로 자세히 기록한 책자는 피하라. 간단하게 성경의 역사와 문화, 인물과 사건 등에 대해 설명한 해설서면 족하다.

분량은 많지 않아도 좋다. 기독교방송국의 자료를 활용해도 좋다. 해당 성경에 대한 간략한 해설 강의 자료가 있다면 그것보다 좋은 자료는 없다. 매년 그 양과 질을 높여가며 성경을 배우고 익혀가라.

매월 3주차는 신앙 인물 학습 주간이다. 성경적 가치관을 가지고 살아간 믿음의 사람들의 삶을 들여다보는 것만으로도 은혜가 된다. 신앙 위인전기를 읽을 때 논리적인 성경의 지식은 성령 감동, 감화를 체험하는 기회를 제공해 준다. 몇 년이 지나도 신앙의 동기부여를 받지 못하던 아이가 신앙 인물전기 한 권을 읽고 감동을 나눈 뒤 신앙의 결단을 하는 모습을 어렵지 않게 보았다.

매월 4주차는 신학에 대한 학습주간이다. 신학은 목회자들만의 전유물이 아니다. 크리스천 모두가 알아야 한다. 하나님을 알고 그분의 생각을 알고 이 땅에 세워진 교회의 체계에 대해 알아야 한다. 호세아는 외쳤다.

"여호와를 알라! 힘써 여호와를 알라!"(호 6:3)

신학은 하나님을 알아가는 우리의 노력이다. 오랜 시간 신학자들을 통해 정리된 신학을 우리 자녀에게도 그들이 감당할 만큼 가르쳐야 한다. 한 해, 한 해 그들의 수용력과 이해력, 논리력, 표현력이 자라게 될 것이다.

세상의 논리를 성경의 논리로 이겨내기 위해서는 하나님의 논리로 무장해야 한다. 그 때 신학에 대한 정립은 매우 중요하다. 이와 같이 설명한 커리큘럼의 구체적인 예시는 p.293의 부록 3에 실었다. 참고하여 반드시 각 가정과 교회에 맞는 커리큘럼을 작성해 보기 바란다.

관심주제 책 찾기

주제를 정하고 도서를 선택할 때에는 다음의 주제선정, 도서선택의 10계명을 참고할 것을 권한다.

주제 선정 7계명

1계명. 주 단위, 월 단위, 년 단위 계획을 세우고 진행하라(지속성을 위해서).

2계명. 자녀의 관심사로부터 시작하라(동기부여를 위해서).

3계명. 부모의 관심사도 주제 선정 시 반영하라(자녀의 삶의 목적에 대한 꿈은 부모의 몫이다).

4계명. 십진분류법의 주류, 강목, 요목 등의 분야별 균형을 유지하라.

5계명. 성경적 신앙, 기독교적 가치를 따라 믿음의 유산을 상속하기 위한 주제를 반영하라.

6계명. 인류의 보편적 가치, 시대적 과제, 변화하는 세상을 고려한 주제를 선정하라.

7계명. 우리민족에 관한 주제를 선정하라.

도서 선택 3계명

8계명. 손에 잡히는 대로, 눈에 띄는 대로 골라 읽던 습관에서 벗어나라.

9계명. 주제별 마스터 북 2권과 필수 참고도서 3권을 기본으로 정한다.

10계명. 연령을 고려하되 수준에 맞는 책과 새로운 어휘를 포함한 한 단계 높은 책의 균형을 유지하라.

주제가 정해지면 관심주제와 관련된 주제 중 추천 도서를 찾는 일은 그리 어렵지 않다. 다만 책을 선정함에 있어서 신중하라. 주위의 추천 도서만을 의지하지 말고 그것은 참고 자료로만 삼아라. 어떤 책을 읽느냐에 따라 우리 자녀의 삶의 행보는 크게 달라진다. 그들이 자라서 나타낼 영향력을 생각하면 평생 학습 주제를 선택하는 일은 나의 자녀의 미래가 아닌 인류의 미래를 담보하는 행위라고 해도 과언이 아니다. 그렇기에 평생 학습 할 주제를 선택함에 있어서 생명을 다룬다는 마음을 가져야 한다. 책을 선택함에 있어서도 마찬가지이다. 심사숙고하는 노력이 있어야 한다. 바로 그곳이 진정한 하나님의 사람들이 세워지는 곳이다.

지금 이 순간 자녀와 함께 마주 앉아 평생 독서 계획을 세워보라. 그들과 도서관을 찾아 작가들과 문헌정보학자들이 만든 천지창조의 세계를 둘러보라. 그 세계를 여행하기 위한 계획을 디자인 하라. 1년 독서 계획으로부터 시작해보라. 자녀의 독서 계획 뿐 아니라 나의 독서 계획도 디자인 해보라. 가정에서의 평생 신앙계획도 실행해 보라. 지금 내어 딛는 작은 발걸음의 가치를 안다면 지금 이 순간 하나님의 인도하심의 손길이 엄마의 손길을 통해 가정에 가득하다는 것을 깨닫게 될 것이다.

요약. "추천 도서 목록 있나요?"라는 말 대신

◎ 언제까지 남이 골라주는 '추천 도서 목록'만을 의지할 것인가?

◎ 책 제목을 정하는 것보다 중요한 것은 관심주제를 찾는 것이다.

◎ 문헌정보학자들이 세상의 책들을 분류하기 위해 만든 '한국십진분류(KDC)'는 세상의 모든 지식을 바라보는 창문이 된다.

◎ KDC를 통해 평생 도서목록을 디자인하라. 관심주제의 균형성과 확장성을 갖출 수 있다.

◎ 박이정(博而精)독서를 추천한다.
박(博)독서 : 넓은 범위 교양독서.
일 혹은 주 단위로 한 주제에 대하여 한두 권을 읽는다.

정(精)독서 : 세밀한 범위의 학습, 연구독서.
주 혹은 월, 그 이상의 단위로 한 주제에 대하여 20권 이상을 읽는다.

◎ 1주 1주제 = 1년 48주제 3년 144주제

◎ 성경 학습도 디자인 하라. 하루 30분!
첫째, 둘째 주 = 성경의 역사 문화, 인물 사건
셋째 주 = 신앙 인물 학습
넷째 주 = 신학 및 교리 학습

5.

"오늘 무엇을 배웠니?"라는 말 대신
_ 생각의 지평을 넓혀가는 질문 학습법

세상을 살다보면 관계 가운데 많은 일들로 기뻐하고 슬퍼한다. 좋은 감정과 나쁜 감정, 사랑, 미움, 기대, 실망 등. 이 다양한 감정들로 인해 행복하기도하고 불행하다고 느끼기도 하며 살아간다. 이렇듯 감정은 매우 주관적이며 변화무쌍하다. 같은 조건 가운데서도 사람마다 각기 다른 감정을 나타내 보인다. 감정이 앞설 때는 객관적인 논리도 힘을 잃는다. 한 사람의 감정 문제가 공동체의 아픔을 가져오는 일이 그리 낯선 일은 아니다.

이 변화무쌍한 감정에 휘둘리지 않으려면 어떻게 해야 하는가? 행복을 추구하는 자로서 주도적으로 감정을 다스리기 위해 우리에게 필요한 것은 무엇일까?

첫째, 감정의 기초를 확인해야 한다. 둘째, 감정을 흘러가는대로 두는 것이 아니라 그 방향을 자신이 주도해야 한다.

서운함과 안타까움의 감정을 예로 들어보자. 서운함과 안타까운 감정의 기초와 방향성은 서로 다르다. 서운함은 나를 위하는 마음에 기초해 있다. 내가 서운하다는 것이다. 반면 안타까움은 상대방을 위하는 마음에 기초해 있다. 자연스럽게 감정의 방향성도 서로 다르다. 서운한 사람은 원망을 이끌어 낸다. 상대방에게 문제의 원인을 돌린다. 안타까운 감정을 가진 사람은 상대방을 걱정한다. 연민을 넘어 실질적인 도움, 상대방의 필요를 채워주려는 마음으로 나아가게 된다.

"왜 인물 될 공부를 아니 하는가"

감정과 사고의 방향성을 상대방을 위하는 마음의 기초 위에 세우고 살아간 대표적인 사람이 도산 안창호 선생이다. 독립운동가요, 민족의 대표적인 지도자였던 도산의 삶은 타인을 생각하는 애타(愛他) 정신에 기초하여 세워졌다.

도산의 타인을 향한 애타는 마음은 이웃을 넘어 민족과 나라를 위하는 마음으로 발전했으며 결국 그는 그것을 위해 평생을 살았다. 그렇다고 자신을 사랑하는 일에 게을리 한 것은 아니다. 도산은 타인과 국가를 위하는 마음의 기초로 애기(愛己)를 제시한다. 진정한 성공을 위한 가치의 기초는 자기 자신을 사랑하는 마음으로부터 시작되어야 함을 이야기한다.

도산 안창호 선생은 예나 지금이나 사람들 사이에 이어지고 있는 한탄이 하나 있다고 말한다. 그것은 '왜 우리나라에는 인물이 없는가?' 하는 물음이다. 도산은 이 질문에 명확하게 답변한다.

"우리 중에 인물이 없는 것은 인물 되려고 마음먹고 힘쓰는 사람이 없는 까닭이다."

그리고 그는 역으로 하나의 질문을 던진다.

"인물이 없다고 한탄하는 너 자신은 왜 인물 될 공부를 아니 하는가?"

도산 안창호의 자서전을 접한 것은 고등학생 때였다. 당시 도산의 이 질문이 나의 마음을 강타했다. 그렇다고 갑자기 인생에 엄청난 변화가 생긴 것은 아니고, 변화 된 것이 하나 있다면 책을 읽기 시작했다는 것이다.

당시 나의 삶에 책과 독서는 큰 비중을 차지하고 있지 않았다. 그 시절 나의 기억을 더듬어 보면 집에 비치 된 10권의 만화 역사 시리즈나 66권 문학 고전 시리즈 중 몇 권을 닳고 닳도록 본 것 이외에 책을 따로 찾아 읽은 기억은 없다. 그럼에도 불구하고 그러던 가운데 접하게 된 도산의 말과 삶은 어린 나에게 충격으로 다가왔다. "왜 인물 될 공부는 아니 하는가?"하는 질문 앞에 아무 생각 없이 살고 있는 내 모습이 오버 랩 되었다.

고등학교 2학년 때의 어느 날이었다. 토요일과 주일이면 교회에 가기 위해 세 살 터울의 여동생과 함께 지하철을 탔다. 그날도 평범한 토요일이었다. 여동생은 지하철에서 내게 말을 걸었다.

"오빠! 왜 어두운 창문만 쳐다보고 있어? 책이라도 읽어!"

여동생은 항상 손에 책을 들고 다녔지만 나는 늘 아무 생각 없이 지하 터널 어두운 창문만을 응시하곤 했다. 3, 4년 동안 꽤 오랜 시간을 정말 아무 생각 없이 그렇게 오고가고 있었다. 그런데 중2 여동생이 무심코 내 뱉은 말 한마디가 예전에 도산의 전기에서 읽었던 구절을 떠오르게했다.

'안창호 선생님이 '인물 될 공부'에 대해 이야기 하실 때 가슴 뛰었던 순간을 내가 잊고 있었구나! 지금 나는 무엇을 하고 있지? 왜 아무 생각 없이 이렇게 오랜 시간을 어두운 곳만 응시하며 있는 것일까?'

그리고는 다음 날 교회 가는 길에 다시 도산 안창호의 자서전을 꺼내 들었다. 그 당시 내가 무슨 엄청난 각오를 다지며 책을 편 것은 아니었다. 그러나 나의 삶의 독서 여행이 시작된 의미 있는 순간으로 지금도 기억되고 있다.

고2 여름, 여동생이 무심코 던진 질문 하나가 나를 움직였다. 기억 속에 묻혀 있던 도산 안창호의 자서전 속 질문을 끌어 올리는 마중물이 되었다. 그 순간은 내 삶의 작은 터닝 포인트가 되었다.

질문이 인생을 바꾼다

1998년부터 독서 전문 사역자로서의 삶을 살기 시작했다. 나를 변화시킨 독서는 자기계발 차원을 넘어 다른 사람들의 변화를 지원하는데 사용되고 있다. 이후 20년이 넘는 시간 독서, 글쓰기는 나의 삶의 핵심 키워드로 자리 잡았다. 질문도 마찬가지다. 도산 안창호의 질문에 대하여 고민해야 했던 고2 여름 어느 날의 기억은 오늘 나에게 하나의 상징처럼 남아있다.

내가 만나는 아이들에게 내가 하는 강의 한 시간이 변화의 마중물이 될 수 있다. 그들이 읽는 책 한 권도 마찬가지다. 교사와 부모가 일상 가운데서 던지는 질문도 마찬가지다. 던져진 생활 속 질문 하나가 자녀 삶의 터닝 포인트가 될 수 있다.

세상을 바꾼 역사적 사건들의 시작은 누군가의 질문으로부터 시작되곤 했다. 아이러니한 것은 우리 사회 속에서 질문은 대접받지 못하고 있다는 사실이다. 사회생활을 하는 어른들에게도 질문은 낯선 행위다. 질문을 던지거나 받는 환경에서 자라지 못했다. 자녀에게도 질문은 부자연스럽다. 사회, 교육 시스템이 질문의 공간을 마련해 주지 않았다. 기회도 주지 않았고 질문을 허용하는 분위기도 아니다.

아이들은 어린 시절 궁금함으로 가득하다. 그들의 호기심을 채우는 유일한 통로는 질문하고 대답을 듣는 통로를 통해서다. 독서가 강조되는 것도 질문의 대한 답을 찾아가는 과정이요 새로운 질문을 창조하는 과정이기 때문이다.

문제 해결의 핵심 키워드 _ 학습 & 질문

질문을 던진다는 것은 답을 얻을 수 있다는 말과 같다. 질문은 복잡한 사물과 사건을 전체적으로 볼 수 있게 하는 힘을 가지고 있다. 추상적인 개념을 구체화 시키는 것도 질문이 가지고 있는 위력이라고 할 수 있다. 또한 질문은 보이지 않는 세계를 가시적인 세계로 끌어들이는 힘이 있다. 문제의 원인을 찾도록 돕는 문제 해결의 실마리를 던져주는 것도 질문의 힘이다. 한마디로, 질문은 주어진 정보와 문제, 무질서한 세계에 질서를 부여하여 신지식을 창조해 내는 능력을 가지고 있다.

성경에서 '믿음은 들음에서 난다'고 했다. 그렇다고 해서 복음을 들은 모든 이들이 믿음을 얻는가? 아니다. '들음'과 '믿음' 사이에는 질문이 존재한다. 그 질문의 답으로 우리에게 믿음이 주어지는 것이다. 많은 사람들은 자기 존재에 대한 질문을 가지고 있다. 또한 생명과 죽음에 대하여 들여다보며 사후에 대한 막연한 두려움을 가진다. '인간은 어디로부터 왔으며, 무엇을 하다, 어디로 가는가?'하는 질문은 인간이라면 내면 깊숙한 곳에 품고 있는 질문들이다. 이것들은 인생의 문제요, 해결을 요구하는 과제다.

우리에게는 복음이 주어졌다. 인생의 수많은 질문이 복음 앞에서 답을 얻게 된다. 이것이 은혜다. 은혜는 추상이 아니다. 하나님의 논리다. 질문과 답을 얻는 과정이 분명하다. 무지한 우리가 그 과정을 깨닫지 못할 뿐이다.

질문과 관심

구두점원은 길을 갈 때 사람들의 구두가 눈에 들어온다. 안경집 주인은 마주치는 사람의 안경이 눈에 들어온다. '눈에 들어온다'는 것은 그 이전에 던진 질문에 대한 답으로 주어진 것이다. 삶을 살아가며 자연스럽게 갖게 되는 무의식적인 질문이다. 보통 사람들은 길을 갈 때 안경이나, 구두를 주의하여 보지 않는다. 그것에 대한 질문, 궁금함이 없기 때문이다.

'나는 요즘 무엇을 배우고 영향을 받고 있는가?' 그에 대한 답은 자신의 관심을 살피면 알 수 있다. 관심이란 질문을 동반한다. 무의식중에 질문을 던진다. 그 질문에 대한 답은 자신의 삶에 영향을 미치며, 변화로 이어진다.

잘못된 문화, 가치관에 관심을 갖고 있는가? 자신도 모르는 사이에 보이지 않는 세계의 잘못된 문화와 가치관에 물들게 된다. 관심을 타고 들어 온 정보는 의식적인 노력 없이도 사람을 변화시켜 놓는다. 우리의 관심이 점검되어야 하는 이유다.

앞서 말하기도 했지만 '아는 것이 힘'이라는 말은 정보의 질이 좋고 바른 정보라는 것을 전제한 말이다. 그러나 오류 지식과 부분 지식에 대한 앎은 힘이 되지 않는다. 아는 것은 도리어 해가 된다. '모르는 게 약이다'는 말은 이때를 두고 하는 말이다.

자녀의 관심이 점검되어야 한다. 우리 자녀가 잘못된 세상의 문화와 세계관에 무방비 상태로 노출되어 있다. 마치 에덴동산의 선악과 나무와 같다. '보암직도 먹음직도 하여' 사람을 유혹한다. 탐스럽기까지 할 뿐 아니라 그것을 먹으면 눈이 밝아진다. 보이지 않던 것들이 보이기 시작한다. 신세계를 경험한다.

자녀의 관심을 통제하라는 것이 아니다. 경각심을 가지라는 것이다. 관심이라는 질문은 세상의 잘못된 풍조와 우리 자녀를 링크시키기에 부족함이 없다. 그들의 관심사는 교회의 문화 형성에 영향을 미치기 시작했다. 세상을 향한 영향력을 잃은 교회와 크리스천의 삶. 우리 자녀가 던졌던 질문, 그들이 가졌던 관심에 무관심했던 부모들과 지도자들이 초래한 결과다. 비상을 외쳐야 할 때다.

끊임없이 질문을 던져야 한다. 지금 어디를 향해 가고 있는지 질문해야 한다. 지금 우리가 선 곳이 어디인지에 대해서도 질문하라. 두렵고 떨리는 마음으로 기도했던 사도 바울의 태도가 필요하다. 하나님과 자신에게 질문을 던지는 조용한 묵상의 자리가 필요하다. 오늘의 나약한 모습이 아닌, 변화된 크리스천으로 살기 위함 몸부림으로서의 스스로를 향한 관심과 질문이 필요하다.

무기가 되는 질문

이번 장에서 소개하는 독서 기술 디자인 7단계는 효과적인 독서를 위한 방법과 기술에 대한 이야기다. 한마디로 정리한다면 '아웃풋(Out-put) 독서'라고 할 수 있다.

일반적인 독서는 수용하는 '인 풋(In-put) 독서'다. 정보와 지식을 수용하여 아는 힘을 키워간다. 독서 하는 이들의 관심은 어떻게 하면 독서를 더 잘 할 수 있는가하는 것이다. 이때 필요한 것이 독서의 기술과 방법이다. 더 잘 읽고 바르게 읽기 위한 지침들이다. 이러한 대부분의 독서의 방법과 기술은 아웃풋을 중심으로 진행된다. 기술과 방법은 다양하지만 읽은 것을 표현하면서 점검한다는 목표는 동일하다. 아웃풋 독서의 첫 번째 단계는 질문하는 독서법, 문진독서다.

질문과 관련하여 유명한 예화가 있다. 한국인 부모, 유대인 부모의 질문에 대한 이야기다. 학교를 마치고 돌아 온 자녀에게 한국 부모는 묻는다. '오늘 무엇을 배웠니?' 이와는 달리 유대인 부모는 '오늘 무엇을 질문했니?'라며 묻는다는 것이다.

비슷한 질문이면서도 관점에 큰 차이가 있다. 전자의 질문 '무엇을 배웠는가?'하는 질문은 내용에 포커스를 둔 것이라고 한다면 후자, 유대인 부모의 '무엇을 질문했니?'라는 물음은 아이의 의문과 관심에 집중한다. 당장이야 질문의 차이로 끝나지만 시간이 지나면 그 결과는 결코 작지 않다.

자녀교육에 있어 질문교육은 아무리 강조해도 부족함이 없다. 독서에 있어서도 마찬가지다. 책을 읽고 나서 책을 읽은 당사자의 생각과 마음에 남는 것들은 스스로 던진 질문에 대한 답들이다. 던져진 질문이 있을 때 그에 대한 답은 동의, 누락, 오류의 형태로 질문한 이에게 다가온다.

의문에 대한 동의할 만한 답을 찾기도, 원하는 답을 찾지 못하기도 한다. 잘못된 내용을 제시해 만족하지 못할 수도 있다. 이 모든 것이 질문이 있었기에 주어진 것이다. 자녀에게 질문하는 습관을 선물하라. 그 하나만으로도 세상이라는 전쟁터에서 생존하고 승리할 수 있는 강력한 무기를 갖추었다 할 수 있다.

질문이란 무엇인가에 대한 30가지 답변

스스로에게 질문을 던져보았다. '질문이란 무엇인가?' 브레인스토밍을 거쳐 30가지의 정의를 내려 보았다. 서른 가지 답변은 어찌보면 엇비슷해 보일 수 있다. 그러나 이 답변들을 살펴 보는 것만으로 질문의 가치를 공유할 수 있을 것이라 생각하여 이번 기회를 빌려 이곳에 가감 없이 소개해본다.

1. 질문은 생각하게 하는 도구다.
2. 질문은 본질을 찾는 도구다.
3. 질문은 관계를 찾는 도구다.
4. 질문은 잘못을 찾는 도구다.
5. 질문은 보이지 않는 세상을 보는 현미경이다.
6. 질문은 인식되지 않던 세계를 알아가는 마중물이다.
7. 질문은 답을 얻는 통로다.

8. 질문은 차이를 발견하게 하는 도구다.

9. 질문은 차이를 만들어 내는 능력이다.

10. 질문은 교사와 학생을 잇는 다리다.

11. 질문은 교사의 눈으로 세상을 보게 하는 도구다.

12. 질문은 영향력을 확대하는 도구이다.

13. 질문은 의문이 구체화 된 것이다.

14. 의문이 구체화 되었을 때 우리는 해답에 점점 가까워지게 된다.

15. 의문이 질문으로 구체화 되었다면 이제 필요한 것은 질문하는 방법을 배우는 것이다.

16. 질문의 수준은 답의 수준을 결정한다.

17. 질문이 필요 없는 존재는 하나님뿐이다.

18. 학생의 질문은 대부분 자신이 모르고 있는 것에 대한 물음이다.

19. 교사의 질문은 대부분 자신이 알고 있는 것에 대한 물음인데, 이는 학생들이 알아야 할 것을 알게하는 것에 그 목표를 둔 질문이기 때문이다.

20. 내 안의 지식과 깨달음은 질문을 던진 결과로 남은 부산물이다.

21. 뛰어남과 평범의 차이는 질문능력의 차이다.

22. 질문은 관점을 이동시키는 것이요 차원을 이동시키는 것이다.

23. 질문 능력과 독서 수준은 비례한다.

24. 질문의 힘은 패턴을 찾아가는 것이다.

25. 질문 없는 생각은 없다.

26. 질문의 수준이 사고 수준을 결정한다.
27. 창의력을 키우려면 질문을 던져라.
28. 창의력을 키우려면 질문을 만들어라.
29. 우리가 새로운 정보를 받아들이지 못하는 유일한 이유는 질문하지 않기 때문이다.
30. 질문 능력은 훈련을 통해 세워갈 수 있다.

인물 읽기 _ 인물 탐구 기본질문

유년시절 아이들에게 가장 영향이 큰 책은 인물전기인데 좀 더 깊이 있는 독서를 원한다면 위인전, 인물 자서전을 읽을 때 질문법을 활용해 보라.

한 사람이 살아 온 인생은 한 사람 이상의 이야기를 담고 있다. 출생에서 죽음에 이르기까지 한 사람이 세워지는 과정에 영향을 준 요소를 살펴보는 것은 축복의 시간이다. 앞으로 살아갈 나의 삶을 디자인함에 있어 이만한 기회가 어디 있는가? 역사의 인물들을 글로 대면하여 보며 그들에게 질문을 던지고 답변을 찾아보는 시간은 먼저 오늘의 나를 돌아보는 시간이 된다. 또 이후의 삶의 성공과 실패를 가늠하는 중요한 시간이기도 하다. 인물마다 던져야 할 질문이 있겠지만 누구에게나 해당되는 공통질문도 있다.

인물의 생애와 사상, 업적을 바라본다. 인생을 살며 경험한 실패와 성공, 위기와 극복, 관계의 희비, 꿈과 비전에 관한 질문을 던져보자. 인생의 굴곡을 이루고 있는 삶의 스토리를 찾아내는 '마중물 질문'이라면 어떤 질문도 좋다. 한 인물의 삶을 객관적으로 살펴보는 것은 어려운 일이겠지만 누군가의 삶을 돌아보며 무언가를 배운다면 그것보다 더 큰 복이 어디 있겠는가?

　인물 읽기 기본 질문 21가지를 팁으로 담았다(p.250 참고). 생애, 업적, 사상으로 구성된 인물 읽기 기본 질문 21가지를 이용하는 것만으로도 위인전, 인물전기를 통한 배움과 깨달음을 얻을 수 있을 것이다. 배움의 즐거움은 읽을수록 커져간다.

　인물 읽기를 인물 탐구 워크시트를 활용하여 진행할 수도 있다. 표로 만들어 적은 분량으로 답을 쓸 수 있게 하여 초등학교 저학년 자녀에게도 적용 가능하다.

　트리비움을 키우기 위한 모든 종류의 훈련에서 항목을 가득 채워야 한다는 부담을 주어서는 안 된다. '아는 만큼' 기록하게 하라. 자녀의 초기값, 시작점의 사고 능력을 인정하라. 부모의 바람을 기준으로 자녀를 평가해서는 안 되면 비교는 금물이다. 사람마다 그 속도가 다르기 때문이다. 처음에는 빈칸에 50%도 채우지 못하는 아이들도 있을 것이다. 걱정하지 않아도 된다. 전혀 문제 없다.

　모든 트리비움 훈련의 지속성과 일관성만 유지하면 된다. 과정의 진보는 시간 싸움이다. 반드시 이루어지게 되어있다. 인물 탐구 워크시트 또한 팁으로 담았다(p.254 참고).

질문의 7단계 42가지 유형

이번에 제시하는 7단계 질문법은 호도애 교육 과정의 모든 질문지, 워크시트의 기본 원리에 해당된다.

7단계 질문법에서 제시하는 42가지 유형에 대해 질문을 던져라. 42가지 유형에 대한 나만의 정의가 분명해 진다면 자신만의 질문지를 만드는 일은 결코 어려운 일이 아니다. 42가지 유형이 많게 느껴질 수도 있지만, 강조를 위한 이음(異音) 동의어(同義語)도 많으니 실제 익혀야 하는 질문 유형은 줄어든다.

예를 들어 2단계 내용의 '지식 질문'에서 '내용 읽기', '회상 읽기', '기억 읽기', '점검 읽기'는 뉘앙스에 따라 다른 질문 만들기도 가능하나, 초보자의 경우 같은 의미로 받아들여 진행하면 된다.

위에서 브레인 스토밍한 '질문에 대한 정의 30가지'는 이론이 아닌 실제다. 이상이 아닌 현실 속 능력이다. 자녀에게 7단계 42가지 질문의 유형을 가르치고 활용하게 하라. 가정, 교회, 학교의 일상 속에서 질문을 훈련하라.

한두 번의 질문 활용으로 질문의 힘을 얻기는 힘들다. 역량은 한순간에 체화할 수 없고 끊임없는 반복이 필요하다. 질문이 일상의 훈련을 통과하며 쌓여갈 때 조금씩 내 삶의 원천 능력이 된다. 질문 훈련을 통해 얻는 사고력과 지혜는 한번 내 것이 되면 평생 사라지지 않는 인생 자산이 된다. 그것은 모든 일의 원천능력이 된다. 차이를 만드는 원천 능력, 질문을 훈련해야 할 중요한 이유 가운데 하나다.

- **1단계 바탕 – 준비 질문**

  제목읽기 / 표지읽기 / 정보읽기 / 목차읽기 / 훑어읽기 / 예측읽기

- **2단계 내용 – 지식 질문**

  본문읽기 / 내용읽기 / 회상읽기 / 기억읽기 / 점검읽기 / 반복읽기

- **3단계 생각 – 이해 질문**

  어휘읽기 / 문장읽기 / 생각읽기 / 이해읽기 / 추론읽기 / 개념읽기

- **4단계 구조 – 분석 질문**

  문단읽기 / 구조읽기 / 근거읽기 / 비교읽기 / 분석읽기 / 배경읽기

- **5단계 핵심 – 가치 질문**

  핵심읽기 / 주제읽기 / 요점읽기 / 전체읽기 / 의미읽기 / 가치읽기

- **6단계 적용 – 토론 질문**

  평가읽기 / 해석읽기 / 토론읽기 / 관계읽기 / 적용읽기 / 가정읽기

- **7단계 융합 – 창의 질문**

  종합읽기 / 강조읽기 / 창의읽기 / 융합읽기 / 결단읽기 / 앵커읽기

질문 받기에서 질문 만들기로 나아가라

질문을 통해 생각하는 역량을 키우기 위해서는 먼저 좋은 질문을 많이 접해야 한다. 추상적인 질문 몇 가지, 핵심을 찾는 몇 가지 질문을 몇 차례 접한다고 생각의 역량이 자라는 것은 아니다. 다양한 유형의 질문을 일상에서 접할 수 있어야 한다. 질문을 받

고 질문에 답하고 주고받는 대화와 생각 나눔 속에 사고력이 자란다. 독서 질문학습지는 먼저 교사나 부모가 만들어 제공해 주면 된다. 아이들에게 제공할 때, 과제가 아닌, 소통을 위한 도구로 제공되도록 해야 한다.

질문에 대해 어느 정도 익숙해지면 다양한 유형의 질문 만들기에 참여하도록 지도하라. 질문을 받고 답을 하는 생각도 필요하지만, 핵심을 찾고 의문을 풀어가는, '단계적 질문'을 만드는 경험은 차원이 다른 사고의 역량을 키우는 기회가 된다. '양질전환'의 법칙은 질문 만들기에도 적용되는 것이다. 부족한 듯 보이는 질문일지라도 질문을 만들고 그 양이 쌓이다 보면 질문의 수준은 자연스럽게 높아지게 되어있다. 질문 만들기에 있어서도 꾸준한 실행이 답임을 기억하라.

물론 적절한 지도는 그 시기를 앞당길 수 있다. 다만, 부모 스스로 자녀를 훈련시켜야 하는 상황에 있더라도 두려워하지 말라. 그리 긴 시간이 지나지 않으면 질문이 생각을 부르고 나의 생각은 문제를 해결하고 답을 찾아가는 길에 어느 순간 능숙하게 될 것이기 때문이다.

문명의 발전은 '물음'이 가져온 결과

물음이 사라지면 변화와 발전도 멈추거나 퇴보한다. 우리도 예외는 아니다. 질문이 사라진 인생은 변화하지 않고, 성장하지 않는다. 자녀교육에 있어서도 던져야 할 질문, 가져야 할 관심을 회복해야 한다. 하나님의 나라를 이루기 위해 끊임없이 물음을 던져 나갈 때, 하나님의 나라가 우리 삶 가운데 이루어진다.

성경적 자녀교육의 문제의 핵심도 이것이다. 바른 질문과 소통이 사라진 교육, 오늘 우리 교육의 현실이다. 세상의 교육과 다를 바 없다. 아니, 그것에도 미치지 못하는 것이 현실이다. 이러한 환경 속에서 우리가 자라왔다. 질문의 과정 없이 답이 주입되어졌다. 그러나 다행인 것은 '문제'를 발견했다는 것이다. 이제 그 문제 해결의 몫은 우리에게 주어졌다.

이 세상의 문제는 항상 발견자들에 의해 해결되어져 왔다. 문제 해결의 자리는 먼 곳에 있지 않다. 교회와 신앙 지도자들의 몫으로 돌리지 말라. 자신의 문제로부터 시작하라. 자신과 자녀의 삶에 대해 질문을 던지자. 주어진 해답을 삶에 적용해 가자. 미래의 어느 시점이 아니라 오늘 당장 이 일에 동참할 수 있다. 다른 누군가가 아닌, 나만 설득하면 된다. 주님이 주신 또 하나의 사명이다.

이제 갈 길은 정해졌다. 우리의 자녀를 신앙과 비전, 실력을 겸비한 크리스천으로 세우는 것이다. 이를 위해 질문하는 자녀로 세워가야 한다. 죄악으로 가득한 세상을 변화시키는 하나님의 일꾼이 되기 위한 노력이 필요하다. 자신과 세상을 향해 끊임없이 질문을 던지며 문제를 해결해 나가는 평생 학습자의 모습을 갖춰야 한다. 우리의 자녀가 세상을 변화시킬 하나님의 청지기가 되도록 오늘 주어진 하루, 하루를 살자.

자! 그러면 좀 더 구체적으로 이 문제를 어떻게 해결해 나가야 할 것인가? 내가 할 수 있는 일은 이 땅의 '크리스천 엄마'들에게 물음표를 던져 놓는 일이다.

이 물음표는 살며 사랑하며 배우며, 나누는 삶의 자리에서 우리가 찾아야 할 질문이요 하나님의 뜻을 이뤄가는 기도다.

요약. "오늘 무엇을 배웠니?"라는 말 대신

◎ 생활 속 질문 하나가 자녀 삶의 터닝 포인트가 될 수 있다.

◎ 질문을 던진다는 것 = 답을 얻을 수 있다는 것.

◎ 질문을 만들어내는 '아웃 풋(Out-put) 독서'를 하라.

◎ 문명의 발전은 '물음'이 가져온 결과다.

◎ 자녀를 신앙과 비전, 실력을 겸비한 크리스천으로 세우는 것. 그것이 우리가 갈 길이다. 이를 위해서 '질문하는 자녀'로 세워가야 한다.

◎ "오늘은 어떤 질문을 했니?"하고 물어보라.

Tip 8. 인물 읽기 기본 질문 21

◎ 아래의 예시 답은 『어린이 백악관을 기도실로 만든 대통령 링컨』(생명의 말씀사)를 바탕으로 초등 저학년생 자녀를 모델로 작성했습니다.

◎ 생애

1. 주인공의 삶에서 가장 어려웠던 시절은 언제인가?
링컨이 9살 때, 어머니 낸시가 '우유병'이라는 풍토병에 걸려 돌아가신 것.

2. 주인공은 어려운 시절을 어떻게 극복 했는가?
어머니가 물려주신 보물, '성경책'을 열심히 읽으며 극복했다.

3. 주인공의 비전과 학문 연구에 가장 큰 영향을 미친 사람(들)은 어떤 사람이었는가?
신앙을 알려 주고 링컨이 학교를 갈 수 있도록 도와 준 어머니 낸시이다.

4. 주인공이 어린 시절부터 청년 시절까지 읽은 책의 목록을 조사하라.
특별히 『웅변 연습하기』라는 책을 보면서 숲에서 연설 연습을 했다고 한다.

5. 주인공의 어린 시절을 살펴보고 평범한 아이들과 달랐던 점이 무엇인지를 정리해보라. 또한 나와는 어떤 점이 다른지 생각해 적어보라.
아버지가 반대해도 학교를 다니려 노력했다. 나는 공부가 싫은데 링컨이 잘 이해가 되지 않지만, 대단한 거 같다.

6. 주인공이 교육을 받았던 과정을 간단히 정리하라.

링컨은 학교를 9개월 밖에 안 다녔다.

7. 주인공은 가족들과 주위 사람들에게 어떠했는가?
따뜻했다. 이웃들의 편지와 여러 필요한 글을 읽어주었다고 한다.

8. 주인공이 친구를 사귈 때 가장 중요하게 여긴 것은 무엇이었는가?
솔직한 태도로 친구를 사귀었고 친구를 사랑으로 사귀었다.

9. 주인공이 남긴 교훈을 한마디로 이야기한다면 무엇인가?
내가 받은 교훈은 하나님을 믿고 이웃을 사랑하는 것이다.

10. 주인공은 어느 시대 사람인가?(시대적 배경을 구체적으로 적어보라.)
19세기였다. 노예 제도가 있었고 학교 교육을 받기 어려웠다.

11. 주인공은 어린 시절(청년 시절) 어떠한 일로 모범을 보였는가?
링컨이 빌려 온 『워싱턴 전기』가 있었는데 그것이 물에 젖은 일이 생겼다. 링컨은 낙심하지 않고 정직하게 이야기했고 열심히 일을 해서 책값을 지불했다.

12. 주인공이 오늘까지 존경을 받을 수 있는 가장 큰 이유는 무엇인가?
정직하고 하나님을 잘 믿는 삶을 살았기 때문이다. 그리고 실패를 해도 낙심하지 않고 새롭게 도전했다.
또 연약한 사람을 도왔다. 흑인 노예들을 불쌍하게 생각하고 노예 제도 폐지를 위해 애를 쓴 것도 존경받을 수 있는 행동이었다.

◎ 업적

13. 주인공이 저술한 책에는 어떤 것들이 있는가?
링컨이 쓴 책은 잘 모르겠다. 그런데 게티즈버그 연설은 아주 유명하다.

14. 주인공의 대표적인 업적과 같은 일을 한 사람들로는 누가 있는가?
마틴 루터 킹 목사, 흑인의 인종 차별을 반대했다.

◎ 사상

15. 주인공의 사상을 한 문장으로 표현해보라.
하나님을 믿고 의지하여 정직함을 가지고 이웃을 사랑하고 약한 이들을 도왔다.

16. 주인공의 삶과 사상에 많은 영향을 미친 사람들은 어떤 이들인가?
어머니 낸시가 어린 시절부터 성경 말씀을 가르쳐 주었고 돌아가시면서는 '성경책'을 물려주었다.

17. 주인공이 인류와 국가, 사회에 미친 영향은 무엇인가?
노예 제도를 폐지했다. 지금도 나와 같은 많은 어린이들에게 교훈을 준다.

18. 주인공이 학문에 눈을 뜬 것은 언제이며, 학문을 탐구하게 된 계기는 무엇인가?
링컨은 '읽고 쓰고 생각하는 것'을 중요하게 생각했고 학교를 짧게 다녔지만 글씨를 알게 된 후 책을 많이 읽어서 학문에 눈을 뜨게 된 것 같다.

19. 주인공의 생각(가치관)가운데 자신의 생각(가치관)과 다른 것이 있다면 그것은 무엇이며, 왜 그렇게 생각하는가?(비판하지 말고 자신의 입장만 밝히세요.)
더글라스는 링컨을 반대한 사람이었는데 링컨은 그 사람을 용서하고 친하게 지내며 함께 일을 하기도 했다. 하지만 나는 용서는 해도 친하게는 지내지 않을 것이다. 왜냐하면 친하게 지내면 나는 계속 힘들 수도 있기 때문이다. 미워하지는 않아야 하지만 내가 속상하면 친하게 지내지 않아도 된다고 생각한다.

◎ 느낌

20. 주인공의 전기(자서전) 연구를 마치고 느낀 바는 무엇이며, 주인공의 삶을 교훈 삼아 내 삶의 변화를 위해 해야 할 일은 무엇인지 기록하라.
나는 엄마한테 혼나는 게 정말 무섭다. 하지만 이제는 실수를 하더라도 정직하게 말해야겠다. 책도 지금보다는 조금 더 읽어야겠다.

◎ 질문

21. 이 전기를 읽고 의문나는 점을 질문으로 작성하세요. (의무적으로 2개 이상)
① 링컨은 자기를 반대했던 더글라스와 함께 일할 때 힘들지는 않았을지 궁금하다. 그럴 때는 어떻게 기도하면 좋을까?
② 나는 사실 책 읽기와 공부가 재미가 없다. 링컨은 재미없는 공부가 왜 재미있었을까?

Tip 9. 인물 탐구 워크시트

◎ '아는 만큼' 기록 하세요. 빈 칸을 모두 채워야 하는 것은 아닙니다.

◎ 자녀의 초기값, 시작점을 인정하며 시작하세요.

◎ 비교는 금물! 사람마다 그 속도가 다릅니다.

◎ 지속성과 일관성이 중요합니다.

◎ 과정의 진보는 시간 싸움! 그러나 반드시 이뤄집니다.

인물 명 : 에이브러햄 링컨		이름 : ○○○　　일시 : ○○. ○○. ○○. ○요일	
생애	출생	1806년 미국 켄터키 주 통나무집에서 태어났다.
	만남 1	어머니 낸시와 만남. 낸시는 사랑으로 링컨을 키우고 학교에도 가게 해 주고 성경 말씀을 가르쳐 주었다.
	만남 2	20세에 뉴올리언스 여행에서 흑인들이 비참하게 사는 것을 목격했다. 나중에 흑인 노예제도 폐지를 해야겠다고 생각하는 계기가 됐다. 이것도 만남이라고 할 수 있을까?
	만남 3	그 다음의 만남은 무엇을 써야 할지 모르겠다. (모든 것에 다 답을 써야한다는 부담은 갖지 마세요.)
	배움	학교를 9개월 동안만 다녔다. 성경책과 여러 다양한 책들이 링컨의 선생님이 되었다.
	고난 1	가난한 집에서 태어났고 아버지가 링컨이 학교에 가는 것을 반대했다.
	고난 2	링컨이 운영한 잡화점이 망했다. 그래서 빚을 지게 되었고 17년이나 빚을 갚았다고 한다.
	고난 3	정치를 하게 됐는데 선거에서 여러 번 떨어졌다.
	고난 4	대통령이 되어서 편하게 살 수도 있지만, 노예제도를 폐지하기 위해 무척 고생했다. (아이의 눈높이에서 쓰는 답도 수용해 주는 것이 필요합니다.)

생애 2	성공	공부를 열심히 하여 변호사가 되었고 선거에서 여러 번 떨어졌지만 결국 대통령이 되었다.
	죽음	1865년 4월 14일 성금요일 워싱턴 포드극장에서 링컨은 존 윌크스 부스에 의해 암살당했다.
업적	직업 1	가게 직원, 잡화점 주인.
	직업 2	변호사, 정치인, 대통령.
	업적 1 (대인)	나와 같은 어린이에게 모범이 되어준다. 노예로 살던 흑인들 한 사람 한 사람에게 도움이 되었다.
	업적 2 (사회국가)	미국의 남북 통일을 이루었다.
	업적 3 (인류, 세계)	노예 제도 폐지로 모든 사람이 하나님 앞에서 평등하다는 것을 알게 했다.
사상	신앙	하나님 아버지를 믿었다.
	세계	세계를 위한 생각은 무엇이 있는지 모르겠다.
	인간	노예 제도를 폐지하여서 모두 평등하게 살게 했다.

6.

"조용히 생각해 봐!"라는 말 대신
_ 읽고 생각하며 표현하는 토론 독서, 하브루타

부모가 자녀를 교육하는 것은 여간 어려운 일이 아니다. 교육학 박사라도 자녀교육은 또 다른 차원의 미해결 과제다. '남의 아이는 가르쳐도 자기 아이는 못 가르친다'는 말이 있지 않은가. 그 이유는 무엇인가? 교육은 관계를 전제하기 때문에 그렇다. 감정적 거리가 가까운 것이 교육의 장점이 되기도 하지만 최악의 장애 요소가 되기도 한다. 가정에서 이러한 일은 자주 목격된다. 그렇다고 자녀교육에 있어서 부모의 책임은 핑계할 수 없다. 누구에게도 양보할 수 없는 책임과 역할이 부모에게 주어져 있다. 양보해서도 안 된다.

부모는 자녀와 관계의 거리를 잘 유지해야 한다. 그것을 위해서는 자녀마다 각기 다른 특성을 파악해야 한다. 자녀의 스타일을 고려한 학습과정 또한 디자인해 주어야 한다. 부모에게 익숙한 내용과 속도만을 고집해서는 안 된다. 조금 돌아가더라도 자녀의 스타일에 맞는 내용과 속도가 필요하다. 자녀교육은 장기전이기 때문이다.

일상 속 유대교육, 하브루타

자녀교육에 대해 고민하는 사람들이 한번 즈음 문을 두드리는 것이 유대교육이다. 여러 가지 이유로 외면하다가도 유대인들이 보여주고 있는 성공과 영향력에 대해 질문을 던지며 관심을 갖게 된다. 나의 관심도 그러한 수순을 밟았다.

유대교육 안에서 발견되는 성취의 알고리즘에 대한 살핌과 분석을 통해 크리스천들의 가정과 교회 안에 누락된 기독교교육의 요소들, 잘못된 부분들을 발견하는 계기로 삼기를 원하는 마음이 있다.

나는 유대인의 성공이 그들의 특별함이 아닌 그들이 가진 교육 알고리즘의 탁월함에서 비롯된 것이라고 확신한다. 교육에 대한 전체상을 확인하고 의지를 다지며 과정을 설계하고 행동한다면 유대인들이 보여 준 성취 그 이상의 성공이 각 분야에서 가능하다. 이것은 하나님의 형상으로 창조된 우리 인간에게 주어진 가능성이다.

10여 년 전부터 유대인의 하브루타에 사람들이 관심을 보이기 시작했다. 다른 나라, 모든 교육 과정에도 토론은 존재한다. '하크니스테이블', '소크라테스 문답법' 등 많은 프로그램들이 있다.

그 중에서도 유대인의 하브루타는 선풍적인 관심을 끌고 있다. 그러나 안타까운 것은 대부분의 시도가 참여자들에게 사고력과 표현력을 가져다주지 못한다는 점이다. 이유는 간단하다. 프로그램이기 때문에, 잠깐의 시연에 그치는 것이지 삶의 운영체계가 아니기 때문이다.

유대인들에게 하브루타는 프로그램이 아니다. 삶의 방식이다. 잠깐의 시도가 아닌 평생의 누림이다. 무엇이든 사람의 역량이 되기 위해 필요한 것은 지속성이다. 반복에 반복이 더해져야 한다. 그러기 위해서는 그 행위의 중요성을 깨닫고 삶의 우선순위로 삼을 수 있어야 한다. 우리의 건강을 세우는 식단은 외식으로 가능하지 않고 가정생활의 주식이 바뀌어야 가능하듯, 능력이 되는 하브루타는 잠깐의 외식이 아닌 일상의 정해진 시간, 반복되는 행위여야 한다.

성공적인 하브루타를 위한 3단계

한국 교육문화는 토론하는 문화가 아니다. 넓게는 표현하는 형태의 교육이 아니다. 자신의 주장을 펼치는 것도 어색하지만 의견을 냈을 때도 그리 허용적이지 않다. 우리만의 방식에서 벗어날 필요가 있다. 조용한 묵상은 사고에 도움이 되지 않는다거나 하브루타만이 유일하고 최고의 방법이란 말이 아니다. 다만 인간은 다양한 형태로 생각하도록 창조되었다는 점을 말하는 것이다. 둘러싼 환경이 만든 나의 모습은 하나님이 창조하신 본래의 모습이 아니다.

하브루타를 통해 우리의 부족함을 채울 수 있다면 그것으로 족하다.

교육 현장에서 하브루타를 실행함에 있어서 난관에 봉착하곤 한다. 하브루타는 그저 말하고 표현하는 것이 아니기 때문이다. 대화하고 토론하는 형태를 취한다고 모두 하브루타는 아니다. '유대인의 하브루타를 오늘 우리의 가정과 교회, 배움의 현장에서 실행하기 위해 어떻게 하면 좋을까?' 현장에서 끊임없이 던진 이 질문에 대한 해답으로 얻은 '성공적인 하브루타를 위한 3단계'를 제시한다. 익숙하진 않을 것이고, 동시에 누구나 조금씩은 실천하고 있는 것일 수 있다. 강조했던 것처럼 교육의 성공 요소 중 가장 중요한 것은 반복이다. 원리와 방법이 잘못되지 않았다면 성공을 부르는 것은 반복이며 지속성이다.

'성공적인 하브루타를 위한 3단계'의 1단계는 (보이지 않는 하브루타) 읽기를 통한 연구다. 2단계는 (보이는 하브루타) 하브루타의 진행 _ 집중과 듣기, 질문과 주장의 과정 학습이다. 3단계는 Literacy design 글을 (읽고) 쓸 줄 아는 능력의 디자인이다. 성공적인 하브루타를 위해서는 1단계와 3단계가 반드시 전제되어야 한다.

1단계 _ 하브루타의 기초는 읽기를 통한 연구다

하브루타는 나름대로의 자기 생각을 피력하는 말싸움이 아니다. 자료를 조사하고 기존 지식과 연결 짓는 연구가 선행되어야 한다. 자기주장은 논리 위에 전개되어야 하기 때문이다. 제시된 주제에 대한 의견은 분석 과정을 바탕으로 세워져야 한다. 하브루타의 효과적인 진행이 중요하다면 읽기를 통한 사전 조사와 연구를 통해 보이지 않는 하브루타의 준비가 요구된다. 바른 읽기 없는 듣기는 불가능하다. 왜곡된 주장으로 이어질 뿐이다.

보통, 잘 읽으면 잘 들리고, 못 읽으면 안 들린다. 아이들의 학교생활을 돌아보라. 수업 진도를 따라가는 것은 어려움이 없는가? 수업 내용을 이해하며 따라가는 것은 잘 진행되는가? 신앙생활을 점검해 보는 것도 필요하다. 설교 내용을 잘 듣고 이해하며 기억하고 있는지 확인해보라. 안타까운 것은 대부분의 아이들은 듣기는 들어도 이해하지 못한다는 것이다.

지식의 수용에 대한 이야기가 아니다. 배움의 통로, 수용의 통로가 원활하지 않다는 것이다. 무능력한 것이고 이해의 차원으로 말하자면 몰이해(沒理解)다. 이러한 문제는 시간이 해결해 주지 않는다. 문제의 원인을 찾고 해결하기 위한 구체적인 결단과 노력이 요구된다.

우리 아이들은 왜 잘 듣지 못하는 것일까? 듣기는 들어도 이해하지 못하는 원인은 무엇인가? 그것은 잘 읽지 못하기 때문이다. 수업 내용이 이해되지 않고, 설교 내용을 깨닫지 못하는 것은 낮은 독해력, 부족한 문해력 때문이다. 독해력과 문해력의 문제는 학습 차원에만 머물지 않는다.

인간관계에 있어서도 잘 듣지 못하는 사람과의 관계는 문제로 발전한다. 대화 상대가 말을 이해하지 못해 답답한 적이 있는가? 읽는 능력의 부족 때문이다. 듣기 능력은 독해, 문해 능력에 정비례한다. 듣기 능력의 강화는 읽는 능력을 기초로 하며 그것에 의해 강화된다.

2단계 _ 하브루타의 진행은 듣기와 질문과 주장이다

하브루타는 '청진(聽診)' 능력이 필요하다.

나는 청진기를 좋아한다. 의료인으로서가 아니라 독서가요 교육자로서 그 말의 의미를 되새기곤 한다. 의료 기계상에서 10만 원 이상의 값을 주고 청진기를 구입했다. 가정과 도서관에서 아이들의 장난감으로 두루 활용 중이다.

청진기(聽診器)란 무엇인가. 들을 청(聽), 볼 진(診). '들어 보는 기구'를 의미한다. 의사는 가슴과 등에 청진기를 들이대고 귀를 기울인다. '청진'(聽診)하는 것이다. 기구를 통해 심장과 내부 장기들을 들여다 '보고 있는 것'이다. 행위는 듣는 것이지만 목표는 보는 것이다.

1998년 대학원에 입학할 때의 일이다. 입학을 위해 의무적으로 건강검진을 받아야 했다. 연구과정에 임할 만큼의 건강이 있는지에 대한 의무 검사과정이다. 의사는 나의 가슴에 청진기를 대고 진찰하기 시작했다. 잠시 등도 살펴보겠다고 했다. 몇 번이고 신중하게 청진하더니 말했다.

"선생님은 '선천성 심장판막증'을 앓고 계십니다."

"네? 제가 심장병이라고요?"

"네. 선천성 질환을 갖고 계십니다. 다행히 학업에는 지장이 없을 듯합니다. 평소에 호흡하실 때 조금 힘들지 않으셨나요? 심한 운동만 하지 않으신다면 일상에 큰 무리는 없으실 겁니다."

나는 의사의 말에 놀라지 않을 수 없었다. 내가 '선천성 심장질환'을 앓고 있다는 말을 들어서가 아니다. 더 악화되지 않는 병이라는데 걱정할 일은 아니었다. 다만, 초등학교를 졸업하고 가끔 기억 속에서 소환했던 15년 동안 묵혀있던 의문이 풀렸기 때문이다. 나의 초등학교 생활기록부에 '위 학생은 선천성 심장질환을 앓고 있으니 건강에 유의하시기 바랍니다.'는 문구가 쓰여 있었다. 부모님에게서나 학교에서 건강 문제로 특별한 대화를 나누었거나 조치를 받은 기억이 없었다. 가끔, 성인이 되어서도 생각이 나곤 했던 풀리지 않는 의문의 구절로 간직하고 있었다.

그런데 의사는 청진기 하나로 나의 의문을 풀어주었다. 의사의 전문성은 청진기를 통해 들려지는 소리만을 가지고 몸의 내부에서 일어나고 있는 일의 일부를 들여다 볼 수 있었다. 말 그대로 '들어서 본 것'이다. 정신과 상담가들도 마찬가지의 역할을 감당하는 것이다. 피상담자들과의 대화를 통해 들어 보는 것이다. 그들의 고민과 문제를 보고, 문제의 원인도 살펴 '보는' 것이다. 얼마나 잘 듣는가는 얼마나 잘 보았는가에 의해 결정된다.

하브루타에 이러한 청진 능력이 요구된다. 귀로 들어 마음으로 볼 수 있어야 한다. 상대방의 의도와 논리가 보여야 한다. 들리는 말과 그가 전하지 않은 생각이 보여야 한다. 듣기가 훈련을 필요로 하는 능력인 이유다. 육체의 귀로 듣는 것은 듣기의 목표가 아니다. 들려지는 말보다 중요한 것은 이야기의 전제와 말의 논리다. 말의 전제와 논리가 파악되지 않을 때 사실을 듣지 못한다.

하브루타를 떠나 일상생활에서 부모와 자녀간의 대화가 엇나가는 상황을 경험한 적이 있는가? 아무리 말을 해도 알아듣지 못하고 "내 말은 그게 아니라니까!" 하며, 서로 같은 말만 되풀이 하는 때 말이다.

소리가 들리지 않기 때문이다. 부모와 자녀 간에 서로의 전제, 논리에 대한 이해가 부족하기 때문이다. 깊은 뜻, 의도가 전달되지 않았다는 것이다. 내 마음을 보지 못했다는 것이다. 논리가 부족한 사람의 경우 마음속의 생각을 말에 실어 전달함에 있어 능숙하지 못한 경우가 있다. 이때 필요한 것은 듣는 사람이 비어있는 행간을 유추해 읽어가는 능력, '청진'의 능력이 필요하다.

'시작이 반이다'는 말과 '이제부터 시작이다'는 말도 있다. 시작이 반이라는 말은 소극적인 사람, 새로운 도전을 두려워하는 이들을 위한 동기부여다. '이제 부터가 시작이라'는 말은 용두사미의 태도를 보이는 사람, 시작은 요란하나 일의 끝맺음이 분명치 못한 이들에 대한 질타며 다짐을 위한 차원이 다른 동기부여다.

우리가 일상에서 사용하는 모든 말에는 그 전제가 있다. 나만이 알고 있는 전제를 상대방도 알고 있다고 생각하며 대화한다면 소통은 원활하게 이루어지지 않는다. '나만큼 나를 모르는 사람도 없다'는 말은 그러한 상황을 두고 하는 말이다. 내가 한 말과 생각에 대해서는 '나만큼 나를 아는 사람이 없다'고 하겠지만 그런 생각을 가지고 사는 사람에 대한 타인의 평가는 자신이 가장 늦게 아는 법이다.

하브루타의 듣기는 상대방에 대한 존경과 배려를 전제한다.

하브루타는 토론 파트너 하베르를 이겨야 할 적으로 여기지 않는다. 서로를 발전시켜 가는 최고의 파트너로 여긴다. 주장을 펼치는 것도 중요하지만 듣기에 신중한 모습으로 임해야 한다. 집중력도 필요하지만 상대방에 대한 존중감이 우선되어야 한다. 토론과정이기에 상대방의 의견을 듣는 가운데 논리적 모순을 발견하고 오류를 찾아내는 일은 중요하다. 동시에 근거 있는 합리적인 주장은 자신에게 결여된 지식과 논리의 일부로 받아들이는 수용적 태도가 필요하다.

사람들은 누구나 어느 정도의 확증 편향적인 삶을 살아간다. 이것은 동서고금을 막론한 사실이다. 대부분의 사람은 자신의 견해에 도움이 되는 정보만 취하고 반대 정보에 대해서는 배타적인 태도를 취하기 쉽다. 자신이 믿고 싶은 정보만 수용하고 다른 정보는 아예 신경을 쓰지 않거나 외면하게 된다. 자기중심적인 왜곡(myside bias)이 일어나는 이유다. 그렇기에 더욱 하브루타에 임할 때 비판적인 사고와 함께 상대방에 대한 존중감을 가져야 한다. 확증 편향이 아닌 균형 잡힌 진실을 추구하기 위함이다.

하브루타의 질문은 날카로워야 한다.

질문은 듣기를 통해 발견한 누락과 오류에 대한 논리적인 표현이다.

상대 논리의 오류를 잡아내기도 하고 나의 주장을 지원하기도 한다. 질문은 하브루타식 토론의 윤활유다. 질문 없는 하브루타는 있을 수 없다. 하브루타는 학습된 내용과 다른 이들의 해석을 수용하는 과정이 아니다. 질문을 통한 나의 해석과 관점을 증명하며 정립해 가는 과정이다.

필풀(pilpul)이라는 말이 있다. 이는 토라와 탈무드의 법칙이나 원리에 대한 종교적 법해석 논쟁과정을 의미한다. 하브루타는 필풀을 지향한다. 하브루타의 논리 스파링은 과정이 진행되면 될수록 세밀해지게 되는데 날카로운 질문을 통해 하브루타는 깊이를 더해간다. 특별히 질문의 적절성과 다양성은 세밀한 하브루타의 핵심이다. 질문은 이해의 단위를 작게 나누는 데 효과적이다. 이해되지 않는 내용을 이해하는 데 질문의 기술이 필요하다. 하브루타 파트너인 하베르의 감추어진 생각과 부족한 논리를 확인하는 것도 질문을 통해서다.

하브루타의 주장은 충실해야 하다.

일방적인 주장이어서는 안 된다. 소통을 위한 발언이 되어야 한다. 나의 주장이 현재적 사실일 뿐 최종적 사실은 아니기 때문이다. 현재적 사실의 충족성을 드러내기 위해 자신의 주장에는 근거가 제시되어야 한다. 아이들의 주장은 논리가 부족한 경우가 대부분이다. 때론 틀린 것을 주장하기도 한다. 이때 필요한 것은 정답을 알려주는 것이 아니다. 질문을 통해 생각의 방향을 바꿔주는 도움이 필요하다.

하브루타의 목표가 정보 습득에 있지 않기 때문이다. 정보를 수용하고 표현하며 소통하는 가운데 생각하는 능력을 향상시키는 것이 하브루타의 목표다. 내용의 습득이 아닌 사고과정의 진보를 목표로 한다. 지식의 수용이 아닌 지능의 강화가 중요하다.

발언의 내용이 부족하고 오류가 많은가? 그렇다면 하브루타를 계속 진행하는 것은 의미 없다. 가던 길을 멈추고 하브루타 위한 사전 준비에 더 힘을 쏟도록 시간을 확보해 주어야 한다.

말은 세상의 사건과 사물, 대상과 일에 대한 나의 정의다. 나의 해석과 생각을 담는 그릇이다. 세상을 나의 말로 정의하는 일은 인간 최고의 능력중 하나며 훈련이 필요하다. 하브루타의 주장은 충실한 것이어야 한다.

"듣기는 정확하게! 질문은 날카롭게! 주장은 충실하게!"

3단계 _ 하브루타의 마무리는 쓰기를 통한 마무리다

Literacy design! 글을 읽고 쓸 줄 아는 능력은 보이지 않는 하브루타의 능력이다. 진정한 필풀(pilpul), 진정한 하브루타의 논쟁은 글로 쓰며 정리하는 가운데 날카롭게 다듬어져간다. 정리되지 않은 정보와 지식은 힘이 되지 않는다. 아무리 많은 책을 읽고 수많은 강의를 들었다 해도 자기만의 언어로 정리되지 않은 지식과 정보는 흩어진 퍼즐조각에 지나지 않는다. 가치 있는 예술작품이 아니라 깨어진 사금파리 조각일 뿐이다. 하브루타했다면 글로 정리해보라. 그때 나의 지식의 기둥이 세워진다. 사고의 체계가 든든히 세워져 간다.

요약.
"조용히 생각해봐!"라는 말 대신

◎ "오늘은 어떤 질문을 했니?"하고 물어보라.

◎ 성공적인 하브루타 1단계(보이지 않는 하브루타)
  잘 읽으면 잘 들리고 못 읽으면 안 들린다.

◎ 성공적인 하브루타 2단계(보이는 하브루타)
  집중과 듣기, 청진(聽診)의 능력이 필요하다.

◎ 성공적인 하브루타 3단계
  진정한 논쟁(pilpul)은 글쓰기로 날카로워진다.

◎ 질문을 만들어내는 '아웃 풋(Out-put) 독서'를 하라.

◎ 질문을 던진다는 것 = 답을 얻을 수 있다는 것이다.

◎ 자녀를 신앙과 비전, 실력을 겸비한 크리스천으로 세우는 것. 그것이 우리가 갈 길이다. 이를 위해서 '질문하는 자녀'로 세워가야 한다.

7.

"아는 것이 힘이다"라는 말 대신
_ 정보를 새로운 지식으로 디자인하는 종합 독서

　1만 시간의 법칙의 성공에 대해 들어보았는가? 어떤 일이든 성공하기 위해서는 1만 시간 정도 지속해야 한다는 것이다. '맞다, 아니다' 의견이 분분한 이론 중 하나다.

　중요한 것은 시간이 아니다. 성공에 필요한 시간은 1만 시간보다 많은 2만 시간일 수도 있다. 그보다 적은 5천 시간, 100시간의 성공법칙에 대해 이야기 할 수도 있다. 시간의 투자가 성공을 보장해 주지 않는다. 투자한 시간도 중요하지만 성공의 유무는 훈련된 능력에 있다. 시간 속의 훈련된 역량이 성공을 가져다준다.

　1만 시간 이상 투자하고도 실패하는 이들이 우리 주변에 많다. 자녀교육을 위한 시간들이 그렇다. 유치원 시절을 제외하더라도 초·

중·고, 대학에 이르기까지 16년이라는 시간을 투자한다. 하루 6시간만 배우고 익힌다 하더라도 35,040시간이다. 하루 8시간 투자한다면 46,720시간의 투자다. 시간의 투자와 들인 노력에 비해 교육의 결과는 초라하기 그지없다. 가슴 아픈 것은 한두 가정의 이야기가 아니라는 사실이다. 수십 년, 이 나라에 살아 온, 또 살아가고 있는 모든 가정의 이야기다.

자녀를 위한 교육, 사랑의 관심이 시간에 대한 투자만이어서는 안 된다. 구체적이 계획이 필요하다. 크리스천의 자녀교육에 있어서는 더욱 그렇다. 우리의 노력이 향할 바는 하나님이 주신 인간의 역량, 잃어버린 하나님 형상의 능력을 회복하는 것이다. 문제 속에서 비전을 바라보며 세상의 문제를 해결해 나가는 기독인재 양성을 위한 구체적인 훈련 과정의 계획이 있어야 한다.

안다는 것 VS 제대로 안다는 것

한국 땅에 살아가는 사람들은 대부분 '듣기'를 통해 배움을 진행해 왔다. 학교에서는 수업을 들었고 교회에서는 설교를 듣는다. 그 가운데 우리가 간과한 실수는 '들어 아는 것'에 대해 제대로 된 평가를 하지 않았다는 것이다. 많은 사람들이 '자신이 잘 알고 있다'고 착각하며 살아간다. 귀로 들어 아는 것은 정보와 지식의 일부를 습득한 것에 지나지 않음에도 온전한 앎에 이르렀다고 착각하는 것이다. 성경에서도 믿음이 들음에서 난다는 것을 이야기한다. 그것은 믿음의 삶, 출발선으로의 초청이지 종착점이 아니다. 은혜로 구원을 받았지만 인생은 하나님과 세상, 나를 알아가는 배움의 여정이다.

이렇듯 대부분의 사람들은 '내가 아는 것과 모르는 것'에 대한 앎이 부족하다. 진정한 배움을 위한 첫걸음은 나를 아는 것임을 기억하기 바란다. 먼저, '내가 아는 것'이 무엇이고 '모르는 것'이 무엇인지 살펴야 한다. 또, 부모로서 '내가 할 수 있는 것'과 '할 수 없는 것'을 알아야 한다. '남에게 도움이 되는 나의 능력'과 '능력 밖의 일'에 대해 확인해야 한다. 그 자리에서 배움이 시작된다. 수동적인 배움이 아니라 주도적인 배움이 시작된다. 그곳이 아마추어적인 배움이 아닌 프로의 배움이 시작되는 지점이다.

가능성과 불가능은 쉽게 예단해서는 안 되지만 고민해야 하는 것들이다. 내가 알고 있는 지식에 대해서도 의문을 제기해야 한다. 그것이 들음을 통한 배움일 때는 더욱 그렇다. 대부분의 들음을 통한 앎은 쉽게 수용되나 그만큼 쉽게 잊히게 마련이다.

듣기 중심의 배움에서 읽기 중심의 배움으로

아이들은 연령에 따라 각기 다른 배움의 통로를 활용해 가며 성장한다. 그 변곡점은 문자의 익힘에 있다. 문자를 깨우치기 이전과 깨우친 이후의 배움에는 차이가 있다. 자녀교육에 있어 이 변화를 주시해야 한다. 문자를 깨우치기 이전, 아이들의 배움의 통로는 눈과 귀다. 보고 듣는 것, 생활하며 느끼는 대부분의 것들은 이 두 통로를 통해 주어진다.

대부분의 호기심도 보고 들음에서 생겨난다. 호기심의 해결도 마찬가지다. 누군가의 말을 듣고 보는 과정을 통해 해결해 간다. 문자를 깨우치지 못한 상태에서 그들에게 열려진 통로는 강하게 활성화 된다. 눈과 귀, 오감의 활발한 작용과 그 정도에 의해 변화 성장해 간다.

문자를 읽기 시작하면 그들의 듣기를 통한 수용 능력은 부분적으로 약화된다. 의존적인 배움의 태도도 주도적으로 변화되기 시작한다. 호기심도 스스로 풀어가기 시작한다. 문자를 깨우친 아이들에게 쏟아져 들어오는 정보는 눈과 귀로 보고 듣던 것과는 비교할 수 없을 정도로 많아진다. 이 점이 교육의 효과와 효율을 중요시 하는 부모들이 문자 교육에 일찍 관심을 갖는 이유이기도 하다.

부모로서 고민했으면 하는 것은 무엇이 우리 자녀에게 적합한 선택인가 하는 것이다. 우리의 자녀는 서로 다른 모습으로 창조되었다. 수용의 통로가 각기 다르다. 반응하는 속도도 천차만별이다. 문자 교육이 좋다고는 하나 그 시기와 배우는 방법에 있어서 빠름만이 최선은 아니다. 무신경해서도 안 되지만 성급해서도 안 된다. 하나님의 사람으로 창조된 크리스천들은 공장에서 찍어낸 제품이 아니다. 각기 다른 고유함을 지닌 작품이다.

듣기를 중심으로 한 배움의 시기에 세워주어야 할 능력이 무엇인지

고민해야 한다. 또한 듣기에서 읽기로 변화되는 시기의 차이에 대해서도 고민해야 한다. 읽기를 통해 하나님의 사람으로서의 능력을 회복하는 시기에 우리가 들여야 할 관심과 노력에는 어떤 것들이 있을지 연구해야 한다. 우리 자녀를 디자인 하신 하나님의 음성에 귀 기울이며 시기와 방법, 기술과 적용에 있어 신중에 신중을 더해야 한다.

한 가지 기억해야 할 것은 어린 시절의 듣기와 성인이 된 이후의 듣기의 차이다. 어린 시절의 듣기가 오로지 감각 기능 차원의 유일한 수용 통로였다면 성인 시절의 듣기는 읽기 능력에 의해 좌우된다. 어휘력의 차이는 듣기를 통한 배움에 큰 영향을 미친다는 사실을 기억해야 한다. 독서는 새로운 지식을 수용하고 사고를 세워가는 통로인 동시에 어휘력의 확장을 통해 차원이 다른 듣기 능력의 강화로 나아감을 잊지 말아야 한다.

독서의 함정, 독서의 배신

대부분의 사람은 듣고, 읽는 것으로 공부를 다 했다고 생각한다. 듣기보다 읽기의 효과가 탁월한 것은 부정할 수 없다. 독서의 능력과 필요성에 대해서는 역사가 증언해주고 있다. 그럼에도 우리가 생각해야 하는 것이 있다. 바로, 독서의 함정이다. 독서하지 않는 이들에게는 그야 물론, 독서의 필요성을 강조해야 한다. 읽기의 중요성을 가르치는 것을 통해 그들을 독서가의 삶으로 초청해야 한다.

그 다음 독서의 중요성을 깨달은 이들은 새로운 배움의 길이 자신 앞에 펼쳐졌음을 알게 된다. 이때 중요한 사실은 배움의 목표가 독서 그 자체는 아니라는 사실이다. 독서는 목표를 향해 나아가는 출발지점이며 과정 자체다.

그렇다면 독서를 통해 이미 출발선에서 떠난 이들의 다음 걸음은 어디를 향해야 할까? 독서는 쓰기로 나아가야 한다. 독서의 완성은 쓰기를 통해 이루어진다.

쓰기로 연결되지 않는 독서가 가지는 약함을 깨달아야 한다. 쓰기가 없는 독서가 지속되는 상황을 나는 독서의 함정이라 말한다. 독서가 쓰기를 통해 점검되지 않을 때 우리는 독서의 함정에 허우적거리면서도 새롭게 다가온 위기를 알아차리지 못한다. 그러다가 결국 '독서의 배신'을 직면하게 되는 것이다.

'독서의 배신'은 독서의 한계 상황 속에서야 나타난다. 독서가 우리에게 가져다 줄 것이라 여겼던 능력들이 우리에게 주어지지 않을 때 비로소 확인하게 된다.

우리에게 이 사실을 알려주는 이들이 많지 않다. 많은 이들이 글쓰기를 강조하긴 했지만 개인의 선택 영역으로 놓아 둘 뿐이다. 누군가 좀 더 강하게 글쓰기의 필요성을 강조해 주었더라면 하는 아쉬움이 크다. 역사에는 가정(假定)이 없고 지나간 시간을 후회하는 것만큼 덧없는 것이 없다지만, 오늘의 현실 속에서 느끼는 지난날에 대한 아쉬움은 크기만 하다.

우리의 신앙생활은 어떠한가? 설교의 함정을 벗어나 성경도 읽고 독서를 몸소 실천하는 이들이 늘어나고 있다. 그러나 거기까지다. 설교의 함정을 빠져 나와 다시 독서의 함정에 빠져 허우적거린다. 그것이 함정인줄도 모른다. 다가 올 '독서의 배신'에 대해 예상도 못한다.

글쓰기는 하나님이 선택하신 방법이다

오늘 우리의 믿음은 이전의 것에 대한 답습이어서는 안 된다. 우리의 믿음의 삶은 이전 것을 기초로 새로운 시대를 창조하는 삶이어야 한다. 그 목표를 향해 나아가는 길에 있어 듣기와 읽기도 중요하지만 글쓰기는 매우 의미 있다. '글쓰기가 중요하니 우리도 글을 써보자'는 정도의 권면이 아니다. 지금 하고자 하는 이야기는 '글쓰기의 필요성'에 대한 강조를 넘어 '크리스천의 존재'에 대한 이야기다.

글쓰기가 없었다면 오늘 크리스천의 삶은 없었을 지도 모른다. 이 말은 하나님의 말씀이 글이 되어 성경이 된 것을 전제한 말이다. 글쓰기는 하나님이 선택하신 방법이다. 이 이유 하나만으로도 크리스천에게 글쓰기는 특별한 것이어야 한다. 학습의 일부 그 이상이어야 한다. 잠시 잠깐의 시도가 아닌 일상의 누림이어야 한다. 세상이 정한 공부를 잘하기 위해 글쓰기를 포기해서는 안 된다. 우리 자녀에게 글쓰기의 기쁨과 축복을 빼앗아서는 안 된다. 하나님이 자신의 뜻을 드러내는 도구로 활용하신 글쓰기, 세상을 향한 우리의 도구로 연마해야 한다. 말이 힘이 있다한들 글의 힘에는 미치지 못한다. '성경은 글이 된 하나님의 뜻'이며 '설교는 말이 된 글'이라는 사실을 잊지 말자.

'책 쓰는 글'을 쓰는 크리스천

다산 정약용의 저서 『여유당전서(與猶堂全書)』를 보면 '두 아들에게 보여 주는 가계(示二子家誡)'라는 글이 있다. 유배지에서 두 아들에게 쓴 편지다. 특별히 이 글에서는 큰 아들 학연(學淵)과 둘째 아들 학유(學遊)에게 '글을 쓰는 것'에 대해 조언한다.

"대체로 책을 저술하는 방법은 경서를 근본으로 삼아야 하고, 그다음으로는 세상을 경륜하고 백성을 윤택하게 하는 학문이 중요하다. 외적의 침입을 막을 수 있는 국방과 전쟁 도구 또한 하찮게 여겨서는 안 된다. 저 자질구레한 이야기로 구차하게 한때의 웃음거리에 취해서는 안 된다. 진부하고 참신하지 못한 말과 따분하며 쓸데없는 주장을 위한 글은 종이와 먹을 허비하는 일일 뿐이다. 차라리 직접 진귀한 과일과 맛 좋은 채소를 심어서 살아 있는 동안에 살아갈 방도에 힘쓰는 것이 더 유익하다."

다산은 아들들에게 보내는 편지에서 글쓰기를 전제로 조언을 전한다. 그냥 글쓰기가 아니다. '책 쓰는 글'에 관한 것이다. 거기서 한 단계 더 나아간다. 피해야 할 '책 글'과 추구해 봄직한 '책 글'에 대한 구체적인 조언을 놓치지 않는다.

기독교의 실수는 신앙교육의 현장에서 '글'을 잃어버렸다는 것이다. 읽기를 잃어버렸다. 쓰기를 잃어버렸다. 다음 세대를 위한 우리의 노력 잃어버린 신앙교육의 구체적인 지침을 회복하는 일로부터 시작되어야 한다.

나는 크리스천의 글쓰기로 '책 쓰는 글'쓰기를 권한다. '책 쓰는 글'쓰기, 세상 속의 영향력 있는 크리스천으로 살아가기 위한 우리의 선택이어야 한다. 피아노를 연습한 자의 진보는 콩쿠르에서 확인한다. 달리기 선수가 흘린 노력의 땀은 체육대회나 올림픽 경주에서 그 결과를 확인한다. 그림 그리는 자는 그림 그리기로, 요리사는 요리를 통해 과정의 노력을 검증 받아야 한다.

그렇다면 책을 읽은 자는 무엇으로 그 노력, 과정의 진보를 확인 받을 수 있는가? 글을 쓰는 것이다. 글 쓰는 것을 넘어 '책 쓰는 글'을 통해 독서가로서의 노력을 점검해야 한다.

배움의 진보를 경험하고 나타내 보일 수 있는 최선의 현장은 바로 일상의 현장이다. 그 전에 글을 쓰고 책을 쓰는 전문성으로 과정의 노력을 검증받고 진보를 확인하는 이들은 그 영향력을 더 해가게 된다.

나는 자녀에게 책 읽기와 글쓰기, '책 쓰는 글'쓰기를 강조해 왔다. 자녀의 어린 시절에는 글쓰기와 책 쓰기의 목표를 '잘 하는 데'에 두지 않았다. 오직 '하는 데' 목표를 두었다.

'하지 않는 자'로 하여금 '하게 하는 것'은 결코 쉬운 일이 아니다. 이제 막 동기를 부여받고 시작한 아이들에게 '잘 쓰는 것'에 대해 기대하고 요구해서는 안 된다. 일단 시작에 의미를 둔다. 생각의 유연성을 위해 자주, 많이 쓰는 것이 선행되어야 한다. 쓰기가 일상이 되어야 한다. 결코 쉬운 일은 아니지만 글 쓰며 책 쓰는 노력은 중단되어서는 안 된다. 크리스천들이기에 더욱 그렇다.

학창 시절의 책 쓰기는 출판이나 판매를 위한 글쓰기일 필요는 없다. 종합적인 사고력을 세우기 위한 학습 과정이어야 한다. 하나의 주제를 책으로 엮기 위해서 해당 분야의 책 한두 권을 보는 것으로는 어렵다. 적어도 10~20권의 책을 읽고 요약해야 한다. 기존의 생각에 자신의 생각을 덧붙여 가는 연구가 더해져야 한다.

어리면 어릴수록 책에 있는 내용을 옮겨 적는 차원의 글쓰기로 진행되기도 한다. 실은 연구라기보다는 표절에 가깝다. 그래도 기다려주며 지도해야 한다. 진보를 이루어 가는 과정에서 누구나 거치게 되는 과정이기 때문이다.

부모들은 대학 시절의 요약 과제, 레포트 과제를 어떻게 수행했는가? 학습과 연구라기보다는 카피(copy)에 가까운 작업이 학습과 연구를 대신하곤 했다. 자녀에게도 그 시기를 조금 앞당기는 것일 뿐이다. 초등학교, 중학교 시절, 연구를 위한 학습, 학습 과정 중에 있을 수 있는 표절 경험. 이를수록 유익하다. 모든 훌륭한 연구자들도 모두 이와 비슷한 과정을 거쳤다.

표절을 정당화 하는 것이 아니라, 미숙함을 직면하는 시기를 조금 앞당기자는 것이다. 이른 시기에 미숙함을 발견해 가는 것은 복된 일이다. 수정하고 보완하며 오류를 잡아가는 가운데 삶의 기회는 더욱 커진다. 그 단계를 지나 한 단계 한 단계 성장해 가며 진정한 학습자, 연구자의 모습을 갖춰간다.

관심 갖는 분야의 지식을 '수준을 높여가며 체화시켜 가는 학습방법', 그것이 '책 쓰는 글'쓰기다. '책 쓰기 위한 독서'만큼 뛰어난 독서 없고, '책 쓰는 글'쓰기만큼 정확한 글은 존재하지 않는다.

'책 쓰는 글'쓰기는 성숙한 아이들만 진행할 수 있는 글쓰기가 아니다. 나이 어린 아이들도 진행 가능하다. '책 쓰는 글'쓰기는 전문성을 추구한다. 학습을 넘어 연구를 추구한다. '아는 것이 힘'이었던 시대를 넘어 '알아내는 것이 힘'인 인공지능 시대를 준비하는 최선의 선택이다. 교육의 목표가 기존의 지식을 전달하고 기억하는 것이어서는 안 되기 때문이다. 누군가에 의해 연구된 결과를 배우고 익히는 학습을 기초로 하되 주도적인 연구가 진행되어야 한다.

'책 쓰는 글'쓰기와 그것을 위한 독서 그리고 연구가 당신의 자녀로 하여금 정보 수용을 넘어 사고 과정의 진보를 이뤄가게 할 것이다.

요약. "아는 것이 힘이다"라는 말 대신

◎ 투자한 시간 VS 훈련된 역량
  1만 시간의 법칙? 5천 시간이어도 성공할 수 있고 2만 시간이어도 실패할 수 있다. 투자한 시간만큼이나 훈련된 역량의 정도가 중요하다.

◎ 잃어버린 하나님 형상, 인간의 역량을 회복하도록 훈련 과정의 구체적인 계획이 필요하다.

◎ 내가 '아는 것'과 '모르는 것'에 대한 앎,
  나의 '가능성'과 '불가능성'에 대한 진지한 고민이 필요하다.

◎ 이제 인공지능 시대에는 내가 '아는 것이 힘'인 것을 넘어 '알아내는 힘'이 필요하다.

◎ 듣기 중심에서 읽기 중심으로!
  읽기 중심을 통해 차원이 다른 듣기 능력의 강화를 이루어라.

◎ 독서의 함정, 독서의 배신을 인지하라. 반드시 '책 쓰기'로 연결하여 존재의 변화를 경험하라.

◎ 글쓰기는 하나님이 선택하신 방법이다. 글쓰기는 필요와 유익을 넘어 크리스천의 존재와 이어진다.

◎ '책 쓰는 글'에 도전하라. 어린이인 자녀와 함께 도전하라.

◎ 한 분야를 정해 꾸준히 연구하라. 정보 수용을 넘어 사고 과정의 진보를 이룰 것이다.

에필로그. 천지창조의 세계로 행진하라

살며 사랑하며 배우며 나누는
세상 속의 크리스천 되기

책임질 수 없는 선택으로부터의 자유

'나는 자유한가?'

비전을 품고 변화와 성숙을 추구해 나가는 이들이 생각해야 하는 물음이다. 모든 인생이 바라는 것은 인생의 자유다. 죄에서 자유를 얻은 크리스천은 인생을 살아가는 동안에도 한 인간으로서의 자유를 꿈꾼다. 아이러니 한 것은 죄에서 구원 받은 자유인들이 세상을 살아감에 있어서 부자유한 삶을 살아간다는 것이다.

"인간에게서 모든 것을 빼앗아갈 수 있어도 단 한 가지, 마지막 남은 인간의 자유, 주어진 환경에서 자신의 태도를 결정하고, 자기 자신의 길을 선택할 수 있는 자유만은 빼앗아갈 수 없다."

유태인 정신의학자인 빅터 프랭크가 『죽음의 수용소에서』 전한 말이다. 이 말을 예를 들어 스티븐 코비는 『성공하는 사람들의 7가지 습관』에서 '이 선택은 외부의 자극과 나의 반응 사이에 존재하는 것이며 그것은 누구에게도 핑계할 수 없는 것'이라고 이야기한다.

많은 사람들은 이 선택에 대하여 부자유하며 주도적이지 않다. 그러다 보니 선택의 결과에 대해서도 책임지려하지 않는다. 환경을 탓한다. 주위 사람들의 잘못으로 실패의 원인을 돌린다. 이는 참된 자유자의 모습이 아니다. 자신의 변화 가능성을 방해하는 최고의 적은 이 '부자유함'이다. 자신의 선택에 대해 책임을 지려 하지 않는 '나'의 연약성은 인간 최고의 약함이다.

인생의 승리자들은 선택의 순간에 자유를 누린다. 자신의 선택의 결과에 대해 남의 탓으로 돌리지 않는다. 고민 가운데 선택하고 책임을 지기 위해 힘쓴다. 선택에 의한 좋은 결과뿐 아니라 나쁜 결과도 감당해 나간다. 그러나 잊지 말아야 할 것은 감당할 수 없는 선택의 결과가 있다는 사실이다.

부자유함에서 벗어나 참된 자유자가 되기 위해서는 바른 선택이 있어야 한다. 바른 선택을 하는 길은 무엇일까? 수많은 답들이 존재하겠지만 한마디로 정리하면 '지혜'라 말 할 수 있다. 지혜란 무엇인가? 지혜란 '옳은 것'과 '좋은 것', '중요한 것'과 '먼저 할 것'을 알고 준비하며 실행하는 것이다.

그렇다면 오늘을 살며 미래를 꿈꾸는 이들이 지혜를 가지고 준비해야 할 것들은 무엇인가? 행복한 삶을 꿈꾸는 이들이 기억해야 할 인생의 기둥은 어떤 것인가?

행복한 인생을 세우는 4가지 기둥

첫째, 관계를 바로 세워야 한다.

부부관계, 부모와 자녀의 관계, 이웃과의 관계, 회사 및 업무의 공적 관계, 교회공동체 교우들과의 관계 등등. 우리는 수많은 사람들과 관계를 맺으며 살아간다. 사람들에게 관계가 중요한 것은 그 속에서 행복을 느끼기 때문이다.

행복은 외부적인 요건에 영향을 받을지라도 궁극적으로는 내면의 상태에 의해 결정된다. 사회적으로 큰 성공을 이루었다 할지라도 가족과의 관계가 무너지면 행복을 이어가기 어렵다. 마음이 공허하고 모든 것을 잃은 것과도 같은 상실감에 빠져들기 때문이다.

경제적으로나 사회생활 가운데 어려움에 빠져 극단적인 선택을 하는 이들이 있다. 돈과 권력, 외모와 사회적인 인정 등, 남들이 부러워할 만한 모든 것을 다 가진 것처럼 보이는 연예인이나 권력자들 가운데서도 이러한 일은 비일비재하게 일어난다. 왜 그럴까?

보이는 외면이 아니라 내면을 지키지 못했기 때문이다. 보이는 것은 외부적인 요인들 때문이라 여겨지곤 하지만 실상은 마음의 무너짐으로 인한 아픔들이다. 그 중에서도 마음을 나눌 수 있는 속 깊은 관계의 끈을 갖지 못한 이들에게 이러한 일이 일어난다. 마음을 터놓고 모든 문제를 나눌 수 있는 지인이 단 한 사람이라도 세워져 있었다면 결과는 다를 것이다. 인생의 위기, 고통스럽고 힘든 가운데서도 이겨낼 수 있는 힘을 관계 속에서 얻을 수 있다.

행복하기를 바란다면 큰 꿈을 추구하는 것과 동시에 내 주변에 허락하신 관계를 살피고 지켜가는 지혜가 필요하다.

둘째, 경제력이 뒷받침되어야 한다.

연인은 서로를 사랑하기에 결혼한다. 그 어떤 어려움도 이겨낼 수 있는 절대적인 사랑이 자신들을 지켜줄 것이라 믿는다. 그러나 결혼 이후의 실상은 기대와 다를 때가 많다. 사소한 일로 다툰다. 결혼 전에는 보이지 않던 단점들이 눈에 들어오기 시작한다. 그 중에서도 경제적인 어려움이 찾아들 때 많은 가정이 위기에 빠진다.

잠깐의 어려움은 서로를 격려하며 참아낼 수 있으나 어려움이 오랜 시간 지속될 때 부부간의 사랑에도 위기가 찾아온다. 서로를 사랑하지 않아서가 아니다. 인간의 생존을 위협하는 현실적인 여러 요소들이 사랑을 위협하기 때문이다. 진정한 사랑은 물질적인 것을 통해 얻을 수 있는 것은 아니다. 그러나 기억해야 하는 것은 삶을 구성하고 있는 일상의 작은 요소들이 충족되지 않을 때, 나를 둘러싼 환경이 사랑하는 사람과의 사이를 갈라놓을 수도 있다는 사실이다.

무엇보다 경제적인 어려움을 통해 생존의 문제에 직면하게 된다면 어쩌면 우리는 사랑도 잃어버릴 수 있다. 돈과 물질 자체가 삶의 목적이 되어서는 안 되지만 행복을 위해 필요한 재정을 준비하고 지키는 능력을 세워가는 것도 사랑을 유지하는 최선의 기술일 수 있음을 기억해야 한다.

셋째, 자기실현이 되어야 한다.

만약, 내 주위 사람들과의 관계에서 아무 문제가 없다고 하자. 서로를 아껴주고 위해주는 사람들로 가득한 삶을 살고 있다고 하자. 직장도 좋은 곳에 몸담고 있으며 평균 이상의 경제력도 준비되어 있다고 하자. 다시 말해, 가정생활에 있어서나 사회생활에 있어 큰 문제없이 원만한 삶을 살아가고 있는 상황을 가정해 보자. 그런 상황 속에서도 불행한 삶을 사는 이들이 있다. 자신의 삶을 통해 자기실현을 이루지 못한 사람들이다.

이때 중요한 것은 외부적인 평가가 아니다. 가장 결정적으로 작용하는 것은 자신 내면의 만족과 기대감이다. 주위 사람들의 인정도 행복의 요소 중 하나이지만 더 중요한 것은 '내가 나를 어떻게 바라보는가'의 문제다.

사람들이 가장 행복해 하는 순간은 많은 돈을 벌 때가 아니다. 사랑이 좋다고 말하지만 그것도 자기애가 충족된 이들에게 한하여 의미가 있다. 사람들은 스스로가 성장하고 있음을 느낄 때 행복을 느낀다.

한 예로, 여성은 사회화에 있어 항상 약자의 편에 서 있었다. 시대가 변하여 남녀평등의 가치가 자리잡아가고 있으며 그에 따라 '남성이 역차별 받는다'하고 외치는 이들도 생겨났다.

그럼에도 불구하고 이 시대 속에서도 여전히 자기실현의 문제 앞에 고민하고 갈등하는 여성들이 있다. 대부분 누군가의 엄마요, 한 남성의 아내로 살아가는 여성들이다.

기독교적인 입장에서만이 아니라, 어머니의 역할은 그 중요성을 아무리 강조해도 부족함이 없다. 온전한 한 사람으로 성장해 감에 있어 어머니는 그 누구와도 비교할 수 없는 영향력을 끼친다. 이 한 가지의 이유만으로도 여성의 어머니로서의 사명은 크나큰 가치를 가진다.

그럼에도 기억해야 하는 것이 있다. '엄마'라는 중요한 역할 이전에 그들도 한 사람으로서의 존재 가치, 단독자로서의 삶이 존재한다는 사실이다.

여성으로서의 사명을 인식하고 삶을 살아가는 것과 개인으로서의 여성의 자기실현은 함께 가야 한다. 자신을 진정으로 사랑하는 여성이 가장 멋진 엄마와 아내가 될 수 있기 때문이다.

이제 갓 50세가 된 나의 아내는 20여 년 가까운 시간, 목회와 교육 사역을 돕는 사역자로 함께 해 주었다. '아내 없이 홀로 할 수 있었던 일은 거의 없다'고 할 정도로 큰 도움으로 함께 사역해 왔다. 아내는 사역 가운데 즐거워했고 기뻐했지만 가끔 사역 이전에 한 개인으로서의 자신에 대한 꿈에 대해 이야기 할 때가 있었다. 그때는 '50살이 되면 자유롭게 날아다니고 싶다!'는 말로 자신을 위로하며 그 말을 소망하는 꿈처럼 바라보았다.

나는 그 마음을 누구보다 잘 알고 있었고 '당신이 50살이 되면 날아다니게 해주겠다.'며 약속하곤 했다. 그리고 50살이 되었다. 기다리던 나이가 되었다고 해서 삶의 환경이 갑자기 변하는 것은 아니다. 이전과 비슷한 일상이 우리 앞에 놓여있다. 그 가운데서도 나는 아내에게 '누군가의 엄마와 아내', '목사의 사모와 며느리'가 아닌 한 사람의 개인으로서의 삶의 자리를 마련해 주기 위해 여러 가지 계획을 세웠고 실행 중이다.

아내가 말하던 '날아다니고 싶다'는 삶은 아닐지 몰라도 아내의 자기실현을 위해 앞으로도 깊은 관심과 구체적인 실천으로 함께 할 생각이다. 그것이 아내의 행복이기 이전에 나의 행복이며 우리 자녀, 사역의 현장을 살아가는 모든 이들에게 미칠 선한 영향력으로 열매 맺을 것이라는 사실을 알기 때문이다.

사랑을 실천하기를 원하는가? 자신을 먼저 사랑하라. 자기 계발을 추구하라. 이타적인 사랑과 이기적인 사랑은 분리되어 있지 않다. 자신을 사랑할 줄 아는 사람이 타인을 바르게 사랑할 수 있다.

먼저, 주변 사람들의 자기실현을 위해 관심을 가져라. 도움의 손길을 뻗어라. 돈도 명예도 대신할 수 없는 자기실현의 과제, 행복을 꿈꾸는 모든 이들이 해결해 나가야 할 평생의 과제다.

넷째, 교육이 뒷받침되어야 한다.

행복한 삶을 세우는 네 번째 원리, 교육은 앞에 언급한 세 가지 원리의 배경이 되어준다. 관계를 세우고 경제력을 갖추고 자기실현을 이룸에 있어 교육은 핵심요소로 작용한다.

'아는 만큼 사랑한다'는 말은 진리다. 배워야 사랑할 수 있다. 상대방을 알면 알수록 이해하고 포용할 수 있게 된다. 사람과의 관계 넘어 물질의 관계에서도 마찬가지다. '알아내는 능력'을 갖춘 이들에게 사회는 돈을 대가로 지불한다. 나를 알고 대상을 알아주는 그리고 새로운 분야를 개척하는 자기실현의 과정도 새로운 배움의 과정이 없이 지속되기는 어렵다. 자녀교육에 있어서도 이것을 위해 이사 가고 이것을 위해 다른 나라로 유학을 가는 것이다 행복한 삶을 세우기 원하는가? 나의 삶에서 '관계'와 '돈'과 '자기실현'과 '교육'이라는 네 가지 키워드의 균형을 잡아가는 노력이 필요하다.

문제가 있는 곳, 관리되지 않은 곳을 찾아 관리하기

크리스천은 자신 인생의 기둥을 세우는 것을 넘어 세상을 향해 나아가야 한다. 크리스천은 하나님께 부름 받은 자인 동시에 세상으로 보냄 받은 존재이기 때문이다. 또한, 개인의 행복을 추구하더라도 나 혼자만의 노력으로 자신의 행복을 유지할 수 없다. 함께 하는 이들과 더불어 살아갈 때에 참된 행복도 나의 삶에 찾아든다. 진정한 이기주의는 이타주의와 함께 공존하는 것이다. 그것이 남을 위함이 아닌, 오히려 나를 위함이라는 사실을 아는 것이 지혜다. 나와

남이 연결되어 있는 하나 된 존재임을 알 때 나와 남을 분리하는 욕심이 아닌 하나 됨의 사랑을 추구할 수 있다.

크리스천의 사명은 하나님이 하나 되게 하신 것, 예수 그리스도를 통해 이루신 것을 유지하고 관리하는 것이다. 문제가 있는 곳에서 비전을 보고 관리되지 않는 곳을 찾아 질서를 세워가는 것이 하나님의 사람들의 역할이다.

비전은 문제가 있는 곳에서 생겨난다. 비전은 미래에 소망하는 나의 삶이다. 아직 나에게 오지 않은 미래인 것이다. 꿈꾸는 삶을 미래에 이루기 위해서는 오늘 꿈을 가로막고 있는 장애물을 건너고 해결해야 한다. 문제 해결은 삶의 비전 성취를 위해 필요한 과정이다. 꿈을 향해 가는 길목은 내 삶의 관리되지 않은 영역이며 무질서한 세계다. 그곳을 어떻게 관리하는가에 따라 목표의 성취, 꿈을 이루는 것의 여부가 결정된다.

인생의 사각지대가 많으면 많을수록 삶은 고통으로 점철된다. 그러나 고통이 따르더라도 인생의 관리되지 않은 곳을 찾아 질서를 세워가는 것이야 말로 크리스천의 삶의 중요한 목표 가운데 하나다. 그것은 특정한 어느 때, 어느 장소에서 이루어지는 것이 아니다. 삶의 전 영역에서 언제나 우리에게 주어진 책임이며 역할이다.

주어진 인생을 살며 사랑하며 배우며 나누는 참된 크리스천 되기를 소망한다.

부록 1. 호도애도서관 박博이而정精 커리큘럼 192

호도애도서관 박博이而정精 커리큘럼 192

분류	번호	주제
000 총류 (7)	1	독서법
	2	도서관
	3	코딩
	4	박물관
	5	출판의 모든 것
	6	신문
	7	세계 불가사의, 미스테리 & 음모론
100 철학 (16)	8	인지사고_인공지능
	9	인생설계와 비전디자인
	10	질문법
	11	기억과 암송
	12	동기부여의 모든 것
	13	심리학
	14	철학입문
	15	소크라테스
	16	칸트와 데카르트
	17	윤리학
	18	인간학
	19	논리학
	20	가치론
	21	서양철학
	22	동양철학
	23	인터뷰
200 종교 (13)	24	성경과 신학
	25	교회사
	26	유대인 이야기
	27	신앙 인물
	28	믿음과 삶
	29	성경배경사
	30	코메니우스
	31	엘롤과 쉐퍼
	32	종교 이야기
	33	창조와 진화(생명과학 이야기)
	34	석가와 불교
	35	루터와 칼빈
	36	힌두교와 브라만교
300 사회과학 (46)	37	법 이야기
	38	정치
	39	홈스쿨링
	40	학습법
	41	경제
	42	커리큘럼 디자인
	43	공동체 이야기
	44	대통령 이야기
	45	NGO 이야기
	46	전쟁 이야기
	47	지구촌 미해결과제와 SDGs & ODA
	48	복지 이야기 보건과 웰빙
	49	입양 이야기
	50	인권 : 불평등 이야기 (나이, 성, 장애, 인종, 민족, 종교, 경제, 신분)
	51	결혼 이야기
	52	토지, 땅을 말하다 (동산과 부동산 포함)
	53	연료_에너지의 지속 가능성
	54	국방, 군사, 무기 이야기
	55	무노하인류학
	56	장애인
	57	기업과 기업가 정신
	58	남과 여
	59	다큐멘터리 이야기
	60	학교란 무엇인가
	61	교수법
	62	노벨상 이야기
	63	자녀교육
	64	유엔과 국제기구
	65	미래 대학-대학 디자인
	66	통계와 통계자료
	67	보험 이야기
	68	검정고시와 평가
	69	화폐와 금융
	70	차별종식 (모든 곳에서, 모든 형태의)
	71	평생교육 (모두를 위한, 양질의 교육)
	72	모두를 위한 물과 위생시설 (접근성과 지속 가능성)
	73	양질의 일자리와 고용보장 (지속 가능한 경제성장)
	74	사회기반시설 구축 (지속 가능한 산업화)

분류	번호	제목
300 사회과학 (46)	75	모두가 안전한 지속 가능한 도시, 회복력 있는 거주지
	76	소비와 생산(자연과 조화를 이루는 지속 가능성)
	77	기후변화(회복력과 적응력)
	78	정부와 행정
	79	국회와 국회의원
	80	권리와 의무
	81	NCS와 미래역량
	82	노블레스 오블리주
	83	과학 이야기
400 자연과학 (9)	84	동물학 이야기
	85	식물학 이야기
	86	강과 바다, 해양자원의 보존과 이용
	87	산 이야기
	88	우주와 천문
	89	환경, 육지생태계-보존과 이용
	90	숲 이야기
	91	반려동물
500 기술과학 (16)	92	미래학과 인공지능
	93	화장과 성형
	94	의학, 인체와 건강
	95	농업, 밥상을 논하다
	96	패스트푸드, 밥상을 논하다
	97	건축 이야기
	98	디자인 이야기
	99	탈 것(자동차, 비행기, 배 등)
	100	요리와 맛집
	101	미디어와 SNS
	102	패션
	103	아로마_향수
	104	홍차와 차茶
	105	커피
	106	목공예 DIY
	107	통신, 미래통신
600 예술 (20)	108	흙과 도자기
	109	음악 이야기
	110	미술 이야기
	111	만화 이야기
	112	사진 이야기
	113	스포츠 이야기
	114	영화와 연극
	115	주짓수 이야기
	116	연예인 이야기
	117	영화 속 영웅들
	118	렘브란트와 고흐
	119	음악가 이야기
	120	오페라 이야기
	121	우리 가곡
	122	미술가 이야기
	123	미술작품 이야기
	124	인터넷 게임
	125	퀼트 이야기
	126	춤 이야기
	127	요들 이야기
700 언어 (3)	128	문심혜두 : 사전과 어휘
	129	외국어 이야기
	130	듣기학습
800 문학 (10)	131	책쓰기_사고 언어 코딩
	132	글쓰기
	133	토론
	134	C. S. 루이스와 나니아연대기
	135	우리 고전
	136	세계 고전
	137	요약과 독해
	138	원유순
	139	시와 시인
	140	J. R. R. 톨킨과 반지의 제왕
	141	조앤 롤링과 해리포터 이야기
900 역사 (51)	142	위인전-자서전
	143	세종대왕과 한글
	144	신사임당
	145	이순신과 임진왜란
	146	다산 정약용
	147	시대의 지성 김형석
	148	벤자민 프랭클린
	149	정조
	150	퇴계 이황
	151	정도전과 국가설계
	152	유일한
	153	함석헌
	154	조지 워싱턴
	155	율곡 이이

	156	시대의 지성 이어령
	157	간디
	158	레오나르도 다빈치
	159	우당 이희영
	160	김만덕
	161	도산 안창호
	162	프랭크 윌리암 스코필드, 석호필
900 역사 (51)	163	링컨
	164	공자
	165	프랑스와 혁명
	166	영국과 산업혁명
	167	로마 이야기
	168	중국 이야기
	169	독일 이야기
	170	일본 이야기
	171	미국 이야기
	172	남미역사
	173	세계역사 이야기
	174	남극과 북극

	175	한국사개론
	176	북한 이야기
	177	조선
	178	고려
	179	신라
	180	고구려
	181	백제
	182	한국여행
900 역사 (51)	183	세계여행 : 천지창조의 세계로 행진하라!
	184	제주도 이야기
	185	성남과 남한산성
	186	독립운동
	187	독도와 영토분쟁
	188	위안부 이야기
	189	한국인 디아스포라-재외동포 (중국동포 포함)
	190	아프리카 이야기
	191	중동과 이슬람
	192	그리스신화_고대그리스

부록 2. 호도애 주간 탐구교과 커리큘럼 3년 과정

Weekly Inquiry Learning 주간 탐구교과 1년차(vol 1–12)

vol	주차	주제	담당
1	1	독서법	
1	2	정치학	
1	3	해양학	
1	4	지도와 지리	
2	5	논리학	
2	6	의학–기초의학	
2	7	만화	
2	8	이미지와 상상	
3	9	한국 역사	
3	10	천문학	
3	11	환경	
3	12	식물학	
4	13	북한과 탈북자	
4	14	신문과 저널리즘	
4	15	심리학	
4	16	디자인	
5	17	유럽 역사	
5	18	잡지	
5	19	음악	
5	20	법학	
6	21	미국 역사	
6	22	도서관	
6	23	미술	
6	24	자동차공학	
7	25	컴퓨터	
7	26	대학	
7	27	의학–내과	
7	28	몸치장, 화장	
8	29	형이상학	
8	30	수학	
8	31	식품과 음료	
8	32	서예, 문방구	
9	33	동물학–양서류	
9	34	철기류	
9	35	석유	
9	36	가정위생	
10	37	철학의 체계	
10	38	물리학	
10	39	회화	
10	40	목공	
11	41	축산학	
11	42	육아	
11	43	종교음악	
11	44	의학–외과	
12	45	식품공학	
12	46	조각 및 조형	
12	47	동양철학	
12	48	화학	

Weekly Inquiry Learning 주간 탐구교과 2년차(vol 13–24)

vol	주차	주제	담당
13	49	도자공예	
13	50	항만공학	
13	51	사진	
13	52	의복	
14	53	유리공예	
14	54	한자와 문방구	
14	55	서양철학	
14	56	동물학–어류	
15	57	펄프와 종이	
15	58	오페라	
15	59	라디오 음성매체	
15	60	체조	
16	61	금속공예	
16	62	홍차와 커피	
16	63	기상학	
16	64	영화	
17	65	윤리학	
17	66	기악합주	
17	67	도로공학	
17	68	오락	
18	69	건축공학–재료	
18	70	육상경기	
18	71	화석과 암석	
18	72	언어학	
19	73	의학–치과	
19	74	한국어와 방언	
19	75	한국문학	
19	76	원예–작물	
20	77	항공우주공학	
20	78	현악기와 관악기	
20	79	광물학	
20	80	무예	
21	81	통신공학	
21	82	불교	
21	83	의학–이비인후과	
21	84	구기 스포츠	
22	85	이슬람교	
22	86	기생충	
22	87	건축공학–구조	
22	88	레저스포츠	
23	89	동물학–파충류	
23	90	피혁 및 모피	
23	91	공구와 가공장비	
23	92	건박안기 타악기	
24	93	통계	
24	94	세포학	
24	95	의학–약학	
24	96	폭발물	

Weekly Inquiry Learning 주간 탐구교과 3년차(vol 25–36)

vol	주차	주제	담당
25	97	TV 시청각매체	
25	98	동계스포츠	
25	99	일본어	
25	100	일본 문학	
26	101	무용, 발레	
26	102	영어	
26	103	영미 문학	
26	104	의학–한의학	
27	105	중국어	
27	106	중국 문학	
27	107	중국 역사	
27	108	경제학	
28	109	독일어	
28	110	독일 문학	
28	111	독일 역사	
28	112	공중 경기	
29	113	수상 경기	
29	114	사회학	
29	115	동물학–조류	
29	116	신학	
30	117	프랑스어	
30	118	프랑스 문학	
30	119	프랑스 역사	
30	120	아시아 인물전	
31	121	스페인어	
31	122	스페인 문학	
31	123	풍속 및 미속	
31	124	스페인 역사	
32	125	고대 로마 역사	
32	126	토목공학	
32	127	양극지방 역사	
32	128	유럽 인물전	
33	129	전등, 조명, 전열	
33	130	고대 그리스 역사	
33	131	아프리카 인물전	
33	132	동물학–포유류	
34	133	국방군사	
34	134	수의학	
34	135	아메리카 인물전	
34	136	오대양 육대주	
35	137	이탈리아어	
35	138	무선공학	
35	139	이탈리아 문학	
35	140	이탈리아 역사	
36	141	오세아니아 인물전	
36	142	동물학–곤충전	
36	143	대뇌 생리학	
36	144	독도	

부록 3. 호도애 주간 성경학습 커리큘럼 3년 과정

호도애 성경학교 1년차 주간 매일 30분				호도애 성경학교 2년차 주간 매일 30분				호도애 성경학교 3년차 주간 매일 30분		
1	1	창세기		13	49	이사야		25	97	사복음서 종합
	2	출애굽기			50	예레미야			98	사도행전
	3	주기철			51	윌리암 케리			99	워너메이커
	4	창조론 1			52	선교란 무엇인가			100	성령님은 누구신가
2	5	레위기		14	53	예레미야애가		26	101	로마서
	6	민수기			54	에스겔			102	고린도전후서
	7	손양원			55	조지 휫필드			103	존 뉴턴
	8	창조론 2			56	기독교강요 1			104	사도신경
3	9	신명기		15	57	다니엘		27	105	갈라디아서
	10	여호수아			58	호세아			106	롬-고후 종합
	11	허드슨 테일러			59	길선주			107	C. S. 루이스
	12	창조론 3			60	기독교강요 2			108	복음이란 무엇인가
4	13	사사기		16	61	요엘		28	109	에베소서
	14	룻기			62	아모스			110	빌립보서
	15	안창호			63	김익두			111	마틴 루터 킹
	16	십계명			64	소요리문답 1			112	교회란 무엇인가
5	17	사무엘상		17	65	오바댜		29	113	골로새서
	18	사무엘하			66	요나			114	데살로니가전후
	19	존 칼빈			67				115	어거스틴
	20	신학이란 무엇인가			68	소요리문답 2			116	초대교회사 1
6	21	열왕기상		18	69	미가		30	117	디모데전후
	22	열왕기하			70	나훔			118	디도서
	23	존 웨슬레			71	이승훈			119	F. W. 스코필드
	24	하나님은 누구신가			72	소요리문답 3			120	초대교회사 2
7	25	역대상		19	73	하박국		31	121	빌레몬서
	26	역대하			74	스바냐			122	엡-몬 종합
	27	조나단 에드워즈			75	드와이트 무디			123	김익두
	28	성경과 5대 제국 1			76	소요리문답 4			124	중세교회사 1
8	29	에스라		20	77	학개		32	125	히브리서
	30	느헤미야			78	스가랴			126	야고보서
	31	존 칼빈			79	링컨			127	에릭 리들
	32	성경과 5대 제국 2			80	성경지리와 지도			128	중세교회사 2
9	33	에스더		21	81	말라기		33	129	베드로전서
	34	역사서 종합			82	선지서 종합			130	요한1서
	35	마틴 루터			83	구약 종합 1			131	마포 삼열
	36	성경과 5대 제국 3			84	구약 종합 2			132	한국교회사 1
10	37	욥기		22	85	신구약 중간사 1		34	133	요한2서
	38	시편			86	신구약 중간사 2			134	요한3서
	39	김교신			87	신구약 중간사 3			135	길선주
	40	성경이란 무엇인가			88	신구약 중간사 4			136	한국교회사 2
11	41	잠언		23	89	마태복음		35	137	유다서
	42	전도서			90	마가복음			138	히-유 종합
	43	조지 뮬러			91	한상동			139	찰스 피니
	44	성경 독서법			92	예수님은 누구신가			140	이단이란 무엇인가
12	45	아가		24	93	누가복음		36	141	요한계시록
	46	시가서 종합			94	요한복음			142	구약종합
	47	언더우드			95	조지 워싱턴			143	신약종합
	48	성경과 문학			96	주기도문			144	신구약종합

부록 4. 한국십진분류 주류표(10분류)

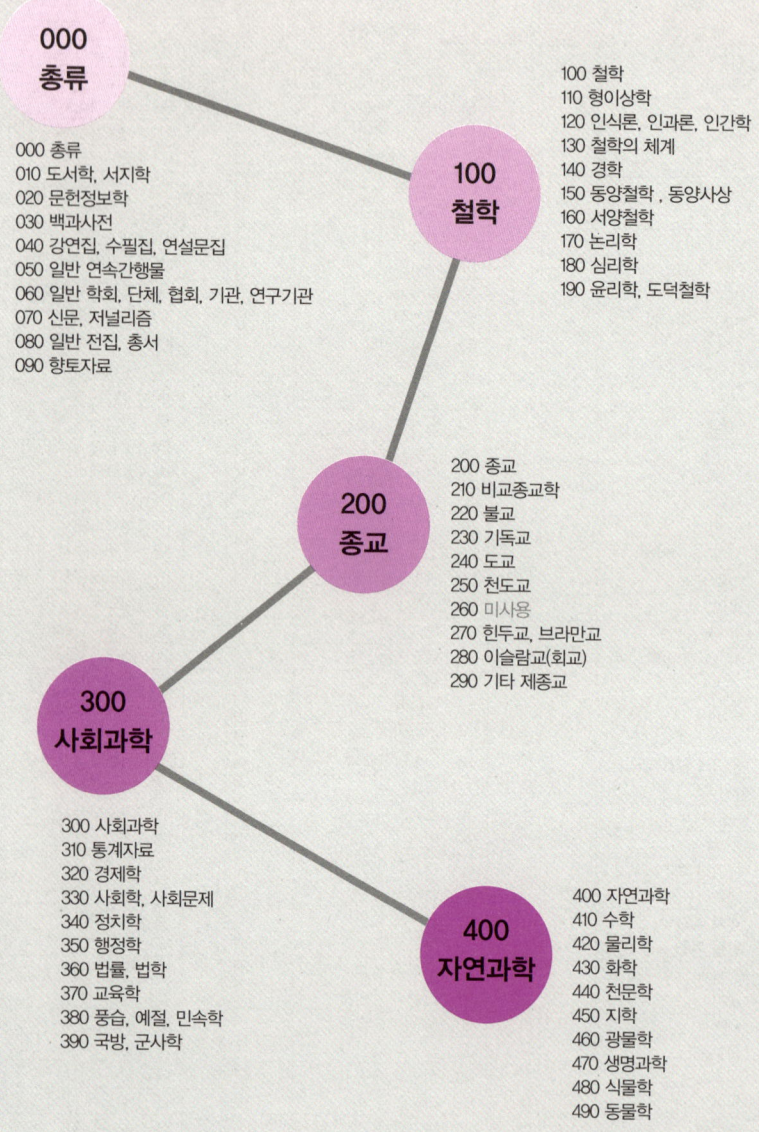

000 총류
- 000 총류
- 010 도서학, 서지학
- 020 문헌정보학
- 030 백과사전
- 040 강연집, 수필집, 연설문집
- 050 일반 연속간행물
- 060 일반 학회, 단체, 협회, 기관, 연구기관
- 070 신문, 저널리즘
- 080 일반 전집, 총서
- 090 향토자료

100 철학
- 100 철학
- 110 형이상학
- 120 인식론, 인과론, 인간학
- 130 철학의 체계
- 140 경학
- 150 동양철학, 동양사상
- 160 서양철학
- 170 논리학
- 180 심리학
- 190 윤리학, 도덕철학

200 종교
- 200 종교
- 210 비교종교학
- 220 불교
- 230 기독교
- 240 도교
- 250 천도교
- 260 미사용
- 270 힌두교, 브라만교
- 280 이슬람교(회교)
- 290 기타 제종교

300 사회과학
- 300 사회과학
- 310 통계자료
- 320 경제학
- 330 사회학, 사회문제
- 340 정치학
- 350 행정학
- 360 법률, 법학
- 370 교육학
- 380 풍습, 예절, 민속학
- 390 국방, 군사학

400 자연과학
- 400 자연과학
- 410 수학
- 420 물리학
- 430 화학
- 440 천문학
- 450 지학
- 460 광물학
- 470 생명과학
- 480 식물학
- 490 동물학

500 기술과학

- 500 기술과학
- 510 의학
- 520 농업, 농학
- 530 공학, 공업일반, 토목공학, 환경공학
- 540 건축, 건축학
- 550 기계공학
- 560 전기공학, 통신공학, 전자공학
- 570 화학공학
- 580 제조업
- 590 생활과학

600 예술

- 600 예술
- 610 미사용
- 620 조각, 조형미술
- 630 공예, 장식미술
- 640 서예
- 650 회화, 도화, 디자인
- 660 사진예술
- 670 음악
- 680 공연예술, 매체예술
- 690 오락, 스포츠

700 언어

- 700 언어
- 710 한국어
- 720 중국어
- 730 일본어 및 기타 아시아 제어
- 740 영어
- 750 독일어
- 760 프랑스어
- 770 스페인어 및 포르투갈어
- 780 이탈리아어
- 790 기타 제어

800 문학

- 800 문학
- 810 한국문학
- 820 중국문학
- 830 일본문학 및 기타 아시아 제문학
- 840 영미문학
- 850 독일문학
- 860 프랑스문학
- 870 스페인 및 포르투갈문학
- 880 이탈리아문학
- 890 기타 제문학

900 역사

- 900 역사
- 910 아시아
- 920 유럽
- 930 아프리카
- 940 북아메리카
- 950 남아메리카(남미)
- 960 오세아니아, 양극지방
- 970 미사용
- 980 지리
- 990 전기

QR코드를 스캔하면
한국십진분류법 주류를 비롯하여 1000개 항목의
요강목표가 설명된 위키백과 페이지로 이동합니다.

사명선언문

너희가 흠이 없고 순전하여……세상에서 그들 가운데 빛들로
나타내며 생명의 말씀을 밝혀 _ 빌 2:15-16

1. 생명을 담겠습니다
만드는 책에 주님 주신 생명을 담겠습니다.
그 책으로 복음을 선포하겠습니다.

2. 말씀을 밝히겠습니다
생명의 근본은 말씀입니다.
말씀을 밝혀 성도와 교회의 성장을 돕겠습니다.

3. 빛이 되겠습니다
시대와 영혼의 어두움을 밝혀 주님 앞으로 이끄는
빛이 되는 책을 만들겠습니다.

4. 순전히 행하겠습니다
책을 만들고 전하는 일과 경영하는 일에 부끄러움이 없는
정직함으로 행하겠습니다.

5. 끝까지 전파하겠습니다
모든 사람에게, 땅 끝까지, 주님 오시는 그날까지
복음을 전하는 사명을 다하겠습니다.

서점 안내

광화문점 서울시 종로구 새문안로 69 구세군회관 1층
02)737-2288 / 02)737-4623(F)

강남점 서울시 서초구 신반포로 177 반포쇼핑타운 3동 2층
02)595-1211 / 02)595-3549(F)

구로점 서울시 동작구 시흥대로 602, 3층 302호
02)858-8744 / 02)838-0653(F)

노원점 서울시 노원구 동일로 1366 삼봉빌딩 지하 1층
02)938-7979 / 02)3391-6169(F)

분당점 경기도 성남시 분당구 황새울로 315 대현빌딩 3층
031)707-5566 / 031)707-4999(F)

일산점 경기도 고양시 일산서구 중앙로 1391 레이크타운 지하 1층
031)916-8787 / 031)916-8788(F)

의정부점 경기도 의정부시 청사로47번길 12 성산타워 3층
031)845-0600 / 031)852-6930(F)

인터넷서점 www.lifebook.co.kr